도미노 영순영어

도미노 영순영어
ⓒ이병각 Printed in Seoul, KOREA
2015년 10월 12일

지은이 | 이병각
발행인 | 박찬우
편집인 | 우 현
펴낸곳 | 파랑새미디어

등록번호 | 제313-2006-000085호
서울특별시 마포구 서교동 357-1 서교프라자 318
전화 | 02-333-8311
팩스 | 02-333-8326
메일 | adam3838@naver.com

가격 : 15,000원
ISBN : 979-11-5721-035-0 13700

STEP by STEP
도미노 영순영어

Vol.2 일반동사 기본시제편

이병각 저

머리말

King Sejong the Great
(1397~1450)

한글을 창제하신 세종대왕님께서는 아마 영국으로 유학을 갔다 오셨거나 영어에 능통하셨음이 분명합니다.

왜냐하면, 우리말의 어순을 영어의 어순과 철저하게 반대가 되도록 만드신 걸 보면 그런 생각이 들 정도입니다.

옆 나라의 중국어도 영어의 어순과 비슷한데, 600여 년 전에 한글을 영어와 정반대의 순서로 만드셨다니 영어를 가르치면서 늘 세종대왕의 독창적인 한글 창제에 놀라움을 금치 못하죠.

사실, 그런 반대의 어순 차이 때문에 우리는 영어문장을 우리말로 뒤에서부터 거꾸로 해석하는 습관에 익숙하여 막상 영어를 구사하려는 순간, 그 순서가 막막해져 어떻게 단어를 이어가야 할지 몰라 멘붕 상태가 되는 것이 우리의 영어 현실입니다.

영어를 구사하려면 정해진 어순대로 해야 함에도 불구하고 늘 거꾸로 해석하며 가르치고 배워온 것을 보면, 우리는 가급적 영어를 힘들고 어렵게 하려고 전국적으로 온통 연구해 온 듯합니다. 그런 연구 결과, 대체적으로 상당한 성공(?)을 거두어 정말 영어가 힘들고 어려운 나라가 되었습니다.

영어가 우리나라에 들어온 지 60여 년이 넘었지만 영어구사는 세계에서 하위에 머물고 있어 심지어 아프리카 소말리아 해적만큼도 못한다는 우스운 얘기도 있습니다.

그것은 영어의 어순과 반대인 우리말 어순으로 해석해오다 보니 영어의 어순 감각과 센스가 발달되지 못한 이유이죠.

물론, 우리말을 영어 어순대로 연결해보면 생소하고, 어색하며 우습기도 합니다. 그러나 영어공부를 하려면 어쩔 수 없잖습니까?

영어의 어순이 그러하니까!

객지에 와서 엄청 고생하고 있는 영어를 제대로 대접해 주는 방법은 순차대로 넘어지는 도미노처럼 처음부터 영어의 어순대로 말하고, 읽고, 쓰고, 듣는 영순의 체질을 계획적으로 기르는 수밖에 없습니다.

이제, 학생들이나 영어를 다시 시작하는 성인들은 기초적인 영어어순부터 계속 훈련해 나가면 빠르고 바른 회화, 독해 및 영작에도 훨씬 수월해지게 되고 장차 어려운 수능영어, 토익 및 대학의 전공서적에 이르기까지 끊어 읽어 내려가는 직독직해가 엄청 빨라지게 됩니다.

영어 어순(영순)공부 하나가 제대로 말하고, 읽고, 쓰고, 듣는 네 마리 토끼를 잡을 수 있는 1석4조의 방식이며, 제1권 Be동사편에 이어 본서인 제2권 일반동사·기본시제편이 더 재미있게 멀리 영어공부를 할 수 있는 중요한 초석과 디딤돌의 역할이 될 것을 확신합니다.

끝으로 본서의 영문감수에 조언을 주신 전 EBS생활영어 Mr. Brian G. McGordon 강사와 본서 출판에 커다란 도움을 주신 파랑새 미디어에 감사를 드립니다.

2015. 10. 10

저자 이병각

> 이 책 - 이렇게 활용하세요

✏️ 구성과 특징

> 기본 어휘 Vocabulary   관용어구 Idiom 챙기기

한 Chapter에 나오는 어휘와 관용어구(숙어)를 먼저 익힙니다. **모든 영어공부의 기본은 어휘(단어)와 관용어구입니다.** 이것은 집을 짓는 건축자재와 같습니다.

한 Chapter 마다의 새로운 중요표현이 무엇인가를 미리 확인해 보기 위함이며 배우는 이의 현재 수준을 먼저 가늠해 볼 수 있는 기회가 됩니다.

> ☝ STEP I   영순 - 기본 문형 이해하기

한 Chapter의 핵심내용을 강의식으로 최대한 쉽게 이해하도록 자세하게 설명해 놓았습니다.

한편, 문법적 용어는 꼭 알아 두어야 할 최소한의 경우를 제외하고는 가급적 피했습니다. 우리말을 영어의 어순으로 익히는 훈련이므로 처음엔 다소 어색할 수도 있지만 영어의 어순(영순)에 습관화되게 함이 목적이므로 계속 훈련하면 네가지 기능 - 말하기, 읽기, 쓰기, 듣기가 나중에 수월해집니다.

▶ 표시는 한 Chapter의 본 설명 이전의 예비사항을 전달함이며

▶▶ 표시는 한 Chapter의 주요 내용을 본격 설명한다는 의미입니다.

STEP Ⅱ 우리말-영순감각으로 익히기

영어를 쉽게 표현하려면 우리말 어순에서 벗어나 영어의 어순에 익숙해야 하므로 우리말을 영어 어순의 감각으로 훈련시키는 과정입니다.

STEP Ⅲ 영순 문장 익히기

우리말을 영어 어순감각으로 익힌 후 주어진 어휘들을 이용, 실제로 영어 어순의 문장으로 표현해보는 훈련입니다

STEP Ⅳ 영순 - 기본 문형 익히기 1

영어문장의 기본뼈대인 주요소(주어, 동사, 목적어, 보어)를 연결하여 영어문장의 주요 핵심 어순을 실제로 표현해 보는 기본과정.
(영어 기초나 초급생에게 적절.)

STEP Ⅴ 영순 - 기본 문형 더 익히기 2

주요소(뼈대)로 이루어진 기본 문형익히기에 여러 종속요소(살)로 연결하여 다양한 의사표현을 자연스럽게 붙여 표현할 수 있도록 좀더 긴 문장 구성 훈련임.
(중급 수준의 초·중·고교생이나 대학생 및 성인에게 적합.)

CONTENTS

머리말 · 04
이 책 이렇게 활용하세요 · 06
목차 · 08

Chapter 1. I live in Seoul. · 011
나는 살고 있다 서울에서.

Chapter 2. He lives in New York. · 019
그는 살고 있다 뉴욕에서.

Chapter 3. He teaches English at school. · · · · · · · · · · · · · · · · · 029
그는 가르친다 영어를 학교에서.

Chapter 4. He drinks too much coke a day. · · · · · · · · · · · · · · · 039
그는 마신다 너무 많은 콜라를 하루에.

Chapter 5. Hi, there, Mr. Lee! How are you doing! · · · · · · · · · 049
안녕, Mr. Lee! 어떻게 지내고 있어?

Chapter 6. You look young. · 057
너는 보인다 젊게.

Chapter 7. I play basketball with my friends after school. · · · · · · · · · 067
나는 경기한다 농구를 친구들과 함께 방과후에.

Chapter 8. I don't go to work on the weekend. · · · · · · · · · 077
나는 가지 않아 회사에 주말엔.

Chapter 9. Do you work overnight during the week? · · · · · · · · · 089
너는 일하니 밤새워 주중에?

Chapter 10. Where do you go every Sunday? · · · · · · · · · · · · · 099
어디에 너는 가니 일요일마다?

Chapter 11. How many books do you read a year? · · · · · · · · 109
몇 권의 책을 너는 읽니 1년에?

Chapter 12. I have a lot of money. · 119
나는 가지고 있어 많은 돈을.

Chapter 13. I <u>do yoga</u> every morning. · 131
나는 요가한다 매일 아침.

Chapter 14. Nice to meet you. · 141
반가워요 만나서.

Chapter 15. I <u>planted</u> flowers in the garden last Sunday. · · · · · · · · · 151
나는 심었다 꽃을 정원에 지난 일요일날.

Chapter 16. The elevator <u>stopped</u> suddenly this morning. · · · · · · · · 061
엘리베이터가 멈추었다 갑자기 오늘 아침에.

Chapter 17. I <u>didn't save</u> a lot of money when young. · · · · · · · · · · · 073
나는 저축하지 못했어 많은 돈을 젊었을 때.

Chapter 18. I <u>met</u> your father on Jong-ro Street yesterday. · · · · · · · 081
나는 만났어 너의 아버지를 종로에서 어제.

Chapter 19. <u>Did you</u> watch the soap opera last night? · · · · · · · · · · · 091
너는 보았니 연속극을 어젯밤에?

Chapter 20. <u>What did</u> you do last weekend? · · · · · · · · · · · · · · · · 203
무엇을 너는 했니 지난 주말에?

Chapter 21. <u>You'll speak</u> English well soon. · · · · · · · · · · · · · · · · · 219
너는 말하게 될 거야 영어를 잘 곧.

Chapter 22. North Korea <u>won't attack</u> South Korea in the end. · · · · 229
북한은 침공하지 못 할거야 남한을 결국엔.

Chapter 23. <u>He's going to</u> move to Busan next year. · · · · · · · · · · · · 241
그는 이사할 예정이야 부산으로 내년에.

Chapter 24. <u>She's not gonna</u> eat hamburgers to lose weight. · · · · · 249
그녀는 먹지 않을 거야 햄버거를 체중을 빼기 위해.

Chapter 25. What <u>are you gonna</u> have for dinner? · · · · · · · · · · · · 059
무엇을 너는 먹을 거니 저녁 식사로?

Chapter 26. Tom <u>is walking</u> to school with his friends. · · · · · · · · · 271
탐은 걸어가고 있어 학교로 그의 친구들과 함께.

Chapter 27. I <u>was watching</u> TV yesterday at seven. · · · · · · · · · · · 283
나는 보고 있는 중이었어 TV를 어제 7시에

영어공부의 세 가지 중요 사항

첫째 : 무엇보다 어휘(단어)의 수를 늘려야 합니다.

일단, 풍부한 어휘가 있어야 문장을 엮어나갈 수 있습니다. 그리고 단어는 특히, 발음기호에 의거한 발음을 해야 정확한 발음을 할 수 있고 그 후에 미국인의 발음을 익혀야 합니다. 단어의 철자(스펠링)만 보고 대충 발음하면 발음이 아니라 소음을 내는 꼴이 됩니다.

<참고:단어의 원어민 발음은 휴대폰 앱(기능)에 저장되어 있습니다.>

둘째, 동시에 관용어구(숙어)도 많이 익혀야 합니다.

모든 영어표현은 단어만으로는 불가능합니다

미국인들이 평소 익숙하게 쓰는 표현들 - 즉, 관용어구(숙어)를 구사하면 미국인의 평범한 표현을 자연스럽고 쉽게 할 수 있죠. 영어를 잘하는 사람은 관용어구를 많이 표현합니다.

셋째, 단어와 관용어구를 이용하여 표현하고자 하는 내용을 올바른 문장어순(영순)으로 나열하는 훈련이 정립되어 있어야 합니다.

본서의 제일 주안점을 둔 내용이 영어의 어순-즉, 영순입니다.

처음에 영순을 익혀보면 우리말의 순서와 너무 달라 참 희한한 공부방법이라 생각하기 쉽습니다. 그러나 영어를 배우는 이상, 영어의 어순을 터득해야 하는 것이 너무나 당연한데 영어의 순서와 반대인 우리말 해석에 안주하여 영어의 어순을 멀리하면 결국 영어다운 영어구사에 서툴거나 불가능한 사람이 되고 맙니다.

아무리 급해도 돌아가야 할 길은 돌아가야 하듯이 영어도 역시 급하다고 빨리 갈 수가 없습니다. 빨리, 급하게 영어 공부하는 사람들은 마라톤 경기처럼 결국 종착지까지 도착하지 못하고 대부분 도중에 포기하거나 그만두는 일이 허다합니다.

흔히 빠르게 말할 수 있다거나 쉽게 배울 수 있다는 광고성 말들은 40년간 공부한 저는 동의하지 않습니다.

외국인으로서 배우는 어학이란 위의 세 가지를 삼위일체로, 어느 것 하나도 등한시 하지 말고 챙길 것은 챙기고 익힐 것은 제대로 익혀두어야 입에서 터져 나오고, 눈으로 읽고 쓸 수 있으며 귀에 들리는 과목입니다.

당장 유창한 언어에 너무 목매지 말고 위의 튼튼한 기본의 세 가지를 충실히 하며 느긋하게 즐기면서 익히는 것이 곧 제일 빠른 길이며 재미있게 멀리 갈 수 있음을 확신합니다.

CHAPTER ONE 1

나는 서울에서 산다.		우리말 순서
나는 산다	서울에서	영어어순
I live	in Seoul.	영순

■ 어휘 Vocabulary · 관용어구 Idiom 챙기기

Vocabulary

* go [gou]가다	* every [évri]모든, 마다
* come [kʌm]오다	* yard [ja:rd]마당
* live [liv]살다	* alone [əlóun]홀로
* walk [wɔ:k]걷다	* early [ə́:rli]일찍이
* work [wə:rk]일하다	* stay [stei]머무르다
* exercise [éksərsaiz]운동하다	* office [ɑ́fis]사무실
* health [helθ]건강	* together [təgéðər]함께
* fast [fæst]빨리	* run [rʌn]달리다
* often [ɔ́:fn]가끔, 자주	* eat [i:t]먹다

Idiom

* by bus : 버스타고	* all day : 하루종일
* go to work : 회사에 가다	

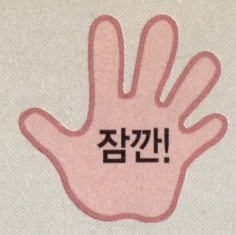

▶ 먼저, 이 Chapter의 핵심내용인 다음의 사항을 참고해 보세요.
  ▶ 아래의 우리말을 영어로 말하거나 쓸 수 있나요?

1. 나는 하루 종일 사무실에서 열심히 일한다.

2. 그들은 9시에 버스타고 집에 온다.

3. 아침마다 많은 새들이 뜰에서 즐겁게 노래한다.

▶ 위 세 문장의 우리말을 영어로 말하거나 쓸 수 있다면 다음 Chapter로 넘어가도 좋습니다.
▶ 만약, 그렇지 못하면 다음 Page로 넘어가 더 자세한 핵심내용을 익혀보세요.

A good beginning makes a good ending.
(시작이 좋으면 끝도 좋다)

STEP I 영순 - 기본 문형 이해하기

▶ **거의 모든 영어문장은 주어+동사로 시작합니다.**

① 주어는 1인칭(I-나), 2인칭(You-당신), 그리고
  3인칭(I와 You를 제외한 모든 것) 이 세 가지 인칭밖에
  없습니다. (영어와 우리말은 주어로 시작됨이 공통점이지만
  그 뒤는 거의 정반대의 순서임)
② 동사에는 크게 나누어 **be동사**와 **일반동사**-두 개뿐.

▶▶ **Be동사는 세 개(am, are, is)이며 그 외 동사는 전부 일반동사!**
일반동사는 수없이 많습니다. 즉 be동사 이외의 모든 **동작**이나
상태를 나타내는 것들이 전부 일반동사들입니다.

<일반동사의 예>

go(가다)	come(오다)
work(일하다)	walk(걷다)
live(살다)	stay(머물다)
eat(먹다)	exercise(운동하다)
run(달리다)	sing(노래하다)

영순 1 영어문장은 처음 시작의 주어+동사가 중요

거의 모든 영어문장은 주어+동사로 시작합니다. (중요 사항)
주어(1인칭, 2인칭, 3인칭)를 먼저 등장시키고 곧바로
동사(be동사 혹은 일반동사)를 붙여야 합니다.
(주어 다음 동사가 붙는 연습을 입으로 계속 소리 내며 습관화해야 합니다.)

A			주어+be동사
1인칭	단수	I	am~. (나는~이다, 있다…….)
	복수	We	are~. (우리는~이다, 있다…….)
2인칭	단수	You	are~. (당신은~이다, 있다…….)
	복수	You	are~. (당신들은~이다, 있다…….)
3인칭	단수	He	is~. (그는~이다, 있다…….)
		She	is~. (그녀는~이다, 있다…….)
		It	is~. (그것은~이다, 있다…….)
		Tom	is~. (Tom은~이다, 있다…….)
	복수	They	are~. (그들은~이다, 있다…….)

B			주어+일반동사
1인칭	단수	I	come~. (나는 온다~.)
	복수	We	come~. (우리는 온다~.)
2인칭	단수	You	come~. (당신은 온다~.)
	복수	You	come~. (당신들은 온다~.)
3인칭	단수	He	comes~. (그는 온다~.)
		She	comes~. (그녀는 온다~.)
		It	comes~. (그것은 온다~.)
		Tom	comes~. (Tom은 온다~.)
	복수	They	come~. (그들은 온다~.)

*대부분 영어문장은 **주어+동사**를 먼저 시작하며 그 뒤에 필요한 **방법, 장소, 시간** 등의 표현이 뒤따라 옵니다.

*방법, 장소, 시간은 필요한 것을 골라 쓰던가 순서가 바꾸기도 합니다.

영순 2 영어문장은 주어+동사 다음 뒷부분도 중요!

1.

나는 서울에서 산다.			우리말 순서
나는	산다	서울에서	영어어순
I	live	in Seoul.	영순
주어	동사	장소	주+동+장

2.

너는 빨리 걷는다.			우리말 순서
너는	걷는다	빨리	영어어순
You	walk	fast.	영순
주어	동사	방법	주+동+방

3.

그들은 6시에 운동한다.			우리말 순서
그들은	운동한다	6시에	영어어순
They	exercise	at six.	영순
주어	동사	시간	주+동+시

4. 우리는 하루 종일 학교에서 머문다. | 우리말 순서

우리는	머문다	학교에서	하루종일	영어어순
We	stay	at school	all day	영순
주어	동사	장소	시간	주+동+장+시

5. 나는 7시에 버스타고 집에 온다. | 우리말 순서

나는	온다	집에	버스타고	7시에	영어어순
I	come	home	by bus	at seven	영순
주어	동사	장소	방법	시간	주+동+장+방+시

6. 많은 새들이 아침마다 마당에서 노래한다. | 우리말 순서

많은 새들이	노래한다	마당에서	아침마다	영어어순
Many birds	sing	in the yard	every morning	영순
주어	동사	장소	시간	주+동+장+시

7. 나는 매일 버스 타고 학교에 간다. | 우리말 순서

나는	간다	학교에	버스 타고	매일	영어어순
I	go	to school	by bus	every day.	영순
주어	동사	장소	방법	시간	주+동+장+방+시

▶ **영순 - 보충강의**

주어 뒤의 동사는 be동사나 일반동사중 1개만 쓰지, 두 개를 같이 쓰지 않습니다.
즉, be동사(-이다, ~있다...)쓸 때에는 be동사만, 일반동사를 쓸 때는 일반동사만 씁니다.
       (무심코 be동사+일반동사 두 개를 함께 습관적으로 사용하는 사람들이 많아요)

1. I live in Seoul. (o)
   I <u>am live</u> in Seoul. (x)

2. You walk fast. (o)
   You <u>are walk</u> fast. (x)

3. They exercise at six. (o)
   They <u>are exercise</u> at six. (x)

4. We come home at nine. (o)
   We <u>are come</u> home at nine. (x)

STEP II 우리말-영순감각으로 익히기

☞ 아래의 영순(영어어순)을 막고 왼쪽 우리말 순서를 오른쪽 영순처럼
주어*동사*방법*장소*시간을 연상하면서 소리 내어 말해보세요.(3회)

우리말 순서	영 순
나는 서울에서 산다.	나는 산다 서울에서.
너는 빨리 걷는다.	너는 걷는다 빨리.
그들은 6시에 운동한다.	그들은 운동한다 6시에.
나는 7시에 버스타고 집에온다.	나는 온다 집에 버스타고 7시에.
나는 하루종일 사무실에서 일한다.	나는 일한다 사무실에서 하루종일.
이씨부부는 아침마다 공원에서 달린다.	이씨부부는 달린다 공원에서 아침마다.
나는 아침일찍 버스타고 회사에 간다.	나는 간다 회사에 버스타고 아침일찍.
우리는 하루종일 학교에서 머문다.	우리는 머문다 학교에서 하루종일.
나는 매일 버스 타고 학교에 간다.	나는 간다 학교에 버스 타고 매일.
아침마다 많은 새들이 마당에서 즐겁게 노래한다.	많은 새들이 노래한다 즐겁게 마당에서 아침마다.

STEP III 영순 문장 익히기

☞ 1. 다음의 주어진 밑줄 친 부분을 올바른 영순 문장으로 말해보세요.
☞ 2. 다음의 주어진 밑줄 친 부분을 올바른 영순 문장으로 써보세요.
<영순문장과 뜻은 아래에 참조>

1. <u>live</u> <u>I</u> <u>in Seoul</u> _____

2. <u>walk</u> <u>fast</u> <u>You</u> _____

3. at seven they exercise

4. come by bus I home

5. in the office all day I work

6. Mr. and Mrs. Lee in the park every morning run

7. stay at school we all day

8. by bus to work I go

9. sing many birds in the sky

10. Many birds in the yard every morning sing

▶ 영순문장과 뜻

1. I live in Seoul.(나는 산다 서울에서)

2. You walk fast.(너는 걷는다 빨리)

3. They exercise at seven.(그들은 운동한다 7시에)

4. I come home by bus.(나는 온다 집에 버스타고)

5. I work in the office all day.(나는 일한다 사무실에서 하루종일)

6. Mr. and Mrs. Lee run in the park every morning.(이씨 부부는 달린다 공원에서 매일 아침)

7. We stay at school all day.(우리는 머문다 학교에서 하루종일)

8. I go to work by bus.(나는 간다 직장에 버스타고)

9. Many birds sing in the sky.(많은 새들이 노래한다 하늘에서)

10. Many birds sing in the yard every morning.(많은 새들이 노래한다 뜰에서 매일아침)

 **STEP IV** 영순 - 기본 문형 익히기

☞ 아래의 영어문장을 막고 우리말을 영어로 말해보세요.

1. 나는 산다.	1. I live.
2. 나는 산다 서울에서	2. I live in Seoul.
3. 나는 산다 서울에서 혼자	3. I live in Seoul alone.
4. 너는 걸어간다.	4. You walk
5. 너는 걸어간다 학교에	5. You walk to school.
6. 너는 걸어간다 학교에 빨리	6. You walk to school fast.
7. 우리는 운동한다	7. We exercise.
8. 우리는 운동한다 5시에	8. We exercise at five.
9. 우리는 운동한다 헬스클럽에서 5시에	9. We exercise at the health club at five.
10. 나는 온다.	10. I come.
11. 나는 온다 집에	11. I come home.
12. 나는 온다 집에 버스타고 9시에	12. I come home by bus at nine.
13. 그들은 일한다.	13. They work.
14. 그들은 일한다 하루종일	14. They work all day.
15. 그들은 일한다 사무실에서 하루종일	15. They work in the office all day.
16. 우리는 달린다.	16. We run.
17. 우리는 달린다 아침마다	17. We run every morning.
18. 우리는 달린다 공원에서 아침마다	18. We run in the park every morning.
19. 우리는 머문다.	19. We stay.
20. 우리는 머문다 학교에서	20. We stay at school.
21. 우리는 머문다 함께 학교에서 하루종일	21. We stay together at school all day.
22. 나는 간다	22. I go.
23. 나는 간다 직장에	23. I go to work.
24. 나는 간다 직장에 버스타고	24. I go to work by bus.
25. 나는 간다 직장에 일찍이 버스타고.	25. I go to work early by bus.

CHAPTER TWO 2

그는 뉴욕에서 산다.		우리말 순서
그는 산다	뉴욕에서	영어어순
He lives	in New York.	영순

■ 기본 어휘 Vocabulary · 관용구 Idiom 챙기기

Vocabulary

* swim [swim]수영하다	* drive [draiv]운전하다
* arrive [əráiv]도착하다	* bread [bred]빵
* noodle [núːdl]국수	* unification [juːnifikéiʃən]통일
* once [wʌns]한번	* secret [síːkrit]비밀
* grandparents [grǽndpɛərənts]조부모	* wine [wain]술, 와인

Idiom

* day and night : 밤낮으로	* early in the morning : 이른 아침에
* late in the morning : 늦은 아침에	* all Sunday : 일요일 내내
* in the country : 시골에	* the swimming pool : 수영장
* during the day : 낮에	*arrive at : ~에 도착하다

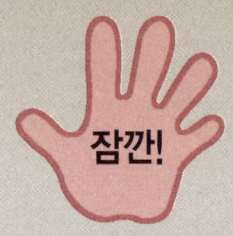

▶ 먼저, 이 Chapter의 핵심내용인 다음의 사항을 참고해 보세요.
　　▶ 아래의 우리말을 영어로 말하거나 쓸 수 있나요?

1. 그녀는 밤늦게 커피를 너무 많이 마신다.

_____

2. 아빠는 1년에 3번씩 시골에 계시는 조부모님들을 방문한다.

_____

3. 한국사람들은 통일을 엄청 원한다.

_____

▶ 위 세 문장의 우리말을 영어로 말하거나 쓸 수 있다면 다음 Chapter로 넘어가도 좋습니다.
▶ 만약, 그렇지 못하면 다음 Page로 넘어가 더 자세한 핵심내용을 익혀보세요.

A rolling stone gathers no moss.
(구르는 돌에는 끼지 않는다 이끼가)

STEP I 영순 - 기본 문형 이해하기

▶ 거의 모든 영어문장은 주어+동사의 순서로 시작하며 동사자리엔 **be동사**와 **일반동사중 하나를 택일**하여 사용합니다.

▶▶ 특히 **일반동사**를 써야 하는 경우에는 **주어의 인칭에 주의**해야 하죠.
즉, **주어가 3인칭 단수**이고, 동사가 **현재형 일반동사**일 때는 꼭 그 현재형 일반동사 뒤(어미)에 **s**를 붙이는 것이 영어의 약속입니다.
안붙이면 틀리는 문장입니다 – 중요!

※ **현재형 일반동사**란? - 평소에 늘 **습관적으로 하는 동작이나 상태**를 나타내는 동사입니다.

영순 1 영어문장은 처음 시작의 주어+동사가 중요!

다음의 두 문장을 비교해 보세요.

1. ⓐ **I live** in Seoul. (나는 산다 서울에서)
   ⓑ **He lives** in Seoul. (그는 산다 서울에서)

※ ⓐⓑ의 동사 live와 lives는 둘다 현재형 일반동사. ⓑ는 주어가 3인칭 단수(He)이기 때문에 live에 s를 붙임.
※ 일반동사에 s를 붙이나 안붙이나 뜻은 똑같습니다.

2. ⓐ **You work** hard. (너는 일한다 열심히)
   ⓑ **She works** hard. (그녀는 일한다 열심히)

3. ⓐ **We swim** in summer. (우리는 수영한다 여름에)
   ⓑ **He swims** in summer. (그는 수영한다 여름에)

4. ⓐ **They drive** to work. (그들은 운전한다 회사로)
   ⓑ **Dad drives** to work. (아빠는 운전한다 회사로)

5. ⓐ **I arrive** at work at seven. (나는 도착한다 회사에 7시에)
   ⓑ **My boss arrives** at work at seven. (나의 사장님은 도착한다 회사에 7시에)

| 영순 2 | 동사 뒤에 목적어(대상)가 오는지 안 오는지도 중요! |

▶ 아래의 각종 일반동사들은 그뒤에 목적어("~를")가 오지않는 동사들입니다.

| live(살다)　　come(오다) |
| work(일하다)　walk(걷다) |
| swim(수영하다)　jog(조깅하다) |
| drive(운전하다)　exercise(운동하다) |
| arrive(도착하다)　cry(울다) |
| stay(머무르다)　go(가다) |

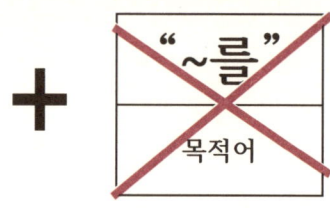

▶▶ 아래의 일반동사들은 꼭 그뒤에 "~를"이라고 하는 목적어(대상)를 필요로 합니다.

like(좋아하다)
eat(먹다)
make(만들다)
want(원하다)
love(사랑하다)
know(알다)
drink(마시다)
visit(방문하다)
envy(부러워하다)
play(연주하다)
study(공부하다)

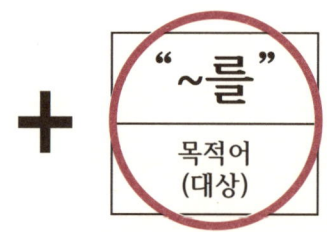

왼쪽의 동사들은 항상 그 뒤에 대상물, 즉 **목적어(~를)**가 오므로 **주어+동사+목적어**(명사,대명사)의 문장 순서가 형성됩니다.

▶ 영순문장의 두 가지 어순(영순)

1. 주어+동사

주어+동사	방법+장소+시간
주*동*	방*장*시

2. 주어+동사+목적어

주어+동사+목적어	방법+장소+시간
주*동*목*	방*장*시

※ 항상 **주어*동사*목적어**의 순서가 먼저 오고 그 뒤에 방법·장소·시간이 옵니다.
방법·장소·시간은 필요한 것만 쓰면 됩니다.
이제부터 동사가 등장하면 그 뒤에 **목적어(~를)를 필요로 하는 동사(타동사)**인지 **필요하지 않는 동사(자동사)**인지 관심을 가져야 합니다.

1. 나는 좋아한다 커피를 / I like coffee. — 주*동*목

2. 너는 먹는다 빵을 / You eat bread — 매일 / everyday. — 주*동*목 | 시

3. 그녀는 만든다 국수를 / She makes noodle — 부엌에서 / in the kitchen. — 주*동*목 | 장

4. 우리는 원한다 통일을 / We want unification — 대단히 / so much. — 주*동*목 | 방

※ 장소와 시간이 아닌 것은 **방법**으로 본다.

5. 엄마는 사랑한다 아빠를 / Mom loves dad — 엄청 / a lot. — 주*동*목 | 방

6. Mr. Park은 알고 있다 그 비밀을 / Mr. Park knows the secret. — 주*동*목

7. 한국사람들은 마신다 술을 / Koreans drink wine — 매우 많이 / so much — 매일 / everyday. — 주*동*목 | 방*시

8. 나는 방문한다 나의 할머니를 / I visit my grandmother — 매우 자주 / very often. — 주*동*목 | 방

9. 그들은 부러워한다 나를 / They envy me — 엄청 / a lot. — 주*동*목 | 방

10. 그녀는 연주한다 피아노를 / She plays the piano — 열심히 / hard — 교회에서 / at church — 일요일에 / on Sunday.
    주 | 동 | 목 | 방 | 장 | 시

STEP II 우리말-영순감각으로 익히기

☞ 아래의 영순을 막고 왼쪽 우리말을
오른쪽 영순의 순서(주*동*목*방*장*시)처럼 소리내어 말해보세요.

우리말 순서	영 순
1. 나는 밤낮으로 회사에서 열심히 일한다	1. 나는 일한다 열심히 회사에서 밤낮으로
2. 그는 여름에 강에서 수영한다	2. 그는 수영한다 강에서 여름에
3. Tom은 아침늦게 학교에 도착한다	3. Tom은 도착한다 학교에 아침늦게
4. 엄마는 일요일내내 교회에서 머문다	4. 엄마는 머문다 교회에서 일요일내내
5. 많은 새들이 이른 아침에 정원에서 노래한다	5. 많은 새들이 노래한다 정원에서 이른 아침에
6. Judy는 밤늦게 너무 많은 커피를 마신다	6. Judy는 마신다 너무 많은 커피를 밤늦게
7. 우리 한국인들은 통일을 대단히 원한다	7. 우리 한국인들은 원한다 통일을 대단히
8. 아빠는 1년에 3번 조부모님들을 방문한다	8. 아빠는 방문한다 조부모님들을 3번 1년에
9. 철수는 학교에서 영어와 수학을 밤낮으로 열심히 공부한다	9. 철수는 공부한다 영어와 수학을 학교에서 밤낮으로
10. 나의 여동생은 일요일날 교회에서 피아노를 연주한다	10. 나의 여동생은 연주한다 피아노를 교회에서 일요일날

STEP III 영순 문장 익히기

☞ 1. 다음의 주어진 밑줄 친 부분을 올바른 영순으로 말해보세요.
☞ 2. 다음의 주어진 밑줄 친 부분을 올바른 영순으로 써보세요.

<영순 문장과 뜻은 아래에서 참조>

1. <u>like I Jane</u>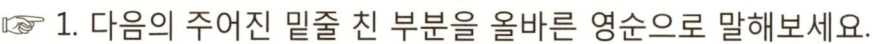

2. <u>likes me Jane</u>

3. **We noodle eat**

4. **bread he makes**

5. **want we unification**

6. **love we a lot mom and dad**

7. **the secret Mr. Park knows**

8. **Koreans so much wine drink**

9. **very often visits her grandmother she**

10. **me envy They very much**

▶ 영순문장과 뜻

1. I like Jane. (나는 좋아한다 Jane을)
2. Jane likes me. (Jane은 좋아한다 나를)
3. We eat noodle. (우리는 먹는다 국수를)
4. He makes bread. (그는 만든다 빵을)
5. We want unification. (우리는 원한다 통일을)
6. We love mom and dad a lot. (우리는 사랑한다 엄마와 아빠를 엄청)
7. Mr. Park knows the secret. (Mr. Park는 알고 있다 그 비밀을)
8. Koreans drink wine so much. (한국인들은 마신다 술을 너무 많이)
9. She visits her grandmother very often. (그녀는 방문한다 그녀의 할머니를 매우 자주)
10. They envy me very much. (그들은 부러워한다 나를 대단히)

STEP IV 영순 - 기본 문형 익히기 1

☞ 아래의 영어문장을 막고 우리말을 영어로 말해보세요.

1. 나는 일한다 열심히	1. I work hard.
2. 그는 일한다 열심히	2. He works hard.
3. 그들은 수영한다 여름에	3. They swim in summer.
4. 그녀는 수영한다 여름에	4. She swims in summer.
5. 우리는 운전한다 회사로	5. We drive to work.
6. 아빠는 운전한다 회사로	6. Dad drives to work.
7. 너는 도착한다 학교에 8시에	7. You arrive at school at eight.
8. Tom은 도착한다 학교에 7시에	8. Tom arrives at school at seven.
9. 그들은 머문다 교회에서 일요일에	9. They stay at church on Sunday.
10. 엄마는 머문다 교회에서 일요일에	10. Mom stays at church on Sunday
11. 나는 좋아한다 커피를 엄청	11. I like coffee a lot.
12. 나의 여자친구는 좋아한다 커피를 엄청	12. My girl friend likes coffee a lot.
13. 너는 먹는다 빵을 매일	13. You eat bread every day.
14. 그녀는 먹는다 빵을 매일	14. She eats bread every day.
15. 그들은 만든다 국수를 매일	15. They make noodle every day.
16. 엄마는 만든다 국수를 일요일마다	16. Mom makes noodle every day.
17. 우리는 원한다 통일을	17. We want unification.
18. 나의 할아버지는 원하신다 통일을	18. My grandfather wants unification.
19. 엄마는 사랑한다 아빠를	19. Mom loves Dad.
20. 아빠는 사랑한다 엄마를	20. Dad loves Mom.
21. 그들은 알고 있다 그 비밀을	21. They know the secret.
22. 나의 사장님은 알고 있다 그 비밀을	22. My boss knows the secret.
23. 한국사람들은 마신다 많은 술을	23. Koreans drink much wine.
24. 아빠는 마신다 많은 술을	24. Dad drinks much wine.
25. 나는 방문한다 나의 할머니를 매우 자주	25. I visit my grandmother very often.
26. 엄마는 방문한다 나의 할머니를 매우 자주	26. Mom visits my grandmother very often.
27. 나는 부러워한다 너를	27. I envy you.
28. 그들은 부러워한다 나를	28. They envy me.
29. Tom과 Judy는 친다 피아노를	29. Tom and Judy play the piano.
30. Judy는 친다 피아노를	30. Judy plays the piano.

STEP V 영순 - 기본 문형 더 익히기 2

☞ 아래의 영어문장을 막고 우리말을 영어로 말해보세요.

1. 나는 일한다 열심히 회사에서 밤낮으로
2. 아빠는 일한다 회사에서 밤낮으로
3. 그들은 수영한다 강에서 여름에
4. 그녀는 수영한다 수영장에서 오후에
5. 너는 도착한다 학교에 아침 일찍이
6. Tom은 도착한다 학교에 아침 늦게
7. 그들은 머문다 교회에서 일요일 내내
8. 엄마는 머문다 교회에서 일요일 내내
9. 너는 마신다 너무 많은 커피를 늦은 밤에
10. Judy는 마신다 너무 많은 커피를 늦은 밤에
11. 한국인들은 원한다 통일을 대단히
12. 나의 할아버지는 원하신다 통일을 대단히
13. 나는 방문한다 나의 조부모님들을 시골에 계시는 한 번 1년에
14. 아빠는 방문한다 조부모님들을 시골에 계시는 3번 1년에
15. 그들은 공부한다 영어와 수학을 열심히 학교에서 밤낮으로
16. 나는 공부한다 과학과 역사를 열심히 학교에서 낮에
17. 우리는 연극한다 피아노를 교회에서 일요일마다
18. 나의 여동생은 연주한다 피아노를 교회에서 일요일마다

1. I work hard at work day and night.
2. Dad works at work day and night.
3. They swim in the river in summer.
4. She swims in the swimming pool in the afternoon.
5. You arrive at school early in the morning.
6. Tom arrives at school late in the morning.
7. They stay at church all Sunday.
8. Mom stays at church all Sunday.
9. You drink too much coffee late at night.
10. Judy drinks too much coffee late at night.
11. Koreans want unification very much.
12. My grandfather wants unification very much.
13. I visit my grandparents in the country once a year.
14. Dad visits my grandparents in the country three times a year
15. They study English and math hard at school day and night.
16. I study science and history hard at school during the day
17. We play the piano at church every Sunday.
18. My sister plays the piano at church every Sunday.

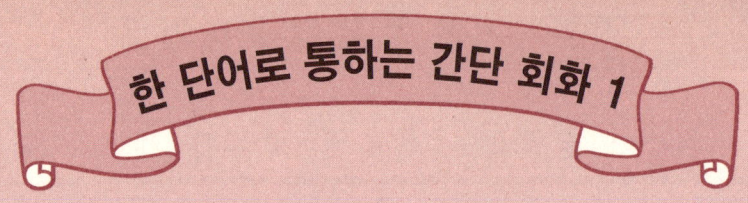

1. 아래 각 항의 비슷하거나 같은 표현들 중 상황에 따라 조금 다른 의미(뉘앙스)로 나타낼 수도 있음
2. 자기의 수준에 맞는 편한 표현을 골라 익혀서 활용해 보세요.

1. 맞아.

상대방의 말을 인정해주는 표현들

ⓐ True!   ⓑ Right!
ⓒ Correct!   ⓓ Bingo!

2. 암, 그렇고 말고!

상대방의 말에 전적으로 공감하는 응대 표현들

ⓐ Sure!   ⓑ Exactly!
ⓒ Certainly!   ⓓ Absolutely!
ⓔ Definitely!   ⓕ Positive!

3. 아마, 그럴 수도.

상대방의 말에 대체로 공감하는 응대 표현들

ⓐ Maybe.   ⓑ Probably.
ⓒ Possibly.   ⓓ Partially.

4. 최고야, 아주 훌륭해!

최상의 상태임을 나타내는 표현들

ⓐ Wonderful!   ⓑ Excellent!
ⓒ Awesome!   ⓓ Gorgeous!
ⓔ Terrific!   ⓕ Magnificent!

CHAPTER THREE 3

그는 학교에서 영어를 가르친다		우리말 순서
그는 가르친다 영어를	학교에서	영어어순
He teaches English	at school.	영순

■ 기본 어휘 Vocabulary · 관용구 Idiom 챙기기

Vocabulary

*miss [mis]놓치다, 그리워하다	*teach [tiːtʃ]가르치다
*homework [hóumwəːrk]숙제	*soccer [sákər]축구
*math [mæθ]수학	*business [bíznis]사업, 업무
*co-worker [kóuwəːrkər]동료직원	*hard [haːrd]열심히
*mix [miks]섞다	*wash [wɔʃ]씻다
*do [duː]하다	*does [dʌz]하다
*cry [krai]울다	*stay [stei]머물다
*arrive [əráiv]도착하다	*any [éni]어떤, 약간의

Idiom

*wash the car : 세차하다	*go hiking : 등산가다
*do homework : 숙제하다	*after school : 방과후에
*day and night : 밤낮으로	*late at night : 밤늦게
*on business : 업무차	*all the time : 항상
*during the day : 낮에	*at night : 밤에
*arrive at~ : ~에 도착하다	*on time : 정각에

▶ 먼저, 이 Chapter의 핵심내용인 다음의 사항을 참고해 보세요.
　　▶ 아래의 우리말을 영어로 말하거나 쓸 수 있나요?

1. Mr. Lee는 일주일에 5일 영어를 가르친다.

2. 아빠는 그의 동료들과 함께 일요일마다 등산간다.

3. 김씨 부부는 업무차 미국에서 머문다.

▶ 위 세문장의 우리말을 영어로 말하거나 쓸 수 있다면
다음 Chapter로 넘어가도 좋습니다.

▶ 만약, 그렇지 못하면 다음 Page로 넘어가 더 자세한
핵심내용을 익혀보세요.

As you sow, so you reap.
(뿌린대로 거둔다)

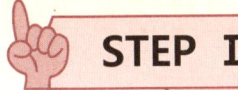

STEP I 영순 - 기본 문형 이해하기

▶ 영어문장의 여러 순서(영순)중 중요한 두 가지를 앞 Chapter에서 배웠습니다.
  1. **주어+동사**+방법+장소+시간(**주*동***방*장*시)
  2. **주어+동사+목적어**+방*장*시(**주*동*목***방*장*시)
  그리고 주어가 3인칭 단수이면 그 뒤 현재형 일반동사뒤(어미)에 s를 붙인다는것도 공부했습니다.

▶▶ 오늘 공부는 **주어**가 **3인칭 단수**이면 **현재형 일반동사** 뒤에 **s**를 붙이지만
  또한 es를 붙이기도 합니다.
  즉, s와 es 두 가지를 선별하여 붙이는 차이를 익혀두어야 합니다.

☞ 먼저, 일반동사뒤에 **es**를 붙이는 경우가 **s**를 붙이는 경우보다 더 적습니다.
  그래서 더 적은 **es**를 붙이는 경우만 먼저 알면 나머지는 전부 **s**를 붙이면
  되므로 **es**를 붙이는 경우를 먼저 공부합니다.

일반동사 어미에 es를 붙이는 경우는 두 가지!

첫째- 일반동사 끝(어미)이 **s, x, sh, ch, o**로 끝날 때.

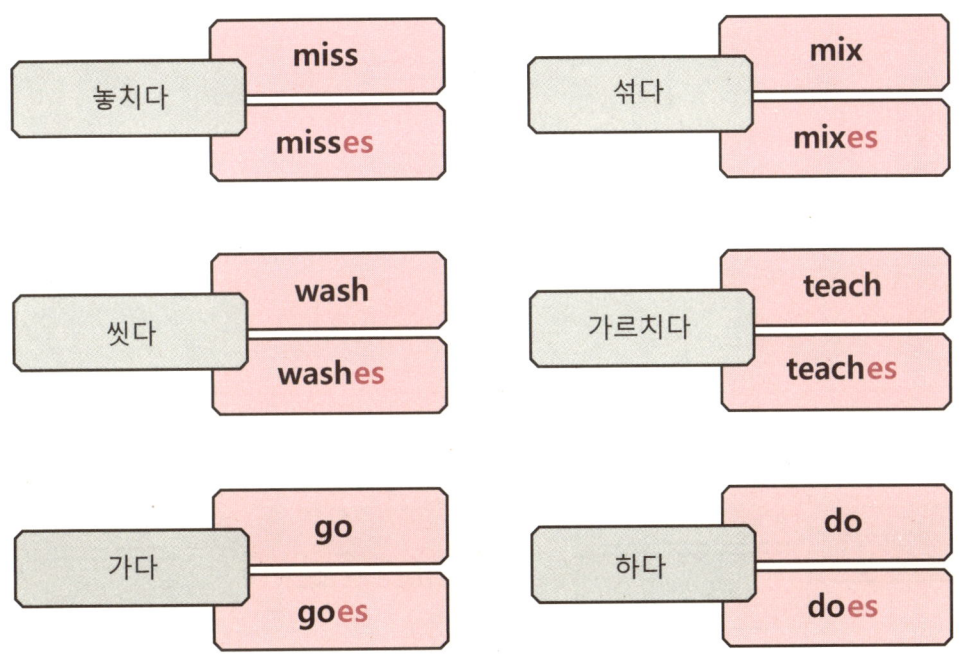

영순 1

1. ⓐ **I miss the train very often.**
   (나는 <u>놓친다</u> 기차를 매우 자주)
   ⓑ **She misses the train very often.**
   (그녀는 <u>놓친다</u> 기차를 매우 자주)

2. ⓐ **They teach English.**
   (그들은 <u>가르친다</u> 영어를)
   ⓑ **Mr. Lee teaches English.**
   (Mr. Lee는 <u>가르친다</u> 영어를)

3. ⓐ **You go hiking.**
   (너는 <u>간다</u> 등산을)
   ⓑ **Mom goes hiking.**
   (엄마는 <u>간다</u> 등산을)

4. ⓐ **I wash the car every Sunday.**
   (나는 <u>씻는다</u> 차를 -세차- 일요일마다)
   ⓑ **Dad washes the car every Sunday.**
   (아버지는 <u>세차한다</u> 일요일마다)

5. ⓐ **We do homework after school.**
   (우리는 <u>한다</u> 숙제를 방과 후에)
   ⓑ **Tom does homework after school.**
   (Tom은 <u>한다</u> 숙제를 방과 후에)

둘째 - 일반동사 끝(어미)이 자음+y로 끝날 때 y를 i로 고치고 es를 붙입니다

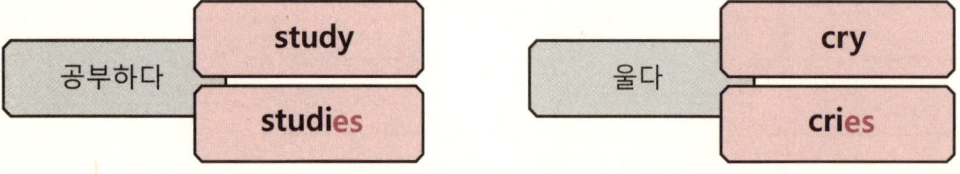

영순 2

1. ⓐ **We study English.**
   ←(우리는 <u>공부한다</u> 영어를)
   ⓑ **She studies English.**
   ←(그녀는 <u>공부한다</u> 영어를)

2. ⓐ **They cry very often.**
   ←(그들은 <u>운다</u> 매우 자주)
   ⓑ **The baby cries very often.**
   ←(그 애기는 <u>운다</u> 매우 자주)

-그러나 일반동사 끝(어미)이 **모음+y**로 끝날때는 그냥 **s**만 붙입니다.

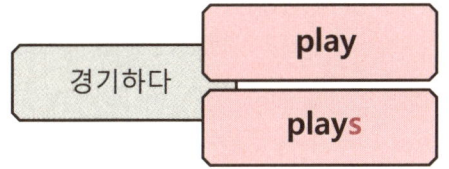 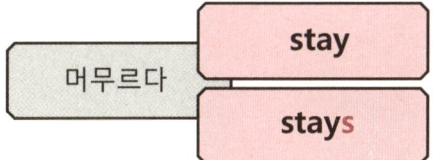

영순 3

1. ⓐ **They play soccer.**
   ←(그들은 <u>경기한다</u> 축구를)
   ⓑ **Park Jisung plays soccer.**
   ←(박지성은 <u>경기한다</u> 축구를)

2. ⓐ **I stay in Busan.**
   ←(나는 <u>머문다</u> 부산에서)
   ⓑ **My husband stays in China.**
   ←(나의 남편은 <u>머문다</u> 중국에서)

☞오랫동안 지도하면서 상당수의 학생들이 이 기초중에 기초인 일반동사 사용법이 틀리는 경우를 많이 봐 왔습니다. 이것을 무시하여 말하거나 쓰면 영어의 어법에 어긋나는 틀린 말을 하게 되므로 위의 내용을 꼭 제대로 익혀두어야 합니다.

STEP II 우리말-영순감각으로 익히기

☞ 아래의 영순을 막고 왼쪽 우리말을 오른쪽 영순(주*동*방*장*시)처럼 소리내어 말해보세요.

우리말 순서	영 순
1. 나는 서울에서 산다	1. 나는 산다 서울에서
2. 엄마는 친구들과 함께 일요일마다 등산간다.	2. 엄마는 등산간다 친구들과 함께 일요일마다
3. 나의 친구들은 학교에서 밤낮으로 열심히 공부한다.	3. 나의 친구들은 공부한다 열심히 학교에서 밤낮으로
4. 그 애기는 밤늦게 자주 운다.	4. 그 애기는 운다 자주 밤늦게
5. Tom은 버스타고 학교에 간다.	5. Tom은 간다 학교에 버스타고
6. Mr.Kim은 그의 부인과 함께 미국에서 머문다	6. Mr.Kim은 머문다 미국에서 그의 부인과 함께
7. 아빠는 나와 함께 마당에서 일요일마다 세차한다.	7. 아빠는 세차한다 나와함께 마당에서 일요일마다
8. 나의 사장님은 업무차 1주일에 3일 부산에서 머문다.	8. 나의 사장님은 머문다 부산에서 업무차 3일을 1주일에.
9. 나는 출근할 때 기차를 자주 놓친다.	9. 나는 놓친다 기차를 자주 출근할 때
10. Tom은 방과 후에 숙제하고 운동한다.	10. Tom은 숙제하고 운동한다 방과 후에

STEP III 영순 문장 익히기

☞ 1. 다음의 주어진 밑줄 친 부분을 올바른 영순으로 말해보세요.
☞ 2. 다음의 주어진 밑줄 친 부분을 올바른 영순으로 써보세요.

<영순문장과 뜻은 아래에 참조>

1. __I in Seoul live__

2. __lives he in Seoul__

3. to school by bus gose Tom

4. the car washes, Dad every Sunday

5. Tom after school does homework

6. stays My husband in China

7. hard day and night studies my brother

8. goes hiking Mom every Sunday with her friends

9. cries late at night the baby very often

10. Dad and Mom every Sunday go hiking together

▶ 영순문장과 뜻

1. I live in Seoul. (나는 살고 있다 서울에서)
2. He lives in Seoul. (그는 살고 있다 서울에서)
3. Tom goes to school by bus. (Tom은 간다 학교에 버스로)
4. Dad washes the car every Sunday. (아빠는 세차한다 일요일마다)
5. Tom does homework after school. (Tom은 숙제한다 방과후에)
6. My husband stays in China. (나의 남편은 머문다 중국에서)
7. My brother studies hard day and night. (나의 동생은 공부한다 열심히 밤낮으로)
8. Mom goes hiking with her friends every Sunday. (엄마는 등산간다 그녀의 친구들과 일요일마다)
9. The baby cries very often late at night. (그 애기는 운다 매우 자주 밤늦게)
10. Dad and Mom go hiking together every Sunday. (아빠와 엄마는 등산간다 함께 일요일마다)

도미노 영순 영어 | 35

STEP IV 영순 - 기본 문형 익히기 1

☞ 아래의 영어문장을 막고 우리말을 영어로 말해보세요.

1. 나는 그리워 한다 그녀를	1. I miss her.
2. 그녀는 그리워 한다 나를	2. She misses me.
3. 당신은 가르친다 영어를	3. You teach English.
4. 그는 가르친다 영어를	4. He teaches English.
5. 우리는 간다 등산을	5. We go hiking.
6. 그들은 간다 등산을	6. They go hiking.
7. 아빠는 간다 등산을	7. Dad goes hiking.
8. 엄마는 간다 등산을	8. Mom goes hiking.
9. 우리는 공부한다 영어를	9. We study English.
10. 그녀는 공부한다 영어를	10. She studies English.
11. Mr.Kim은 공부한다 영어를	11. Mr.Kim studies English.
12. 김씨부부는 공부한다 영어를	12. Mr. and Mrs.Kim study English.
13. 그들은 운다 매우 자주	13. They cry very often.
14. 그녀는 운다 매우 자주	14. She cries very often.
15. 그 애기는 운다 매우 자주	15. The baby cries very often.
16. 그 애기들은 운다 매우 자주	16. The babies cry very often.
17. 나는 머문다 서울에서	17. I stay in Seoul.
18. 그녀는 머문다 미국에서	18. She stays in America.
19. Mr.Kim은 머문다 중국에서	19. Mr.Kim stays in China.
20. 김씨부부는 머문다 중국에서	20. Mr.and Mrs. Kim stay in China.
21. 나는 세차한다 매일	21. I wash the car every day.
22. 아빠는 세차한다 일요일마다	22. Dad washes the car every Sunday.
23. 박씨 부부는 세차한다 밤에	23. Mr. and Mrs.Park wash the car at night

STEP V 영순 - 기본 문형 더 익히기 2

☞ 아래의 영어문장을 막고 우리말을 영어로 말해보세요.

1. 당신은 가르친다 영어를 3일을 1주일에	1. You teach English three days a week.
2. 그녀는 가르친다 영어를 4일을 1주일에	2. She teaches English four days a week.
3. Mr. Lee는 가르친다 영어를 5일을 1주일에	3. Mr. Lee teaches English five days a week.
4. 나는 간다 등산을 나의 동료들과 함께 일요일마다	4. I go hiking with my co-workers every Sunday.
5. 아빠는 간다 등산을 그의 동료들과 함께 일요일마다	5. Dad goes hiking with his co-workers every Sunday.
6. 엄마는 간다 등산을 그의 친구들과 함께 일요일마다	6. Mom goes hiking with her friends every Sunday.
7. 우리는 공부한다 열심히 항상	7. We study hard all the time.
8. 나의 동생은 공부한다 열심히 항상	8. My brother studies hard all the time.
9. 나의 친구들은 공부한다 열심히 항상	9. My friends study hard all the time.
10. 그 애기는 운다 매우 자주 밤늦게	10. The baby cries very often late at night.
11. 그들은 운다 매우 자주 밤늦게	11. They cry very often late at night.
12. 나는 머문다 서울에서 나의 동생과 함께	12. I stay in Seoul with my brother.
13. Mr.Kim은 머문다 미국에서 그의 부인과 함께	13. Mr. Kim stays in America with his wife.
14. 김씨 부부는 머문다 미국에서 업무차	14. Mr. and Mrs. Kim stay in America on business.
15. 나는 일한다 열심히 사무실에서 낮에	15. I work hard in the office during the day.
16. 그는 일한다 열심히 사무실에서 밤에	16. He works hard in the office at night.
17. 아빠는 일하신다 열심히 집에서 밤낮으로	17. Dad works hard in the office day and night.
18. 엄마는 일하신다 열심히 집에서 밤낮으로	18. Mom works hard at home day and night.
19. 그는 도착한다 학교에 정각에 매일아침	19. He arrives at school on time every morning.
20. 그들은 도착한다 학교에 정각에 매일아침	20. They arrive at school on time every morning

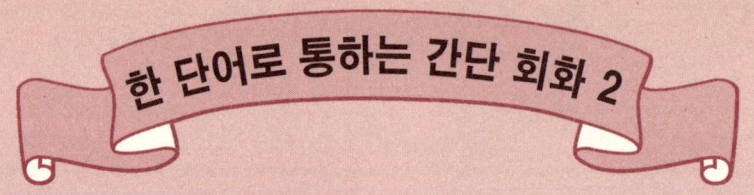

한 단어로 통하는 간단 회화 2

5. 좋은 느낌의 감탄사
ⓐ Bravo!(브라보)
ⓑ Hurray!(만세)
ⓒ Correct!
ⓓ Bingo!

6. 나쁜 느낌의 감탄사
ⓐ Oops! (어이쿠!)
ⓑ Gee! (헐!)
ⓒ Shoot! (쳇!)
ⓓ Shit! (제기랄!)

7. 맛있다
ⓐ Tasty!
ⓑ Yummy!
ⓒ Delicious!

8. 끔찍해
ⓐ Terrible!
ⓑ Aweful!
ⓒ horrible!

9. 건배!
ⓐ Cheers!
ⓑ Toast!
ⓒ Bravo!

10. 놀라워! 믿을 수 없어!
ⓐ Unbelievable!
ⓑ Incredible!
ⓒ Fabulous!

CHAPTER FOUR 4

그는 하루에 너무 많은 콜라를 마신다		우리말 순서
그는 마신다 너무 많은 콜라를	하루에	영어어순
He dirinks too much coke	a day	영순

■ 기본 어휘 Vocabulary · 관용구 Idiom 챙기기

Vocabulary

*rise [raiz]떠오르다	*coke [kouk]콜라
*set [set]지다	*long [lɔŋ]긴
*laugh [læf]웃다	*much [mʌʃ]많은
*stop [stɑp]멈추다	*well [wel]잘,건강한
*sleep [sli:p]잠자다	*wine [wain]포도주,술
*call [kɔ:l]부르다,전화걸다	*elevator [éləveitər]승강기
*read [ri:d]읽다	*meal [mi:l]식사
*love [lʌv]사랑하다	*buy [bai]사다
*sugar [ʃúgər]설탕	*wash [wɔʃ]씻다
*weekend [wíːkend]주말	*diligently [dílidʒəntli]부지런히
*too [tu:]역시,너무	

Idiom

*in the east : 동쪽에서	*in the west : 서쪽에서
*go to work : 직장에 가다	*after work : 방과후에
*a lot : 많이, 엄청	*a lot of~ : 많은
*all day : 하루종일	*on Sunday : 일요일에

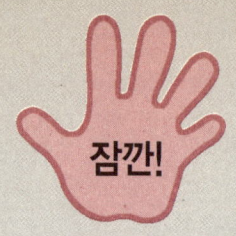

▶ 먼저, 이 Chapter의 핵심내용인 다음의 사항을 참고해 보세요.
▶ 아래의 우리말을 영어로 말하거나 쓸 수 있나요?

1. 엄마는 매일 미국에 있는 아빠를 엄청 그리워한다.

　

2. 나의 동생은 밤낮으로 수학을 열심히 공부한다.

　

3. 태양은 아침에 동쪽에서 떠서 저녁에 서쪽에서 진다.

　

▶ 위 세문장의 우리말을 영어로 말하거나 쓸 수 있다면
다음 Chapter로 넘어가도 좋습니다.

▶ 만약, 그렇지 못하면 다음 Page로 넘어가 더 자세한
핵심내용을 익혀보세요.

The early bird catches the worm.
(일찍 일어나는 새가 잡는다 벌레를)

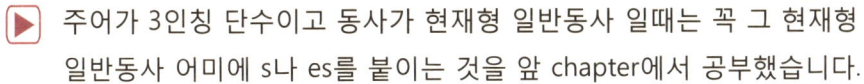

▶ 주어가 3인칭 단수이고 동사가 현재형 일반동사 일때는 꼭 그 현재형 일반동사 어미에 s나 es를 붙이는 것을 앞 chapter에서 공부했습니다.

▶▶ s나 es를 구별하여 붙이는 것 못지않게 중요한 것이 그 **발음**입니다.
흔히 단어 어미에 붙은 s나 es를 대충 발음하고 마는데 제대로 한번 익혀두면 평생갑니다.

일반동사 → s / es → ⓐ [iz 이즈] - / ⓑ [s 스] - / ⓒ [z 즈] - 세 가지로 발음

일반동사 어미에 붙은 **s, es**의 세가지 발음 - **[iz], [s], [z]**의 발음구분은 다음과 같습니다.

1. [-**iz** 이즈]로 발음하는 경우-
   일반동사의 끝 발음(어미)이 [tʃ,z,s,ʃ,dʒ]로 끝나고 그 뒤에 붙는 s나 es

   *teaches[tíːtʃiz]가르치다　　　*misses[mísiz]놓치다,그리워하다
   　　　티~**취즈**　　　　　　　　　　　미**시즈**
   *washes[wɔ́ʃiz]씻다　　　　　　*rises[ráiziz]오르다
   　　워오**쉬즈**　　　　　　　　　　라이**지즈**
   *judges[dʒʌ́dʒiz]판단하다　　　*mixes[míksiz]섞다
   　　　쥐**쥐즈**　　　　　　　　　　　믹**시즈**

2. [-**s** 스]로 발음하는 경우-
   일반동사의 끝 발음(어미)이 [k,p,f,t]로 끝나고 그 뒤에 붙은 s나 es

   *walks[wɔːks]걷다　　　　　　*stops[staps]멈추다
   　　워옥-스　　　　　　　　　　　스탑스
   *laughs[læfs]웃다　　　　　　　*sits[sits]앉다
   　　랲스　　　　　　　　　　　　씨츠

*sleeps[sliːps]잠자다
슬맆-스

*eats[iːts]먹다
이-츠

*stats[staːrts]출발하다
스타-ㄹ츠

*drinks[drinks]마시다
드륑크스

※ [-ts]는 묶어서 [츠]로 발음합니다.

3. [-z 즈]로 발음하는 경우-
위의 두 가지 경우 이외의 모든 동사들

*goes[gouz]가다
고우즈

*calls[kɔːlz]전화걸다
콜-즈

*reads[riːdz]읽다
뤼~즈

*loves[lʌvz]사랑하다
럽즈

※[-dz]는 묶어서 [즈]로 발음

*studies[stadiz]공부하다
스타디즈

*plays[pleiz]경기하다
플레이즈

*buys[baiz]사다
바이즈

*swims[swimz]수영하다
스윔즈

※일반동사뒤의 s, es의 발음 세 가지 [iz], [s], [z] 중 [z]로 발음되는 경우가 대부분입니다. 이제부터 현재형 일반동사 뒤의 s,es를 자신있게 발음해 보세요.

영순1 | **[iz]로 발음되는 경우**

주어가 3인칭 단수이면 그 뒤 현재형 일반동사 어미에 s나 es를 붙이는 것을 위의 발음법을 바탕으로 영어문장을 습관적으로 반복 연습해야 합니다.

1. **My father teaches hard at school.** (나의 아버지는 가르친다 열심히 학교에서)

2. **Mom misses Dad in America.** (엄마는 그리워 한다 아빠를 미국에 있는)

3. **Frank washes the car every day.** (Frank는 세차한다 매일)

4. **The sun rises in the east.** (태양은 떠오른다 동쪽에서)

5. **She mixes too much sugar in her coffee.**
   (그녀는 섞는다 너무 많은 설탕을 그녀의 커피에)

영순2 [s]로 발음되는 경우

1. **My wife walks to church every Sunday.** (나의 아내는 걸어간다 교회에 일요일마다)

2. **The elevator stops very often.** (그 엘리베이터는 멈춘다 매우 자주)

3. **My husband drinks too much wine.** (나의 남편은 마신다 너무 많은 술을)

4. **My dog sleeps too long.** (나의 강아지는 잠잔다 너무 오래)

5. **The subway stots at ten.** (지하철은 출발한다 열 시에)

영순3 [z]로 발음되는 경우

1. **Dad goes to work early.** (아빠는 가신다 회사에 일찍이)

2. **My friend James calls me too often.** (나의 친구 James는 전화건다 나에게 너무 자주)

3. **Judy plays the violin very well.** (Judy는 연주한다 바이올린을 매우 잘)

4. **My wife studies English very hard these days.**
   (나의 아내는 공부한다 영어를 매우 열심히 요즈음)

5. **Mom buys vegetables and fruits at E-Mart Mall after work.**
   (엄마는 산다 야채와 과일을 이마트에서 퇴근후에)

STEP II 우리말-영순감각으로 익히기

☞ 아래의 영순을 막고 왼쪽 우리말을
오른쪽 영순(주*동*방*장*시)처럼 소리내어 말해보세요.

우리말 순서	영 순
1. 나는 아침 일찍 지하철타고 학교에 간다.	1. 나는 간다 학교에 지하철 타고 아침 일찍
2. 아빠는 밤늦게 집에 오신다.	2. 아빠는 오신다 집에 밤늦게
3. 태양은 아침 일찍 동쪽에서 떠오른다.	3. 태양은 떠오른다 동쪽에서 아침일찍
4. 여기 서울에는 겨울에 눈이 많이 내린다.	4. 눈이 내린다 많이 여기 서울에 겨울에
5. 나는 일요일에 나의 자녀들과 함께 교회에 걸어간다.	5. 나는 걸어간다 교회에 나의 자녀들과 함께 일요일에
6. Mr.Kim은 그의 아내와 매우 자주 세차한다	6. Mr.Kim은 세차한다 매우 자주 그의 아내와
7. 나는 오전에 혼자 공원에서 운동한다.	7. 나는 운동한다 공원에서 혼자 오전에
8. 우리는 하루종일 학교에서 함께 머문다.	8. 우리는 머문다 함께 학교에서 하루종일
9. 많은 새들이 아침마다 나의 마당에서 지저귄다.	9. 많은 새들이 지져귄다 나의 마당에서 아침마다
10. 나의 동생은 일요일 아침에 너무 늦게 일어난다.	10. 나의 동생은 일어난다 너무 늦게 일요일 아침에

STEP III 영순 문장 익히기

☞ 1. 다음의 주어진 밑줄 친 부분을 올바른 영순으로 말해보세요.
 2. 다음의 주어진 밑줄 친 부분을 올바른 영순으로 써보세요.
　　　　<영순문장과 뜻은 아래에 참조>

1. <u>come by subway home I</u> _____

2. <u>late Dad home comes</u> _____

3. rises in the east The sun every morning

4. in the west The sun in the evening sets

5. to church walks every Sunday My wife

6. the car Dad very often washes

7. exercise in the park I in the morning

8. Mr.Kim in the park in the morning exercises

9. all day we together at school stay

10. stays in the office My boss all day

▶ 영순문장과 뜻

1. I come home by subway. (나는 온다 집에 지하철로)

2. Dad comes home late. (아빠는 온다 집에 늦게)

3. The sun rises in the east every morning. (태양은 떠오른다 동쪽에서 매일아침)

4. The sun sets in the west in the evening. (태양은 진다 서쪽에서 저녁에)

5. My wife walks to church every Sunday. (나의 아내는 걸어간다 교회에 일요일마다)

6. Dad washes the car very often. (아빠는 세차한다 매우 자주)

7. I exercise in the park in the morning. (나는 운동한다 공원에서 아침에)

8. Mr. Kim exercises in the park in the morning. (미스터킴은 운동한다 공원에서 아침에)

9. We stay at school together all day. (우리는 머문다 학교에서 함께 하루종일)

10. My boss stays in the office all day. (나의 사장님은 머문다 사무실에서 하루종일)

STEP IV 영순 - 기본 문형 익히기 1

☞ 아래의 영어문장을 막고 우리말을 영어로 말해보세요.

1. 나는 가르친다 열심히	1. I teach hard.
2. 그들은 가르친다 열심히	2. They teach hard.
3. 그는 가르친다 열심히	3. He teaches hard.
4. Mr. Park는 가르친다 열심히	4. Mr.Park teaches hard.
5. 나는 그리워한다 너를	5. I miss you.
6. 우리는 그리워한다 너를	6. We miss you.
7. 그는 그리워한다 엄마를	7. He misses Mom.
8. 그녀는 그리워한다 아빠를	8. She misses dad.
9. 나는 세차한다	9. I wash the car.
10. 그들은 세차한다	10. They wash the car.
11. 아빠는 세차한다	11. Dad washes the car.
12. 그녀는 세차한다	12. She washes the car.
13. 나는 섞는다 설탕을	13. I mix sugar.
14. 그녀는 섞는다 설탕을	14. She mixes sugar.
15. 그는 섞는다 설탕을	15. He mixes sugar.
16. 나는 걸어간다 교회에	16. I walk to church
17. 우리는 걸어간다 교회에	17. We walk to church.
18. 그녀는 걸어간다 교회에	18. She walks to church.
19. 나는 마신다 많은 술을	19. I drink much wine.
20. 우리는 마신다 많은 술을	20. We drink much wine.
21. 그는 마신다 많은 술을	21. He drinks much wine.
22. 너는 잔다 너무 오래	22. You sleep too long.
23. 나의 강아지는 잔다 너무 오래	23. My dog sleeps too long.
24. 나의 애기는 잔다 너무 오래	24. My baby sleeps too long.
25. 너는 간다 회사에 일찍	25. You go to work early.
26. 아빠는 간다 회사에 일찍	26. Dad goes to work early.
27. 그들은 켠다 바이올린을 잘	27. They play the violin well.
28. 그녀는 켠다 바이올린을 잘	28. She plays the vilolin well.
29. 우리는 공부한다 영어를	29. We study English.
30. 그는 공부한다 영어를	30. He studies English.

STEP V 영순 - 기본 문형 더 익히기 2

☞ 아래의 영어문장을 막고 우리말을 영어로 말해보세요.

1. 나는 가르친다 부지런히 학교에서 매일	1. I teach diligently at school every day.
2. 그는 가르친다 부지런히 학교에서 매일	2. He teaches diligently at school every day.
3. Mr. Park는 가르친다 부지런히 학교에서 매일	3. Mr.Park teaches diligently at school every day.
4. 우리는 그리워한다 너를 엄청 매일	4. We miss you a lot every day.
5. 아빠는 그리워한다 엄마를 엄청 매일	5. Dad misses Mom a lot every day.
6. 엄마는 그리워한다 아빠를 엄청 매일	6. Mom misses Dad a lot every day.
7. 나는 세차한다 2번 한달에	7. I wash the car twice a month.
8. 아빠는 세차한다 1번 한달에	8. Dad washes the car once a month.
9. 나는 섞는다 너무 많은 설탕을 나의 커피에	9. I mix too much sugar in my coffee.
10. 그녀는 섞는다 많은 설탕을 그녀의 커피에	10. She mixes too much sugar in her coffee.
11. 그들은 걸어간다 교회에 일요일에	11. They walk to church on Sunday.
12. 엄마는 걸어간다 교회에 일요일에	12. Mom walks to church on Sunday.
13. 우리는 마신다 너무 많은 술을 퇴근후에	13. We drink too much wine after work.
14. Mr.Kim은 마신다 너무 많은 술을 퇴근후에	14. Mr.Kim drinks too much wine after work.
15. 나는 잔다 너무 오래 일요일 아침에	15. I sleep too long on Sunday morning.
16. 나의 동생은 잔다 너무 오래 일요일 아침에	16. My brother sleeps too long on Sunday morning.
17. 나의 강아지는 잔다 너무 오래 매일	17. My dog sleeps too long every day.
18. 나의 애기는 잔다 너무 오래 매일	18. My baby sleeps too long every day.
19. 우리는 공부한다 영어를 열심히 학교에서 낮에	19. We study English hard at school during the day.
20. 철수는 공부한다 수학을 열심히 학교에서 낮에	20. Chulsoo studies math hard at school during the day.

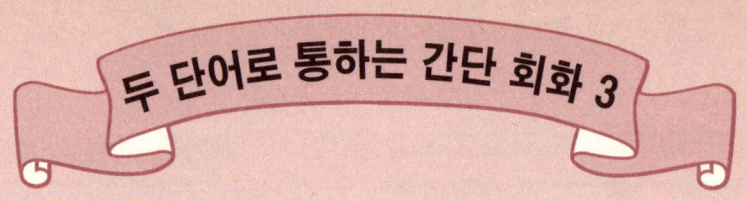

두 단어로 통하는 간단 회화 3

1. 아래 각 항의 같은 표현들 중 상황에 따라 조금 다른 의미로 나타낼 수 있음
2. 자기의 수준에 맞는 편한 표현을 골라 활용해보세요.

1. 동감이야
ⓐ Me, too.
ⓑ Same here.

2. 아마 그럴 수도
ⓐ Maybe so.
ⓑ Could be.
ⓒ Not really

3. 절대 아니야!
ⓐ No way!
ⓑ Absolutely not!
ⓒ Definitely not!

4. 잘했어! 수고했어!
ⓐ Good job!
ⓑ Nice job!
ⓒ Great job!
ⓓ Well done!

5. 진정해!
ⓐ Calm down!
ⓑ Stay cool!
ⓒ Chill out!

CHAPTER FIVE 5

안녕,	Mr.리!	어떻게 지내?	영어어순
Hi, there	Mr.Lee!	How are you doing?	영순

■ 기본 어휘 Vocabulary · 관용구 Idiom 챙기기

Vocabulary

*Hi [hai]안녕	*mask [mæsk]마스크
*Hello [helóu]여보세요,안녕	*wear [wɛər]입다, 착용하다
*there [ðɛər]거기, 당신, 그대	*sure [ʃuər]확실한
*bad [bæd]나쁜	*easy [íːzi]쉬운,편한
*nice [nais]좋은,멋진	*take [teik]가지다
*glad [glæd]기쁜	*later [léitər]나중에, 다음에
*great [greit]훌륭한,멋진	*for [fɔːr]위하여, 동안, 대신에
*fine [fain]건강한,좋은	*soon [suːn]곧
*pretty [príːti]예쁜, 아주	*dust [dʌst]먼지

Idiom

*You should +동사 : 너는~ 하는게 좋겠다	*if possible : 가능한 한
*say hello : 안부 전하다	*say Good bye : 작별인사 하다
*It's time to +동사 : -할 시간이 됐다	*so far : 아직까지는
*I'm sure : 틀림없이	*yellow dust : 황사
*a lot of~ : 많은	*is bad for~ : ~에 나쁘다

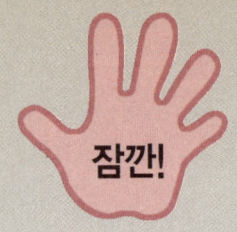

▶ 먼저, 이 Chapter의 핵심내용인 다음의 사항을 참고해 보세요.
▶ 아래의 우리말을 영어로 말하거나 쓸 수 있나요?

1. 당신의 부인은 어떻게 지내시나요?
   ....

2. 그녀에게 안부 좀 전해주게.
   ....

3. 오늘 만나서 반가웠어.
   ....

▶ 위 세 문장의 우리말을 영어로 말하거나 쓸 수 있다면
다음 Chapter로 넘어가도 좋습니다.

▶ 만약, 그렇지 못하면 다음 Page로 넘어가 더 자세한
핵심내용을 익혀보세요.

He who hesitates is lost.
(망설이면 망친다)

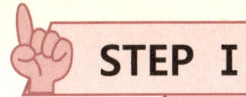

STEP I 영순- 기본문형 익히기

▶▶ 이미 잘 아는 사이의 사람을 만나면 무슨 말로 인사를 시작하며 대화를 이어나갈 것인지에 대해 배워봅니다.

특히 외국인을 만나 영어로 한 두마디 인사하고는 곧 그 바닥이 드러나 계속 영어로 대화가 연결 되지 않습니다.

서로 나누는 얘기가 상황에 따라 다르겠지만 흔히 서로의 안부와 또 가까운 사람의 안부를 물으며 대화를 풀어나가죠.

누구를 만나든, 만나자마자 본론부터 얘기하는 것이 아니라 가벼운 인사말부터 시작하여 날씨 등등을 나누다가 서서히 핵심의 내용으로 들어갈 수 있게 됩니다.

오늘은 만났을 때 서로의 인사와 가까운 사람의 안부를 묻고 답하는 가벼운 인사 및 헤어지며 나눌 수 있는 인사말을 배워봅니다.

영순1 만날 때

	안녕	마이클
Brian:	Hi, there.	Michael!
	안녕, 브라이언	오랜만이군
Michael:	Hello, Brian.	Long time, no see.
	오랜만이야	반갑네 보게되어
Brian:	It's been a long time.	Nice to see you.
	반가워 보게되어 역시	어떻게 지내?
Michael:	Good to see you, too.	How are you(doing)?
	나 잘 지내지	그런데, 어때 자네는?
Brian:	I'm (doing) fine.	And, how about you?

도미노 영순 영어 | 51

Michael: 나쁘진 않아.
Not bad.

Brian: 다행이야   그래 어때 자네 부인은?
That's good.   And how's your wife?

Michael: 그녀도 잘 있어   고맙네
She's pretty good, too.   Thanks.

Brian: 그거 다행이네   안부전해줘 그녀에게 나 대신해서
That's great.   Say hello to her for me.

※ say hello=say hi.(안부 전하다)

Michael: 좋아, 틀림없이 전하지   어때 자네 사업은?
O.K, I'm sure I will.   How's your business?

Brian: 아직까지는 좋아.
So far, so good.

Michael: 다행이네!
Great!

아이구! 많이 있어 황사가 오늘
Gee! There's a lot of yellow dust today.

Brian: 맞아, 많구만
Yes, there is.

황사가 나빠 건강에, 알다시피
Yellow dust is bad for the health, you know

착용하는게 좋겠어 마스크를, 가능한한
You should wear a mask, if possible.

Michael: 고맙네, 자네도
Thanks. you, too.

영순2 헤어질 때

Brian: 오우, 시간이 되었네 회사에 갈
Oh, it's time to go to work.

Michael: 그래, / 우리 작별해야겠네
All right. / We should say Good-bye.

Brian: 반가웠어 만나게 되어
Nice meeting you.

나도 반가웠어 만나게 되어
Happy meeting you, too

만나세 나중에 또.
See you later.

Michael: 보세 곧. / 즐거운 하루 되게!
See you soon. / Have a nice day!

Brian: 자네도 / 안녕!
Yoo, too / Bye!

Michael: 잘 지내도록 하게 / 안녕 이제!
Take it easy. / Bye for now!

STEP II 우리말- 영순감각으로 익히기

☞ 아래의 영순을 막고 왼쪽 우리말 순서를 오른쪽 영순(주*동*목*방*장*시) 처럼 소리내어 말해보세요.

우리말 순서	영 순
1. 만나서 반가워.	1. 반가워 만나서.
2. 자네는 어떻게 지내?	2. 어떻게 자네는 지내?
3. 그녀에게 나 대신해서 안부 전해줘.	3. 안부 전해줘 그녀에게 나 대신해서.
4. 오늘 많은 황사가 있다.	4. 있다 오늘 많은 황사가.
5. 너는 오늘 마스크를 쓰는 게 좋겠다.	5. 너는 쓰는 게 좋겠다 오늘 마스크를.
6. 황사는 건강에 나쁘다.	6. 황사는 나쁘다 건강에.
7. 직장에 가야 할 시간이 되었다.	7. 시간이 되었다 직장에 가야 할.
8. 나중에 또 만나자.	8. 만나자 나중에 또.
9. 만나서 반가웠어	9. 반가웠어 만나서
10. 이제 안녕	10. 안녕 이제

잔소리 한마디…

영어 공부는 속전속결의 전투가 아니라 장거리 마라톤과 같습니다. 짧는 기간이나 더 쉬운 방법을 찾지 마세요. 그런 방법은 영어 공부엔 숫제 없음을 깊이 숙지하고, 초심의 작정을 굳게 유지하면서 느긋하게 즐기면서 공부하다 보면 어느새 영어의 집이 지어지고 있는 기쁨을 맛보게 됩니다.

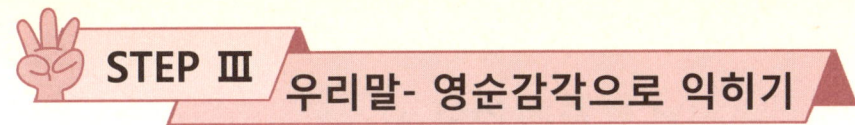

STEP Ⅲ   우리말- 영순감각으로 익히기

☞ 아래의 영순을 막고 왼쪽 우리말을 오른쪽 영순처럼 소리내어 말해보세요.

Mr. Lee : 안녕? Mrs. 클락! 오랜만이네요.	Mr. Lee : Hi, there. Mrs. Clark! Long time, no see,
Mrs. clark : 안녕 Mr. Lee 오랜만이군요.	Mrs. Clark : Hello, there. Mr. Lee! It's been a long time
Mr. Lee : 반갑네요 만나보게 되어 여기서	Mr. Lee : Nice to see you here.
Mrs. clark : 저도 반갑네요 보게 되어	Mrs. Clark : Glad to see you, too
Mr. Lee : 어떻게 지내세요?	Mr. Lee : How are you doing?
Mr. Clark : 잘 지내고 있어요 잘 어때요 당신은요?	Mr. Clark : I'm doing fine. And how about you?
Mr. Lee : 저도 지내요 잘 어떻게 당신은 남편은 지내고 있나요?	Mr. Lee : I'm not bad. How's your husband(doing)?
Mrs. Clark : 그도 지내요 잘	Mr. Clark : He's fine, too.
Mr. Lee : 거 다행이네요 안부 전해주세요 그에게 나대신	Mr. Lee : That's good. Say hello to him for me.
Mrs. Clark : 좋아요 틀림없이 전할게요 어떠세요 당신 부인은?	Mrs. Clark : O.K. I'm sure I will. And how's your wife?
Mr. Lee : 그녀도 잘 지내요	Mr. Lee : She's good, too.
Mrs. Clark :거 다행이군요 안부 전해주세요 그녀에게 나 대신에	Mrs. Clark : That's great. Say hi to her for me.
Mr. Lee : 좋아요 꼭 전하겠습니다.	Mr. Lee : O.K. I'm sure I will
Mr. Lee : 오우, 시간이 됐네요 사무실에 가봐야 할	Mr. Lee : Wow! It's time to go to the office.
Mrs Clark : 좋아요, 오늘 반가웠어요 만나보게 되어	Mrs. Clark : All right. (It was) Nice meeting you.
Mr. Lee :저도 반가웠어요 또 봐요 나중에 즐거운 하루 되세요	Mr. Lee : Happy meeting you, too. See you later. Have a nice day.
Mrs. Clark : 또 봐요 안녕	Mrs. Clark : You, too. See you. Bye.
Mr, Lee : 편히 가세요(계세요), 안녕	Mr. Lee : Take it easy. Bye!

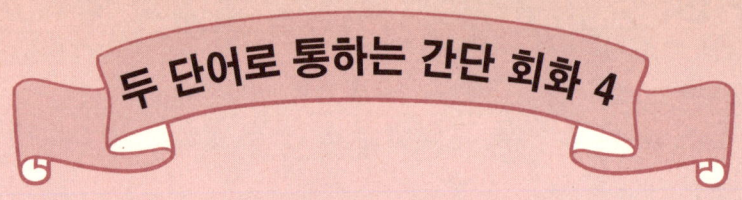

두 단어로 통하는 간단 회화 4

1. 아래 각 항의 같은 표현들 중 상황에 따라 조금 다른 의미로 나타낼 수 있음
2. 자기의 수준에 맞는 편한 표현을 골라 활용해보세요.

7. 조심해!
ⓐ Be careful!
ⓑ Watch out!
ⓒ Take care!

8. 먼저 하세요.
ⓐ After you.
ⓑ Go ahead.

9. 걱정 마.
ⓐ Don't worry.
ⓑ Don't care.
ⓒ Never mind.

10. 바로 그거야!
ⓐ That's right!
ⓑ That's it!

CHAPTER SIX 6

당신은 젊어 보이네요		우리말 순서
당신은 보이네요	젊어	영어어순
You look	young.	영순

■ 기본 어휘 Vocabulary · 관용구 Idiom 챙기기

Vocabulary

*look [luk]보이다	*age [eidʒ]나이
*feel [fi:l]느끼다	*tired [táiərd]피곤한
*seem [si:m]~인 것 같다	*become [bikʌ́m]-이 되다
*taste [teist]맛보다	*hungry [hʌ́ŋgri]배고픈
*smell [smel]냄새나다	*perfume [pərfjú:m]향수
*true [tru:]진실의,사실의	*thirsty [θə́:rsti]목마른
*cutlet [kʌ́tlit]얇게 저민 것	*shampoo [ʃæmpú:]샴푸
*cute [kju:t]귀여운	*rumor [rú:mər]소문
*soldier [sóuldʒər]병사	*excellent [éksələnt]탁월한
*false [fɔ:ls]잘못된, 그른	*terrible [térəbl]끔직한
*comfortable [kʌ́mfətəbl]편안한	*fantastic [fæntǽstik]환상적인

Idiom

*I'm sure : 틀림없이	*for your age : 당신의 나이에 비해
*this time : 이맘때	*out of this world : 맛이 너무 좋은

▶ 먼저, 이 Chapter의 핵심내용인 다음의 사항을 참고해 보세요.
▶ 아래의 우리말을 영어로 말하거나 쓸 수 있나요?

1. 당신은 나이에 비해 젊어 보이네요.

2. 그 소문은 거짓인 것 같애.

3. 이 돈가스는 맛이 환상적이야.

4. 이 샴푸는 냄새가 끔찍해.

▶ 위 네문장의 우리말을 영어로 말하거나 쓸 수 있다면 다음 Chapter로 넘어가도 좋습니다.

▶ 만약, 그렇지 못하면 다음 Page로 넘어가 더 자세한 핵심내용을 익혀보세요.

He who laughs last, laughs longest.
(최후의 승자가 진정한 승자)

STEP I 영순- 기본문형 익히기

▶ 영어문장의 순서(영순)는 주어+동사로 시작하여 목적어(-를)가 필요하면 목적어를 그 뒤에 쓰고 그 다음 방법*장소*시간(방*장*시)으로 연결되는 문장들을 앞 단원에서 공부했습니다.

주어, 동사, 목적어는 문장속에서 뼈의 역할을 하고 그뒤 **방법*장소*시간은 살**의 역할을 합니다.

그래서 영어문장은 뼈(주요소)가 먼저 형성되고 그뒤 살(종속요소)이 붙는 구조입니다. 살이 자꾸 붙으면 문장이 길어지게 되죠.

영어문장에서 동사는 주어의 동작이나 상태를 나타내지만 동사만으로 주어의 동작이나 상태 설명이 부족하여 보충되는 단어가 그 뒤에 오기도 합니다.
이 보충되는 단어를 보어라고 합니다.

▶▶ **주어, 동사, 목적어**뿐만 아니라 **보어**도 문장의 중요 역할을 하는 주요소(뼈)이므로 필요하면 꼭 동사뒤에 써야 합니다.

아래의 동사들은 바로 그 뒤에 주어의 동작이나 상태를 보충 표현하기 위해 **보어**를 필요로 하는 동사들입니다.

```
be(am,are,is):~이다
look:~로 보이다
feel:~로 느껴지다
seem:~인 것 같다
taste:~맛이 나다
smell:~냄새 나다
become:-이 되다
```
\+ (명사나 형용사) **보어**

※ 위의 동사들은 그 동사만으로 주어의 어떤 상태를 설명함에 있어 불완전하므로 꼭 그 뒤에 명사나 형용사가 보충(보어)되어야 비로소 주어를 제대로 설명되게 하는 동사들입니다. 즉 주어=보어. 이때 보어는 주어를 설명하므로 **주격보어**라고도 합니다.

| 영순1 | **영어문장은 처음 시작이 중요!** |

1.

그는 의사 이다			우리말 순서
그는	이다	의사	영어순서
He	**is**	**a doctor**	영순
주어	동사	보어(명사)	주+동+보

*He is. (그는 이다) : 동사 is만으론 주어 He 의 상황 설명이 부족하여 a doctor(명사)가 보충되어 비로소 주어 He를 완전히 설명했습니다. <He=a doctor>

2.

당신은 젊어 보이네요.			우리말 순서
당신은	보이네요	젊어	영어순서
You	**look**	**young**	영순
주어	동사	보어(형용사)	주+동+보

***You look.**(x)(당신은 보인다.)

※①동사 look(보이다) 만으로는 주어 (You)를 설명함이 부족하여 young(젊은-형용사)을 보충하여 비로서 주어(You)를 제대로 설명되었군요.<주어(You)=young(보어)>

②이렇게 보충설명하기 위한 단어를 **보어**라 하고 그 보어는 주로 **형용사**나 **명사**들 입니다

3.

나는 배고픔이 느껴져(배고프다)			우리말 순서
나는	느껴진다	배고픈	영어순서
I	**feel**	**hungry**	영순
주어	동사	보어(형용사)	주+동+보

<I=hungry>

4.

그것은 사실인 것 같다.			우리말 순서
그것은	인 것 같다	사실의	영어순서
It	seems	true	영순
주어	동사	보어(형용사)	주+동+보

<It=true>

5.

짜장면은 맛이 좋다.			우리말 순서
JaJangmyun	tastes	good	영순
주어	동사	보어(형용사)	주+동+보

<Jajangmyun=good>

※ good(좋은) ≦ great(대단한) ≦ wonderful(훌륭한) ≦ excellent(탁월한)

6.

커피는 냄새가 좋아.			우리말 순서
Coffee	smells	good	영순
주어	동사	보어(형용사)	주+동+보

<coffee=good>

7.

그는 변호사가 될 거야.			우리말 순서
그는	될 거야	변호사가	영어순서
He	will become	a lawyer	영순
주어	동사	보어(명사)	주+동+보

<He=a lawyer>

8.

너의 선글라스는 멋있게 보인다.			우리말 순서
너의 선글라스는	보인다	멋있게	영어순서
Your sunglasses	look	wonderful.	영순
주어	동사	보어(명사)	주+동+보

<He=a lawyer>

도미노 영순 영어 | 61

STEP II 우리말- 영순감각으로 익히기

☞ 아래의 영순을 막고 왼쪽 우리말 순서를 오른쪽 영순처럼 소리내어 말해보세요.

우리말 순서	영 순
1. 너는 나이에 비해 젊어 보인다	1. 너는 보인다 젊어 나이에 비해
2. 북한 사람들은 나이에 비해 늙어 보인다	2. 북한 사람들은 보인다 늙어 나이에 비해
3. 한국 여자들은 나이에 비해 아름다워 보인다.	3. 한국 여자들은 보인다 아름다워 나이에 비해
4. 그 뉴스는 사실인 것 같애	4. 그 뉴스는 인 것 같애 사실의
5. 그 소문은 거짓인 것 같애	5. 그 소문은 인 것 같애 거짓의
6. 이 짜장면은 맛이 환상적이야	6. 이 짜장면은 맛난다 환상적인
7. 이 돈가스는 맛이 끔찍해	7. 이 돈가스는 맛난다 끔찍한
8. 이 커피는 좋은 냄새가 난다.	8. 이 커피는 냄새가 난다 좋은
9. 나는 매우 배고프게 느껴져	9. 나는 느껴져 배고프게 매우
10. 너는 매우 피곤하게 느껴져	10. 너는 느껴져 피곤한 매우
11. 이 의자는 매우 안락하게 느껴져	11. 이 의자는 느껴져 매우 안락한
12. 그는 미래에 변호사가 될 거야	12. 그는 될 거야 변호사가 미래에

STEP III 영순 문장 익히기

☞ 1. 다음의 주어진 밑줄 친 부분을 올바른 영순으로 말해보세요.
☞ 2. 다음의 주어진 밑줄 친 부분을 올바른 영순으로 써 보세요.

<영어 문장과 뜻은 아래 참조>

1. <u>You young look</u>
2. <u>feel hungry I</u>

3. seems It true

4. good tastes JaJangmyun

5. Coffee smells great

6. will become a doctor He

7. This chair comfortable feels

8. seems The news true

9. am happy I

10. My husband heavy was very when young

▶ 영순문장과 뜻

1. You look young. (너는 보인다 젊게)
2. I feel hungry. (나는 느낀다 배고프게)
3. It seems true. (그것은 사실인 것 같다)
4. JaJangmyun tastes good. (자장면은 맛이 좋다)
5. Coffee smells great. (커피는 냄새가 좋아)
6. He will become a doctor. (그는 될거야 의사가)
7. This chair feels comfortable. (이 의자는 느껴진다 편안히)
8. The news seems true. (그 뉴스는 사실인 것 같다)
9. I am happy (나는 행복해)
10. My husband was very heavy when young. (나의 남편은 매우 뚱뚱했어 젊었을 때)

STEP IV   영순 기본 문형 익히기 1

☞ 아래의 영어문장을 막고 우리말을 영어로 말해보세요.

1. 나는 보인다 늙게	1. I look old.
2. 너는 보인다 젊게	2. You look young.
3. 그는 보인다 젊게	3. He looks young.
4. Mrs. Kim은 보인다 날씬하게	4. Mrs. Kim looks thin.
5. Kim씨 부부는 보인다 뚱뚱하게	5. Mr. and Mrs. Kim look heavy.
6. 나는 느껴져 배고프게	6. I feel hungry.
7. 그는 느껴져 배고프게	7. He feels hungry.
8. 그녀는 느껴져 피곤하게	8. She feels tired.
9. 그들은 느껴져 목마르게	9. They feel thirsty.
10. 그것은 사실인 것 같애	10. It seems true.
11. 그 뉴스는 사실인 것 같애	11. The news seems true.
12. 그것들은 사실인 것 같애	12. They seem true.
13. 소문은 사실인 것 같애	13. The rumor seems true.
14. 그 뉴스는 진실인 것 같애	14. The news seems true.
15. 짜장면은 맛있어	15. JaJangmyun tastes good.
16. 스테이크는 맛있어	16. Steak tastes good.
17. 돈까스는 맛있어	17. Pork cutlet tastes good.
18. 비후가스는 맛있어	18. Beef cutlet tastes good.
19. 생선가스는 맛있어	19. Fish cutlet tastes good.
20. 커피는 냄새가 좋아	20. Coffee smells good.
21. 오렌지는 냄새가 좋아	21. Oranges smell good.
22. 이 쥬스는 냄새가 좋아	22. This juice smells good.
23. 이 샴푸는 냄새가 좋아	23. This shampoo smells good.
24. 이 향수는 냄새가 좋아	24. This perfume smells good.
25. 그는 될거야 의사가	25. He will become a doctor.
26. 그녀는 될거야 간호사가	26. She will become a nurse.
27. 나는 될거야 선생님이	27. I will become a teacher.
28. 너는 될거야 피아니스트가	28. You will become a pianist.
29. 그들은 될거야 군인이	29. They will become soldiers.
30. Tom은 될거야 주방장이	30. Tom will become a chef.

STEP V 영순- 기본문형 더 익히기 2

☞ 아래의 영어문장을 막고 우리말을 영어로 말해보세요.

1. 너는 보인다 젊게 나이에 비해	1. You look young for your age.
2. 그는 보인다 젊게 나이에 비해	2. He looks young for his age.
3. 그녀는 보인다 젊게 나이에 비해	3. She looks young for her age.
4. 북한 사람들은 보인다 늙게 나이에 비해	4. North Koreans look old for the age.
5. 북한 사람들은 보인다 키가 작게 나이에 비해	5. North Koreans look short for the age.
6. 남한 사람들은 보인다 뚱뚱해 나이에 비해	6. South Koreans look heavy for the age.
7. 틀림없이 그것은 거짓인 것 같애	7. I'm sure it seems false.
8. 틀림없이 그 뉴스는 거짓인 것 같애	8. I'm sure the news seems false.
9. 틀림없이 그것들은 거짓인 것 같애	9. I'm sure they seem false.
10. 틀림없이 그 소문은 거짓인 것 같애	10. I'm sure the rumor seems false.
11. 이 불고기는 맛이 환상적이야	11. This Bulgogi tastes fantastic.
12. 이 스테이크는 맛이 끝내줘	12. This steak tastes out of this world.
13. 이 돈가스는 맛이 너무 좋아	13. This pork cutlet tastes wonderful.
14. 이 비후가스는 맛이 너무 엉망이야	14. This beef cutlet tastes terrible.
15. 이 생선가스는 맛이 너무 엉망이야	15. This fish cutlet tastes terrible.
16. 이 커피는 냄새가 훌륭해	16. This coffee smells great.
17. 이 오렌지는 냄새가 훌륭해	17. This orange smells wonderful.
18. 이 쥬스는 냄새가 훌륭해	18. This juice smells excellent.
19. 이 샴푸는 냄새가 끔직해	19. This shampoo smells terrible.
20. 이 향수는 냄새가 고약해	20. This perfume smells terrible.
21. 나는 느껴져 매우 배고프게 매우 자주	21. I feel very hungry very often.
22. 나는 느껴져 매우 배고프게 매일 이맘때	22. I feel very hungry this time every day.
23. 너는 느껴져 매우 피곤하게 매일 이맘때	23. You feel very tired this time everyday.
24. 그녀는 느껴져 매우 피곤하게 이맘때에 매일	24. She feels very tired this time every day.
25. 이 소파는 느껴져 매우 안락하게	25. This sofa feels very comfortable.

두 단어로 통하는 간단 회화 5

13. 뭐 좋은 일 없어?
ⓐ What's up?
ⓑ What's new?

14. 왜, 어째서?
ⓐ What for?
ⓑ How come?

15. 그때 그때 달라요.
ⓐ It varies.
ⓑ It depends.

16. 아무도 몰라.
ⓐ Nobody knows.
ⓑ Who knows?
ⓒ God knows.

17. **Cheer up!** (용기 내! 힘내!)
18. **Bottoms up!** (원샷!)
19. **Grow up!** (철 좀 들어라.)
20. **Slow down!** (천천히 해!)

Abraham Lincoln &his mother

CHAPTER SEVEN 7

나는 매일 방과 후에 나의 친구들과 농구를 한다			우리말 순서
나는 놀이한다 농구를	나의 친구들과	방과후에	영어어순
I play basketball	with my friends	after school	영순

■ 기본 어휘 Vocabulary · 관용구 Idiom 챙기기

Vocabulary

*soap [soup]비누	*institute [ínstitju:t]학원
*opera [ápərə]오페라	*store [stɔːr]가게
*mountain [máuntn]산	*people [píːpl]사람들
*watch [wɔtʃ]손목시계, 지켜보다	*patient [péiʃənt]환자
*basketball [bǽskitbɔːl]농구	*soldier [sóuldʒər]병사,군인
*see [siː]보다	*restaurant [réstərənt]식당
*spring [spriŋ]봄	*basement [béismənt]지하실

Idiom

*at work : 회사에, 근무중	*at home : 집에
*soap opera : T.V.연속극	*for your age : 당신의 나이에 비해
*living room : 거실	*during the day : 낮에
*this time : 이맘때	*at night : 밤에
*so much : 대단히	*for lunch : 점심식사로
*late at night : 밤늦게	*after school : 방과후

▶ 먼저, 이 Chapter의 핵심내용인 다음의 사항을 참고해 보세요.
▶ 아래의 우리말을 영어로 말하거나 쓸 수 있나요?

1. 그는 매일 아침 승용차로 회사에 간다.

2. 나는 매일 이맘때에 매우 피곤하게 느낀다.

3. 아빠는 매일 식사 후에 그의 동료들과 커피를 마신다.

▶ 위 세 문장의 우리말을 영어로 말하거나 쓸 수 있다면 다음 Chapter로 넘어가도 좋습니다.

▶ 만약, 그렇지 못하면 다음 Page로 넘어가 더 자세한 핵심내용을 익혀보세요.

Heaven helps those who help themselves
(하늘은 돕는다 스스로 돕는 자를)

STEP I 영순 - 기본 문형 이해하기

▶ 모든 문장은 단어들의 일정한 순서가 있어 그 영어어순(영순)대로 말하고, 읽고, 쓰고 듣습니다.
이 순서를 몰라 막상 영어로 표현하고 싶어도 입밖으로 문장이 나오지 않는 것이 우리의 실정입니다.

⏩ 영어문장의 순서는 기본적으로 다섯 가지 순서가 있는데 그 중에서 이미 앞 과에서 세 가지 어순(①주어+동사, ②주어+동사+목적어, ③주어+동사+보어)을 공부했습니다. 그중 **①주어+동사**를 **제1어순**, **②주어+동사+보어**를 **제2어순**, 그리고 **③주어+동사+목적어**를 **제3어순**이라 합니다.
이 세 가지 어순이 모든 영어문장 어순에 대다수 (약80%)를 차지합니다.
영어공부하는 이는 누구나 이 세가지 어순을 먼저 이해해야 하며 나중에 나머지 제4,5어순을 공부합니다. 이문장의 어순은 처음엔 익숙하지 않아 힘들어 하지만 조금만 더 공부하면 영어를 순서에 맞게 제대로 그리고 쉽게 구사할 수 있게 됩니다. 오늘은 그 세가지 어순을 종합정리합니다.

1. 영어문장의 어순은 **주요소**(뼈대—주어, 동사, 보어나 목적어)를 먼저 쓰고 그 다음에 **종속요소**(살—방법*장소*시간...)가 이어지게 되어 있습니다.

영어문장 = 주요소(주어*동사*보어나 목적어) + 종속요소(방법*장소*시간)

2. **제1어순, 제2어순**, 그리고 **제3어순**을 구분하는 요령-
문장 안에 **주요소**만 어떻게 구성되어 있는가 봅니다. 뒤에 종속요소가 오든가 말든가. (종속요소는 쓸 수도, 빠질 수도, 또 바뀔 수도 있으나 주요소는 **필요한 대로 꼭 순서대로 써야 하고, 어순이 빠지지도, 바뀌지도 않음**)

A: **제1어순** – 주요소가 **주어+동사**로만 구성되어 있는 문장(Chapter One에 있는 문장들)

주요소	종속요소
주어+동사	장소*방법*시간
I go	to school by bicycle every day

※ **동사만으로 주어의 동작·상태를** 완전히 설명하므로 그 뒤에 보어나 목적어가 불필요..

B: **제2어순** – 주요소가 **주어+동사+보어**로 구성되어 있는 문장이며(Chapter Six 에 있는문장들)

주요소	종속요소
주어+동사+보어	장소*시간
I was happy	**at the party yesterday**

※ 동사만으로 주어의 상태를 설명함이 불완전하여 보어(명사 혹은 형용사)가 보충되는 문장

C: **제3어순** – 주요소가 **주어+동사+목적어**(대상물)로 구성되어 있는 문장이며 (Chapter Two의 영순2에 있는 문장들)

주요소	종족요소
주어+동사+목적어	방법*장소*시간

※ 일반동사들은 대상물, 즉 목적어를 필요로 하는 동사들이 많죠.
즉, 동사 뒤에 흔히 오는 대상 즉, 목적어(명사, 대명사)는 우리말로 "~을", "~를", "~에게" 라고 해석함

1.

나는 7시에 아침을 먹는다		우리말 순서
나는 먹는다 아침을	7시에	
I eat breakfast	**at seven**	영 순
주어+동사+목적어	시간	
주 요 소	종속요소	

※ 영어는 명사나 대명사가 동사 뒤의 목적어 자리에 있으면 저절로 목적어가 되며 우리말처럼 "~을", "~를", "~에게"라는 조사가 붙지 않음

2.

우리는 학교에서 영어를 열심히 공부한다			우리말 순서
우리는 공부한다 영어를	열심히	학교에서	
We study English	**hard**	**at school**	영 순
주어+동사+목적어	방법	장소	
주 요 소	종속요소		

※ 종속요소의 방*장*시는 필요한 것만 골라 쓸 수 있음

3.

		우리말 순서	
나의 부모님들은 나를 대단히 사랑하신다			
나의 부모님들은 사랑하신다 나를	대단히		영 순
My parents love me	so much		
주어+동사+목적어	방법		
주 요 소	종속요소		

※ 종속요소에서 장소와 시간이 아니면 대개 방법으로 본다.

4.

			우리말 순서	
그녀는 매일 나에게 자주 전화한다				
그녀는 전화한다 나에게	자주	매일		영 순
She calls me	often	every day		
주어+동사+목적어	방법	장소		
주 요 소	종속요소			

5.

				우리말 순서	
나는 학교에서 매일 점심식사로 두 개의 햄버거를 먹는다					
나는 먹는다 두 개의 햄버거를	점심식사로	학교에서	매일		영 순
I eat two hambugers	for lunch	at school	every day		
주어+동사+목적어	방법	장소	시간		
주 요 소	종속요소				

※ ①, 위 제1어순, 제2어순 문장의 동사는 자동사(vi.)입니다. **자동사(vi.)란?** - 목적어(O)가 불필요한 동사들
②, 위 제3어순 문장의 동사는 타동사(vt.)입니다. **타동사(vt.)란?** - 대상물 즉, 목적어(O)를 필요로 하는 동사들
③, 모든 동사는 자동사, 타동사로 구분되지만 주로 타동사로 많이 쓰입니다.

> **보충설명**

위 설명에서 주요소, 종속요소, 보어, 목적어, 자동사, 타동사 등의 문법적 용어는 영어회화에서는 불필요하지만 영어공부하는 사람이라면 이정도의 기초적 용어는 상식적으로 알아두어야 영어공부를 멀리, 그리고 오래 할 수 있는 저력이 생깁니다.
미국에서 태어나던가 오랫동안 거주하면 위의 용어들은 무의미하며 심지어 방해될 수 있다고 생각되지만 영어를 외국어로 공부하는 이에게는 이런 보충용어를 알아야 문장구조 –즉, 어순을 제대로 머리에서 그릴 수 있습니다. 반복 그리다 보면 더 익숙해져 나중엔 이런 문법적 용어들이 불필요해지게 됩니다.

 **STEP II** 우리말- 영순감각으로 익히기

☞아래의 영순을 막고 왼쪽 우리말을 오른쪽 영순(주·동·목·방·장·시)처럼 소리내어 말해보세요.

우리말 순서	영 순
1. 나는 하루종일 사무실에서 혼자 일한다	1. 나는 일한다 혼자 사무실에서 하루종일
2. 우리는 아침마다 공원에서 조깅한다	2. 우리는 조깅한다 공원에서 아침마다
3. 너는 나이에 비해 젊게 보인다	3. 너는 보인다 젊게 나이에 비해
4. 이 돈가스는 맛이 너무 좋아	4. 이 돈가스는 맛이 난다 너무 좋게
5. 이 샴푸는 냄새가 끔찍해	5. 이 샴푸는 냄새난다 끔찍하게
6. 너의 소파는 매우 안락하게 느껴져	6. 너의 소파는 느껴져 매우 안락하게
7. 나는 매일 구내식당에서 점심을 먹어	7. 나는 먹어 점심을 구내식당에서 매일
8. 엄마와 아빠는 밤에 거실에서 연속극을 보신다	8. 엄마와 아빠는 보신다 연속극을 거실에서 밤에
9. 우리는 봄에 친구들과 많은 나무들을 산에 심는다	9. 우리는 심는다 많은 나무를 친구들과 함께 봄에
10. 나는 주말마다 나의 동생과 함께 지하실을 청소한다.	10. 나는 청소한다 지하실을 나와 동생과 함께 주말마다
11. 저 의사는 밤낮으로 병원에서 많은 환자들을 만난다.	11. 저 의사는 만난다 많은 환자들을 병원에서 밤낮으로
12. 그는 지갑속에 많은 돈을 가지고 있다	12. 그는 가지고 있다 많은 돈을 지갑속에
13. 나는 아들없이 딸 둘만 있다	13. 나는 있다 딸 둘만 아들없이
14. 서울은 약 1000만명의 사람들이 있다	14. 서울은 가지고 있다 약 1000만명의 사람들을
15. 나는 학교에서 매일 점심식사로 두 개의 햄버거를 먹는다.	15. 나는 먹는다 두 개의 햄버거를 학교에서 매일

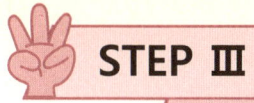

STEP Ⅲ 영순 문장 익히기

☞ 1. 다음의 주어진 밑줄 친 부분을 올바른 영순으로 말해보세요.
☞ 2. 다음의 주어진 밑줄 친 부분을 올바른 영순으로 써 보세요.
<영어 문장과 뜻은 아래 참조>

1. <u>I all day alone work in the office</u>
2. <u>stays Dad in Busan with Mom</u>
3. <u>young for your age You look</u>
4. <u>tastes this pork cutlet wonderful</u>
5. <u>This sofa comfortable is very</u>
6. <u>lunch eat every day in the cafeteria I</u>
7. <u>love so much My children singer Psy</u>
8. <u>study hard at school we English</u>
9. <u>she me every day often calls</u>
10. <u>see The doctors in the hospital everyday many patients</u>

▶ 영순문장과 뜻

1. I work alone in the office all day. (나는 일한다 홀로 사무실에서 하루종일)
2. Dad stays with Mom in Busan. (아빠는 머무신다 엄마와 부산에서)
3. You look young for your age. (당신은 보인다 젊게 당신의 나이에 비해)
4. This pork cutlet tastes wonderful. (이 돈가스는 맛이난다 훌륭한)
5. This sofa is very comfortable. (이 소파는 매우 편안하다)
6. I eat lunch in the cafeteria everyday. (나는 먹는다 점심을 구내식당에서 매일)
7. My children love Singer Psy so much. (나의 아이들은 사랑한다 가수 싸이를)
8. We study English hard at school. (우리는 공부한다 영어를 열심히 학교에서)
9. She calls me often everyday. (그녀는 전화한다 나에게 자주 매일)
10. The doctors see many patients in the hospital everyday. (그 의사들은 환자들을 본다 병원에서 매일)

STEP IV 영순- 기본문형 익히기 1

☞ 아래의 영어문장을 막고 우리말을 영어로 말해보세요.

1. 나는 간다 학교에	1. I go to school.
1. 너는 간다 교회에	2. You go to church.
2. 그는 간다 회사에	3. He goes to work.
3. 그녀는 간다 E-Mart에	4. She goes to E-Mart.
5. 나는 일한다 오전에	5. I work in the morning.
6. 너는 일한다 오후에	6. You work in the afternoon.
7. 아빠는 일한다 밤에	7. Dad works at night.
8. 부모님은 일한다 낮에	8. Parents work during the day.
9. 그는 보인다 행복해	9. You look happy.
10. 그녀는 보인다 날씬하게	10. She looks thin.
11. 우리는 느낀다 배고프게	11. We feel hungry.
12. Tom은 느낀다 배고프게	12. Tom feels hungry.
13. 이 커피는 맛있다	13. This coffee tastes good.
14. 너의 샴푸는 냄새가 좋다	14. Your shampoo smells good.
15. 그 뉴스는 사실인 것 같다	15. The news seems true.
16. 나는 먹는다 아침을	16. I eat breakfast.
17. 아빠는 먹는다 점심을	17. Dad eats lunch.
18. 우리는 먹는다 저녁을	18. We eat dinner.
19. 나는 산다 서울에서	19. I live in Seoul.
20. 나의 삼촌은 산다 미국에서	20. My uncle lives in America.
21. 그들은 온다 집에 늦게	21. They come home late.
22. Mr.Park은 온다 집에 일찍이	22. Mr.Park comes home early.
23. Mr.Lee는 가르친다 영어를	23. Mr.Lee teaches English.
24. 이씨부부는 가르친다 영어를	24. Mr. and Mrs.Lee teach English.
25. 나의 친구들은 공부한다 수학을	25. My friends study math.
26. 나의 아들은 공부한다 역사를	26. My son studies history.
27. 나는 세차한다 매일	27. I wash the car every day.
28. 아빠는 세차한다 매일	28. Dad washes the car every day.
29. 우리는 마신다 많은 술을	29. We drink much wine.
30. 그는 마신다 많은 술을	30. He drinks much wine.
31. 나는 먹는다 세 끼를	31. I eat three meals.
32. 나의 애기는 먹는다 여섯 끼를	32. My baby eats six meals.
33. Jane은 먹는다 두 끼를	33. Jane eats two meals.

STEP V 영순- 기본문형 더 익히기 2

☞ 아래의 영어문장을 막고 우리말을 영어로 말해보세요.

1. 나는 간다 학교에 버스타고 아침에	1. I go to school by bus in the morning.
2. 너는 걸어간다 교회에 일요일마다	2. You walk to church every Sunday.
3. 그는 간다 회사에 승용차로 아침마다	3. He goes to work by car every morning.
4. 그녀는 간다 E-Mart에 늦게 일요일에	4. She goes to E-mart late on Sunday.
5. 나는 일한다 혼자 집에서 오전에	5. I work at home alone in the morning.
6. 우리는 일한다 사무실에서 오후에	6. We work in the office in the afternoon.
7. 아빠는 일한다 농장에서 낮에	7. Dad works in the farm during the day.
8. 부모님은 일한다 가게에서 밤낮으로	8. Parents work at the store day and night.
9. 나는 느낀다 배고프게 매일 이맘때에	9. I feel hungry everyday this time
10. 그녀는 느낀다 피곤하게 매일 이맘때에	10. She feels tired everyday this time
11. 너는 보인다 매우 젊게 너의 나이에 비해	11. You look so young for your age.
12. 이 스테이크는 맛이 끝내줘	12. This steak tastes out of this world.
13. 이 쥬스는 냄새가 매우 좋다	13. This juice smells great.
14. 북한 군인들은 키가 작아보인다 나이에 비해	14. North Korean soldiers look short for the age.
15. 한국 아이들은 뚱뚱해 보인다 나이에 비해	15. Korean children look heavy for the age.
16. 나는 먹는다 저녁을 가족과 함께 집에서	16. I eat dinner with my family at home.
17. 아빠는 먹는다 점심을 직원들과 함께 회사에서	17. Dad eats lunch with his workers at work.
18. 우리는 외식한다 함께 일요일마다	18. We eat out together every Sunday.
19. 그들은 온다 집에 밤늦게	19. They come home late at night.
20. 아빠는 온다 집에 밤늦게	20. Dad comes home late at night.
21. Mr.Lee는 가르친다 영어를 학교에서 매일	21. Mr.Lee teaches English at school everyday.
22. Mr.Song부부는 가르친다 수학을 학원에서 매일	22. Mr. and Mrs. Song teach math in the institute evryday.
23. 나는 세차한다 두 번 일주일에	23. I wash the car twice a week.
24. 아빠는 세차한다 한 번 일주일에	24. Dad washes the car once a week.
25. 그는 마신다 많은 술을 그의 동료들과 퇴근 후에 매일	25. He drinks much wine with his co-workers after work everyday.

두 단어로 통하는 간단 회화 6

21. Come on! (어서 해, 서둘러.)

22. Bless you! (안됐네요.)

23. Help yourself. (많이 드세요.)

24. Time flies. (세월 빠르네.)

25. Money talks. (돈이면 만사 OK.)

26. No wonder. (이상할 것도 없어, 당연하지.)

27. Sounds good! (좋은 얘기!)

28. Smells good! (냄새 좋다!)

29. Tastes good! (맛 좋네!)

30. Good luck! (행운을 빌어!)

31. I'll pass. (나, 사양할게)

32. It's appetizing. (그거 먹음직스럽네.)

The Statue of Liberty

CHAPTER EIGHT 8

나는 주말에 회사에 가지 않는다			우리말 순서
나는 가지 않는다	회사에	주말에	영어어순
I don't go	to work	on the weekend	영순

■ 기본 어휘 Vocabulary · 관용구 Idiom 챙기기

Vocabulary

*don't [dount]=do not	*Chinese [tʃainíːz]중국인, 중국어
*doesn't [dʌznt]=does not	*Japanese [dʒəpəníːz]일본인, 일본어
*late [leit]늦은, 늦게	*diligence [dílidʒəns]근면성, 부지런함
*during [dʒúərin]동안에	*fortune [fɔrtʃúːn]행운, 운수, 재산
*meal [miːl]식사	*Buddha [búdə]부처님
*God [gɑːd]하나님	*miracle [mírəkl]기적
*fail [feil]실패	*without [wiðáut]~없이

Idiom

*get up : 일어나다	*on the weekend : 주말에
*during the week : 주중에	*believe in~ : ~를 믿다
*fortune teller : 점장이	*not~any longer : ~아니다 더 이상(이제는)
*without fail : 반드시, 꼭	*no matter what : 무슨 일이 있어도
*all sunday : 일요일 내내	

▶ 먼저, 이 Chapter의 핵심내용인 다음의 사항을 참고해 보세요.
▶ 아래의 우리말을 영어로 말하거나 쓸 수 있나요?

1. 나는 주말에 학교에 가지 않습니다.

   ....

2. 나의 딸은 하루에 세끼를 먹지 않습니다.

   ....

3. 나의 부모님은 중국음식을 좋아하지 않습니다.

   ....

▶ 위 세 문장의 우리말을 영어로 말하거나 쓸 수 있다면
다음 Chapter로 넘어가도 좋습니다.

▶ 만약, 그렇지 못하면 다음 Page로 넘어가 더 자세한
핵심내용을 익혀보세요.

It's no use crying over spilt milk.
(소용없다 울어봤자 엎질러진 우유를 보고)

STEP I 영순 - 기본 문형 이해하기

▶ 앞에서 일반동사의 표현법을 공부했습니다.

주어가 3인칭 단수인가 아닌가에 따라 일반동사 뒤에 s나 es를 붙이느냐 마느냐의 공부였습니다.

긍정표현의 문장(긍정문)을 부정표현(부정문)으로 바꿔 표현하는 방법을 공부해봅시다

-먼저 긍정문의 동사가 be동사(am, is, are)이면 그 be동사 뒤에 not을 붙이면 부정문이 되죠.

be동사의 부정
am not
are not(=aren't)
is not(=isn't)

▶▶ 긍정문의 동사가 **일반동사**이면 그 일반동사 앞에 **don't(=do not)**나 **doesn't(=does not)**를 붙이면 부정문이 됩니다.

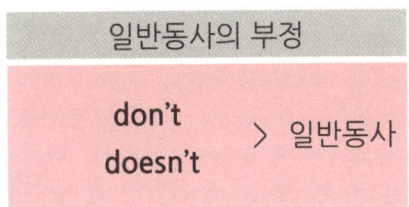

단, **주어가 3인칭 단수가 아닌 경우에는 don't를, 주어가 3인칭 단수이면 doesn't**를 붙입니다.

> **영순 1** 영어문장은 처음 시작의 주어+동사가 중요!

1.

ⓐ 나는 간다 / 학교에
I go / to school. 긍정문

ⓑ 나는 가지 않는다 / 학교에
I don't go / to school. 부정문

2.
ⓐ | 당신은 일어난다 | 일찍 | 긍정문
　　You get up | early.

ⓑ | 당신은 일어나지 않는다 | 일찍 | 부정문
　　You **don't** get up | early.

3.
ⓐ | 그들은 좋아한다 | 가수 싸이를 | 긍정문
　　They like | Singer Psy.

ⓑ | 그들은 좋아하지 않는다 | 가수 싸이를 | 부정문
　　They **don't** like | Singer Psy.

영순 2

1.
ⓐ | 그는 좋아한다 | 일본음식을 | 긍정문
　　He likes | Japanese food.

ⓑ | 그는 좋아하지 않는다 | 일본음식을 | 부정문
　　He **doesn't** like | Japanese food.

※ 위 1번 문장의 동사는 likes(일반동사). 문장의 주어가 He(그)-3인칭 단수이므로 don't가 아니라 doesn't를 동사 앞에 써서 부정문으로 바뀌었네요.
　그런데, doesn't가 있으면 일반동사 뒤의 s를 빼고 동사의 원래형(원형) like로 바뀝니다. 이때 doesn't에 does를 조동사라 하며, 조동사 뒤엔 꼭 동사의 원형을 써야하기 때문입니다.
　동사원형이란? - 일반동사뒤에 s, es, ing 등이 붙지 않은 원래의 동사형

2.
ⓐ Mr. Lee는 가르친다 영어를
Mr. Lee teaches English. 긍정문

ⓑ Mr. Lee는 가르치지 않는다 영어를
Mr. Lee **doesn't** teach English. 부정문

3.
ⓐ 나의 아들은 공부한다 중국어를
My son studies Chinese. 긍정문

ⓑ 나의 아들은 공부하지 않는다 중국어를
My son **doesn't** study Chinese. 부정문

4.
ⓐ 류현진은 경기한다 야구를 | 미국에서
Ryu Hyunjin plays baseball | in America 긍정문

ⓑ 류현진은 경기하지 않는다 야구를 | 한국에서
Ryu Hyunjin **doesn't** play baseball | in Korea 부정문

5.
ⓐ 나의 딸은 먹는다 두 끼 식사를
My daughter eats two meals. 긍정문

ⓑ 나의 딸은 먹지 않는다 두 끼 식사를
My daughter **doesn't** eat two meals. 부정문

6.
ⓐ 나의 아들은 컴퓨터 게임을 한다 | 일요일 내내
My son plays computer games. | all sunday 긍정문

ⓑ 나의 아들은 컴퓨터 게임을 하지 않 는다 | 일요일 내내
My son doesn't play computer games. | all sunday 부정문

영순-보충강의

부정어 don't는 do not의 줄임말. doesn't는 does not의 줄임말이죠. 그럼, 줄임말과 줄이지 않은 말의 차이가 있을까요?
줄임말은 **평범한 일상적인 표현**이고, **줄이지 않고 말하면** 의미를 다소 **강조하는 표현**이 됩니다. 다음의 두 문장을 비교해 봅시다.

1.
ⓐ 엄마, 나 배고파
  Mom, **I'm** hungry. — 평범표현

ⓑ 엄마, 나 배고프다니깐요
  Mom, **I am** hungry. — 강조표현

2.
ⓐ 난 사랑하지 않아 너를
  I **don't** love you. — 평범표현

ⓑ 난 사랑하지 않는다니까 너를
  I **do not** love you. — 강조표현

3.
ⓐ 그는 믿지 않아 나를
  He **doesn't** believe me. — 평범표현

ⓑ 그는 절대 믿지 않는다니까 나를
  He **does not** believe me. — 강조표현

4.
ⓐ 나는 믿지 않아 운수를
  I **don't** believe in fortune. — 평범표현

ⓑ 나는 절대 믿지 않아 운수를
  I **do not** believe in fortune. — 강조표현

이제, 줄임말과 줄이지 않은 말의 온도차이가 이해되나요? 이것들 말고도 뒤로 계속 줄임말이 나옵니다. 앞으로 그리 강조하는 말이 아니라면 줄임말을 사용하여 평범하고 자연스럽게 말하도록 합시다.

☞ **believe**(믿다)와 **believe in**(믿다)의 차이

※믿다	**believe~**:(신용,신임을)믿다
	believe in-:(존재,가치를)믿다

1. ⓐ I **believe** you. (나는 믿는다 너를)-신용,신임을
   ⓑ I **believe in** God. (나는 믿는다 하나님을)-존재를

2. ⓐ My father **believes** me. (나의 아버지는 믿는다 나를)-신용,신임을
   ⓑ My father **believes in** money. (나의 아버지는 믿는다 돈을)-가치를

3. ⓐ We **believe** Tom. (우리는 믿는다 Tom을)-신용,신임을
   ⓑ We **believe in** Tom's diligence. (우리는 믿는다 Tom의 근면성을)-존재를

4. ⓐ I don't **believe** the fortune teller any longer. (나는 믿지 않는다 그 점쟁이를 더 이상)
   ⓑ I don't **believe in** the fortune any longer. (나는 믿지 않는다 행운(운수)을 더 이상)

5. ⓐ I **believe** Mr. Kim. (나는 믿는다 Mr.Kim을)
   ⓑ I **believe in** miracle. (나는 믿는다 기적을)

6. ⓐ Mom **believes** Dad. (엄마는 믿는다 아빠를)
   ⓑ Mom **believes in** Buddha. (엄마는 믿는다 부처님을)

STEP Ⅱ 우리말- 영순감각으로 익히기

☞ 아래의 영순을 막고 왼쪽 우리말 순서를 오른쪽 영순처럼 소리내어 말해보세요.

우리말 순서	영 순
1. 나는 학교에 가지 않는다.	1. 나는 가지 않는다 학교에
2. 당신은 일찍 일어나지 않는다.	2. 당신은 일어나지 않는다 일찍
3. 아빠는 주말에 일찍 일어나지 않는다	3. 아빠는 일어나지 않는다 일찍이 주말에
4. 그들은 일본음식을 좋아하지 않는다	4. 그들은 좋아하지 않는다 일본음식을
5. Mr. Lee는 독일어를 가르치지 않는다	5. Mr.Lee는 가르치지 않는다 독일어를
6. 나의 아들은 중국어를 공부하지 않는다.	6. 나의 아들은 공부하지 않는다 중국어를
7. 나의 딸은 하루에 세 끼 식사를 먹지 않는다	7. 나의 딸은 먹지 않는다 세 끼 식사를 하루에
8. 아빠는 주말에 관악산에 등산가지 않는다	8. 아빠는 가지 않는다 등산을 관악산에 주말에
9. 나의 부모님은 하나님을 믿지 않는다	9. 나의 부모님은 믿지 않는다 하나님을
10. 류현진은 이제 한국에서 야구를 하지 않는다	10. 류현진은 하지 않는다 야구를 한국에서 이제

STEP Ⅲ 영순 문장 익히기

☞ 1. 다음의 주어진 밑줄 친 부분을 올바른 영순으로 말해보세요.
☞ 2. 다음의 주어진 밑줄 친 부분을 올바른 영순으로 써 보세요.

<영순 문장과 뜻은 아래에서 참조>

1. <u>I go don't to church</u>
2. <u>go doesn't She to church</u>
3. <u>don't Singer Psy They like</u>

4. get up don't They on the weekend early
5. on Sunday go hiking don't We
6. teach five times a week doesn't Mr.Lee English
7. He like Japanese food doesn't
8. at home lunch eat Dad doesn't
9. God believe in My parents don't
10. My wife believe in doesn't fortune

▶ 영순문장과 뜻

1. I don't go to church. (나는 가지 않는다 교회에)
2. She doesn't go to church. (그녀는 가지 않는다 교회에)
3. They don't like Singer Psy. (그들은 좋아하지 않는다 가수 싸이를)
4. They don't get up early on the weekend. (그들은 일어나지 않는다 일찍이 주말에)
5. We don't go hiking on Sunday. (우리는 등산가지 않는다 주말에)
6. Mr. Lee doesn't teach English five times a week. (Mr.리는 가르치지 않는다 영어를 다섯 번 일주일에)
7. He doesn't like Japanese food. (그는 좋아하지 않는다 일본음식을)
8. Dad doesn't eat lunch at home. (아빠는 먹지 않는다 점심을 집에서)
9. My parents don't believe in God. (나의 부모님은 믿지 않으신다 하나님을)
10. My wife doesn't believe in fortune. (나의 아내는 믿지 않는다 운수를)

 잔소리 한마디…

길은 산속을 걸어가는 사람은 자기가 현재 어디까지 왔는지 또 얼마나 갈 길이 남았는지 몰라 너무 힘든 나머지 자칫 포기하기 십상입니다.
그러나 분명한 사실은 목적지에 가까워지고 있다는 사실입니다.

STEP IV 영순- 기본문형 익히기 1

☞ 아래의 영어문장을 막고 우리말을 영어로 말해보세요.

1. 나는 간다 교회에	1. I go to church.
2. 너는 간다 교회에	2. You go to church.
3. 그는 간다 교회에	3. He goes to church.
4. 그녀는 간다 교회에	4. She goes to church.
5. 우리는 간다 교회에	5. We go to church.
6. 그들은 간다 교회에	6. They go to church.
7. 나는 가지 않는다 교회에	7. I don't go to church.
8. 너는 가지 않는다 교회에	8. You don't go to church.
9. 그는 가지 않는다 교회에	9. He doesn't go to church.
10. 그녀는 가지 않는다 교회에	10. She doesn't go to church.
11. 우리는 가지 않는다 교회에	11. We don't go to church.
12. 그들은 가지 않는다 교회에	12. They don't go to church.
13. 나는 일어난다 늦게	13. I get up late.
14. 나는 일어나지 않는다 늦게	14. I don't get up late.
15. 그는 일어난다 늦게	15. He gets up late.
16. 그는 일어나지 않는다 늦게	16. He doesn't get up late.
17. 나는 좋아한다 가수 싸이를	17. I like Singer Psy.
18. 나는 좋아하지 않는다 가수 싸이를	18. I don't like Singer Psy.
19. 그녀는 좋아한다 가수 싸이를	19. She likes Singer Psy.
20. 그녀는 좋아하지 않는다 가수 싸이를	20. She doesn't like Singer Psy.
21. 우리는 사랑한다 일본음식을	21. We love Japanese food.
22. 우리는 사랑하지 않는다 일본음식을	22. We don't love Japanese food.
23. 아빠는 사랑한다 일본음식을	23. Dad loves Japanese food.
24. 아빠는 사랑하지 않는다 일본음식을	24. Dad doesn't love Japanese food.
25. 그들은 가르친다 중국어를	25. They teach Chinese.
26. 그들은 가르치지 않는다 중국어를	26. They don't teach Chinese.
27. 그녀는 가르친다 중국어를	27. She teaches Chinese.
28. 그녀는 가르치지 않는다 중국어를	28. She doesn't teach Chinese.
29. 박찬호는 경기한다 야구를	29. Park Chanho plays basball.
30. 박찬호는 경기하지 않는다 축구를	30. Park Chanho doesn't play soccer.
31. 나는 먹는다 세끼를	31. I eat three meals.
32. 나의 딸은 먹는다 두끼를	32. My daughter eats two meals.
33. 나의 딸은 먹지 않는다 세끼를	33. My daughter doesn't eat three meals
34. 나의 아들은 먹는다 네끼를	34. My son eats four meals.
25. 나의 아들은 먹지 않는다 세끼를	35. My son doesn't eat three meals.
36. 우리는 먹는다 세끼를	36. We eat three meals.
37. 우리는 먹지않는다 세끼를	37. We don't eat three meals.
38. 그들은 먹지 않는다 세끼를	38. They don't eat three meals.

STEP V 영순- 기본문형 더 익히기 2

☞ 아래의 영어문장을 막고 우리말을 영어로 말해보세요.

1. 나는 간다 회사에 일찍 월요일에	1. I go to work early on Monday.
2. 나는 가지 않는다 회사에 토요일에	2. I don't go to work on Saturday.
3. 그는 간다 회사에 주중에	3. He goes to work during the week.
4. 그는 가지 않는다 회사에 주말에	4. He doesn't go to work on the weekend.
5. 엄마는 간다 회사에 수요일에	5. Mom goes to work on Wednesday.
6. 엄마는 가지 않는다 회사에 주말에	6. Mom doesn't go to work on the weekend.
7. 우리는 간다 회사에 목요일에	7. We go to work on Thursday.
8. 우리는 가지 않는다 회사에 일요일에	8. We don't go to work on Sunday.
9. 나는 일어난다 일찍 주중에	9. I get up early during the week.
10. 나는 일어나지 않는다 일찍 주말에	10. I don't get up early during the week.
11. 그들은 일어난다 일찍 주중에	11. They get up early during the week.
12. 그들은 일어나지 않는다 일찍 주말에	12. They don't get up early on the weekend.
13. 엄마는 일어난다 일찍 반드시 매일	13. Mom gets up early without fail everyday.
14. 엄마는 일어나지 않는다 일찍 주말에	14. Mom doesn't get up early on the weekend.
15. 우리는 사랑한다 가수 싸이를 대단히	15. We love singer Psy so much.
16. 그들은 사랑하지 않는다 가수 싸이를 대단히	16. They don't love singer Psy so much.
17. 미국인들은 사랑한다 가수 싸이를 엄청	17. Americans love singer Psy so much.
18. 일본인들은 사랑하지 않는다 가수 싸이를 엄청	18. Japanese don't love singer Psy so much.
19. 박지성은 경기한다 축구를 아인트호벤팀에서 네덜란드	19. Park Jisung plays soccer in Einthoven Team in the Netherlands.
20. 박지성은 경기하지 않는다 축구를 맨체스터유나이티드 팀에서 더 이상	20. Park Jisung doesn't play soccer in Manchester United any longer.
21. 나는 등산간다 도봉산에 일요일에	21. I go hiking to Dobongsan on Sunday.
22. 나는 등산가지 않는다 도봉산에 일요일에 더 이상	22. I don't go hiking to Dobong Mauntain on Sunday any longer.
23. 아빠는 등산간다 관악산에 주말에 무슨 일이 있어도	23. Dad goes hiking to Gwanaksan Mauntain on the weekend no matter what.
24. 아빠는 등산가지 않는다 관악산에 주말에 이제는	24. Dad doesn't go hiking to Gwanaksan Mountain on the weekend any longer.
25. 류현진은 경기한다 야구를 미국에서	25. Ryu Hyunjin plays baseball in America.
26. 류현진은 경기하지 않는다 야구를 한국에서 더 이상	26. Ryu Hyunjin doesn't play baseball in Korea any longer.
27. 나는 가르친다 영어를 5번 일주일에	27. I teach English five times a week.
28. 나는 가르치지 않는다 영어를 5번 일주일에	28. I don't teach English five times a week.
29. Mr. Lee는 가르친다 영어를 주중에	29. Mr. Lee teaches English during the week.
30. Mr. Lee는 가르치지 않는다 영어를 주말에	30. Mr. Lee doesn't teach English on the weekend.

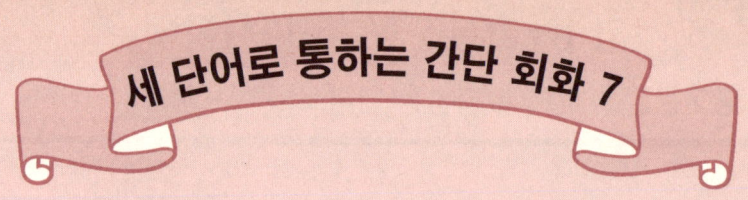

1. 아래 각 항의 같은 표현들 중 상황에 따라 조금 다른 의미(늬앙스)로 나타낼 수 있음
2. 자기의 수준에 맞는 편한 표현을 골라 활용해보세요.

1. 난 몰라.
ⓐ I don't know.
ⓑ I'm not sure.

2. 나 멘붕이야.
ⓐ I'm in a fog.
ⓑ I'm panicking.

3. 힘내, 파이팅!
ⓐ Go for it!
ⓑ Way to go!
ⓒ Cheer up!

4. 앉으세요.
ⓐ Have (a) seat(s).
ⓑ Take (a) seat(s).

5. 잠깐만.
ⓐ Wait (just) a second.
ⓑ Wait (just) a minute.
ⓒ Wait (just) a moment.

6. 잠깐만 쉬어요.
ⓐ Take a break.
ⓑ Let's take five.

CHAPTER NINE 9

당신은 주중에 철야근무 합니까		우리말 순서
당신은 근무합니까 철야	주중에?	영어어순
Do you work overnight	**during the week?**	영순

■ 기본 어휘 Vocabulary · 관용구 Idiom 챙기기

Vocabulary

*spend [spend]보내다, 지내다, 소비하다	*clothes [klouðz]의복, 옷
*overtime [óuvərtaim]시간경과하여	*overnight [óuvərnait]밤새워,철야
*visit [vízit]방문하다	*grandparents grǽndpɛərənts]조부모
*Santa Claus [sǽntəklɔːz]산타크로스	*nap [næp]낮잠
*during [djúːriŋ]동안에	*boss [bɔːs]사장,두목
*fortune [fəʧúːn]행운,운수	*president [prézidənt]대통령,사장
*employee [impɔ́iː]직원	*bark [baːrk](개가) 짖다

Idiom

*eat out :외식하다	*take a walk :산책하다
*take a nap :낮잠자다	*go bowling :볼링치러 가다
*work overnight :철야근무하다	*work overtime :연장근무하다
*early in he morning :이른 아침에	*during the week :주중에

▶ 먼저, 이 Chapter의 핵심내용인 다음의 사항을 참고해 보세요.
▶ 아래의 우리말을 영어로 말하거나 쓸 수 있나요?

1. 너는 너의 조부모님을 자주 찾아뵙니?.

  - 네, 그렇습니다.

  - 아니요, 그렇지 않습니다.

2. 데이비드는 아침마다 산책합니까?

  - 네, 그렇습니다.

  - 아니요, 그렇지 않습니다.

3. 당신들은 자주 외식을 합니까?

  - 네, 그렇습니다.

  - 아니요, 그렇지 않습니다.

▶ 위 세 문장의 우리말을 영어로 말하거나 쓸 수 있다면 다음 Chapter로 넘어가도 좋습니다.

▶ 만약, 그렇지 못하면 다음 Page로 넘어가 더 자세한 핵심내용을 익혀보세요.

Make hay while the sun shines.
(풀을 말려라 햇볕이 날 때)

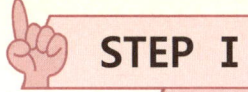

STEP I 영순 - 기본 문형 이해하기

▶ 앞 Chapter에서 긍정문을 부정문으로 고쳐 표현하는 방법을 공부했습니다.
오늘은 의문문 표현을 익힙니다.
긍정문을 의문문으로 고쳐 표현하려면 - 먼저 긍정문의 동사가 be동사인지 일반동사인지 구분하여 be동사(am,are,is)이면 그 be동사가 주어 앞으로 나가면 의문문이 되는 것을 이전 1권(be 동사편)에서 공부했습니다.

be동사의 긍정문	be동사의 의문문
I'm happy	Am I happy?
You're happy	Are you happy?
He's happy	Is he happy?

▶▶ 긍정문의 동사가 **일반동사일 때 의문문표현**은 문장 제일 앞에 조동사 **Do** 나 **Does**를 쓰면 됩니다. 역시, **주어가 3인칭 단수가 아니면 Do**를, **주어가 3인칭 단수이면 Does**를 붙입니다. 이때, 의문문에 쓰인 Do, Does는 우리말로 "~까?"로 해석하는 **조동사**라 하며 그 뒤에 오는 동사는 항상 **동사의 원형**을 써야 합니다.

영순 1 영어문장은 처음 시작의 주어+동사가 중요!

긍정문을 의문문으로 고치면 긍정의문문이라 하고, 문장 끝의 억양을 올립니다.

1.
	당신은 일어난다	일찍	
ⓐ	You get up	early.	긍정문
	당신은 일어납니까	일찍?	
ⓑ	Do you get up	early?	긍정의문문

	네,	그렇습니다
–	Yes,	I do.
	아니오,	그렇지 않습니다
–	No,	I don't.

※ 의문문의 조동사 Do로 물으면 대답도 **do**나 **don't**로 하며 **강하게 발음**함.

2.

ⓐ | 그들은 외식합니다 | 자주 | 긍정문
| They eat out | so often. |

ⓑ | 그들은 외식합니까 | 자주? | 긍정의문문
| Do they eat out | so often? |

- | 네, | 그렇습니다
  | Yes, | they do.

- | 아니오, | 그렇지 않습니다
  | No, | they don't.

3.

ⓐ | 당신의 자녀들은 볼링치러 갑니다 | 긍정문
| Your children go bowling. |

ⓑ | 당신의 자녀들은 볼링치러 갑니까? | 긍정의문문
| Do your children go bowling? |

- | 네, | 그렇습니다
  | Yes, | they do.

- | 아니오, | 그렇지 않습니다
  | No, | they don't.

4.

ⓐ | 당신의 자녀들은 믿는다 산타클로스를 | 긍정문
| Your children believe in Santa Claus. |

ⓑ | 당신의 자녀들은 믿습니까 산타클로스를? | 긍정의문문
| Do your children believe in Santa Claus? |

- | 네, | 그렇습니다
  | Yes, | they do.

- | 아니오, | 그렇지 않습니다
  | No, | they don't.

5.
@ 오바마 대통령부부는 살고 있습니다 | 백악관에서
Mr. and Mrs. Obama live in the White House. 긍정문

ⓑ 오바마 대통령부부는 살고있습니까 | 백악관에서?
Do Mr. and Mrs. Obama live in the White House? 긍정의문문

- 네, 그렇습니다
  Yes, they do.

- 아니오, 그렇지 않습니다
  No, they don't.

영순 2

1.
@ 그녀는 소비합니다 많은 돈을
She spends a lot of money. 긍정문

ⓑ 그녀는 소비합니까 많은 돈을?
Does she spend a lot of money? 긍정의문문

※ 주어가 3인칭 단수(she)여서 문장 앞에 조동사 Does를 쓰며 그 뒤 동사는 원형으로 바뀌어야 하므로 s를 빼고 spend로

- 네, 그렇습니다
  Yes, she does.

- 아니오, 그렇지 않습니다
  No, she doesn't.

※ 의문문의 조동사 Does로 물으면 대답도 **does**나 **doesn't**로 하며 **강하게 발음**.

2.
@ 데이비드는 산책한다 | 아침마다
David takes a walk every morning. 긍정문

ⓑ 데이비드는 산책합니까 | 아침마다?
Does David take a walk every morning? 긍정의문문

- 네, 그렇습니다
  Yes, he does.

- 아니오, 그렇지 않습니다
  No, he doesn't.

3.

ⓐ Jane은 믿는다 산타클로즈를
   Jane believes in Santa Claus. — 긍정문

ⓑ Jane은 믿습니까 산타클로즈를?
   Does Jane believe in Santa Claus? — 긍정의문문

– 네, 그렇습니다
  Yes, she does.

– 아니오, 그렇지 않습니다
  No, she doesn't.

4.

ⓐ Mr. Kim은 연장근무 합니다 매일
   Mr. Kim works overtime every day. — 긍정문

ⓑ Mr. Kim은 연장근무 합니까 매일?
   Does Mr. Kim work overtime every day? — 긍정의문문

– 네, 그렇습니다
  Yes, he does.

– 아니오, 그렇지 않습니다
  No, he doesn't.

5.

ⓐ 박대통령은 살고 있습니다 청와대에서
   President Park lives in Cheongwadae. — 긍정문

ⓑ 박대통령은 살고 있습니까 청와대에서?
   Does President Park live in Cheongwadae? — 긍정의문문

– 네, 그렇습니다
  Yes, she does.

– 아니오, 그렇지 않습니다
  No, she doesn't.

STEP II 우리말- 영순감각으로 익히기

☞ 아래의 영순을 막고 왼쪽 우리말 순서를 오른쪽 영순처럼 소리내어 말해보세요.

우리말 순서	영 순
1. 당신은 아침에 일찍 일어납니까? 　-네, 그렇습니다 　-아니오, 그렇지 않습니다	1. 당신은 일어납니까 일찍 아침에? 　-네, 나는 그렇습니다 　-아니오, 나는 그렇지 않습니다
2. 당신은 낮에 낮잠잡니까? 　-네, 그렇습니다 　-아니오, 그렇지 않습니다	2. 당신은 낮잠잡니까 낮에? 　-네, 나는 그렇습니다 　-아니오, 나는 그렇지 않습니다
3. 당신의 부모님은 당신과 함께 자주 외식하십니까? 　-네, 그렇습니다 　-아니오, 그렇지 않습니다	3. 당신의 부모님은 외식합니까 당신과 함께 자주? 　-네, 그들은 그렇습니다 　-아니오, 그들은 그렇지 않습니다
4. Ms. 브라운은 자기 옷에 많은 돈을 씁니까? 　-네, 그렇습니다 　-아니오, 그렇지 않습니다	4. Ms. 브라운은 씁니까 많은 돈을 자기 옷에? 　-네, 그녀는 그렇습니다 　-아니오, 그녀는 그렇지 않습니다
5. 브라운씨 부부는 아침마다 공원에서 산책합니까? 　-네, 그렇습니다 　-아니오, 그렇지 않습니다	5. 브라운씨 부부는 산책합니까 공원에서 아침마다? 　-네, 그들은 그렇습니다 　-아니오, 그들은 그렇지 않습니다
6. 당신의 자녀는 어렸을 때 산타클로스를 믿었나요? 　-네, 그렇습니다 　-아니오, 그렇지 않습니다	6. 당신의 자녀는 믿었나요 산타클로스를 어렸을 때? 　-네, 그는 그렇습니다 　-아니오, 그는 그렇지 않습니다
7. 에드워드는 그의 친구들과 자주 일요일날 볼링치러 갑니까? 　-네, 그렇습니다 　-아니오, 그렇지 않습니다	7. 에드워드는 갑니까 볼링치러 자주 그의 친구들과 일요일에? 　-네, 그는 그렇습니다 　-아니오, 그는 그렇지 않습니다
8. 그 개들이 밤에 자주 짖습니까? 　-네, 그렇습니다 　-아니오, 그렇지 않습니다	8. 그 개들이 짖습니까 자주 밤에? 　-네, 그것들은 그렇습니다 　-아니오, 그것들은 그렇지 않습니다
9. 당신의 아버지는 퇴근후에 동료직원들과 많은 술을 마십니까? 　-네, 그렇습니다 　-아니오, 그렇지 않습니다	9. 당신의 아버지는 마십니까 많은 술을 동료직원들과 퇴근후에? 　-네, 그는 그렇습니다 　-아니오, 그는 그렇지 않습니다
10. 잭슨씨는 주중에 연장근무를 하나요? 　-네, 그렇습니다 　-아니오, 그렇지 않습니다	10. 잭슨씨는 연장근무를 하나요 주중에? 　-네, 그는 그렇습니다 　-아니오, 그는 그렇지 않습니다

STEP III 영순 문장 익히기

☞ 1. 다음의 주어진 밑줄 친 부분을 올바른 영순으로 말해보세요.
☞ 2. 다음의 주어진 밑줄 친 부분을 올바른 영순으로 써 보세요.

<영순문장 뜻은 아래에 참조>

1. get up you Do early ? _____
2. your children Do very often to church go ? _____
3. in the White House Mr. and Mrs. Obama Do live ? _____
4. She spend Does a lot of money ? _____
5. every morning take a walk Mr. Lee Does ? _____
6. Does wash the car your father every Sunday ? _____
7. walk in the morning Mary Does to school ? _____
8. drink after work too much wine Does your father ? _____
9. home you come Do after work early ? _____
10. your dog bark at night Does very often ? _____

▶ 영순문장과 뜻

1. Do you get up early? (너는 일어나니 일찍이?)
2. Do your children go to church very often? (너의 자녀들은 가니 교회에 매우 자주?)
3. Do Mr. and Mrs. Obama live in the White House? (오바마 대통령 부부는 살고있니 백악관에서?)
4. Does she spend a lot of money? (그녀는 소비하니 많은 돈을?)
5. Does Mr. Lee take a walk every morning? (Mr. Lee는 산책하니 아침마다?)
6. Does your father wash the car every Sunday? (너의 아버지는 세차하시니 일요일마다?)
7. Does Mary walk to school in the morning? (Mary는 걸어가니 학교에 아침에?)
8. Does your father drink too much wine after work? (너의 아버지는 마시니 너무 많은 술을 퇴근후에?)
9. Do you come home early after work? (너는 오니 집에 일찍이 퇴근 후에?)
10. Does your dog bark very often at night? (너의 개는 짖니 매우 자주 밤에?)

STEP IV 영순- 기본문형 익히기 1

☞ 아래의 영어문장을 막고 우리말을 영어로 말해보세요.

1. 나는 일어난다 일찍	1. **I get up early.**
2. 당신은 일어난다 일찍	2. **You get up early.**
3. 당신은 일어납니까 일찍?	3. **Do you get up early?**
-네, 그렇습니다 / -아니오, 그렇지 않습니다	-Yes, I do. / -No, I don't.
4. 그는 일어납니다 일찍	4. **He gets up early.**
5. 그는 일어납니까 일찍?	5. **Does he get up early?**
-네, 그렇습니다	-Yes, he does.
-아니오, 그렇지 않습니다	-No, he doesn't.
6. 그들은 일어납니다 일찍	6. **They get up early.**
7. 그들은 일어납니까 일찍?	7. **Do they get up early?**
-네, 그렇습니다	-Yes, they do.
-아니오, 그렇지 않습니다	-No, they don't.
8. 당신은 외식합니다 매우 자주	8. **You eat out very often.**
9. 당신은 외식합니까 매우 자주?	9. **Do you eat out very often?**
-네, 그렇습니다	-Yes, I do.
-아니오, 그렇지 않습니다	-No, I don't.
10. 그녀는 외식합니다 매우 자주	10. **She eats out very often.**
11. 그녀는 외식합니까 매우 자주?	11. **Does she eat out very often?**
-네, 그렇습니다	-Yes, she does.
-아니오, 그렇지 않습니다	-No, she doesn't.
12. 그들은 외식합니까 매우 자주?	12. **Do they eat out very often?**
-네, 그렇습니다	-Yes, they do.
-아니오, 그렇지 않습니다	-No, they don't.
13. 당신들은 외식합니까 매우 자주?	13. **Do you eat out very often?**
-네, 그렇습니다	-Yes, we do.
-아니오, 그렇지 않습니다	-No, we don't.
14. 당신은 소비합니다 많은 돈을	14. **You spend much money.**
15. 당신은 소비합니까 많은 돈을?	15. **Do you spend much money?**
-네, 그렇습니다	-Yes, I do.
-아니오, 그렇지 않습니다	-No, I don't.
16. 그는 소비합니까 많은 돈을?	16. **Does he spend much money?**
-네, 그렇습니다	-Yes, he does.
-아니오, 그렇지 않습니다	-No, he doesn't.
17. 당신의 남편은 산책합니까?	17. **Does your husband take a walk?**
-네, 그렇습니다	-Yes, he dose.
-아니오, 그렇지 않습니다	-No, he doesn't.
18. 당신의 자녀들은 볼링하러 갑니까?	18. **Do your children go bowling?**
-네, 그렇습니다	-Yes, they do.
-아니오, 그렇지 않습니다	-No, they don't.

STEP V 영순- 기본문형 더 익히기 2

☞ 아래의 영어문장을 막고 우리말을 영어로 말해보세요.

1. 당신은 일어납니까 아침일찍? -네, 그렇습니다 -아니오, 그렇지 않습니다	1. Do you get up early in the morning? -Yes, I do. - No, I don't.
2. 당신의 어머니는 일어납니까 아침일찍? -네, 그렇습니다 -아니오, 그렇지 않습니다	2. Does your mother get up early in the morning? -Yes, she does. - No, she doesn't.
3. 당신의 자녀들은 일어납니까 아침일찍? -네, 그렇습니다 -아니오, 그렇지 않습니다	3. Do your children get up early in the morning? -Yes, they do. - No, they don't.
4. 당신은 외식합니까 주말마다? -네, 그렇습니다 -아니오, 그렇지 않습니다	4. Do you eat out every weekend? -Yes, I do. - No, I don't.
5. 당신의 사장님은 외식합니까 당신의 직원들과 매우 자주? -네, 그렇습니다 -아니오, 그렇지 않습니다	5. Does your boss eat out with your workers very often? -Yes, he does. -No, he doesn't.
6. 당신의 부모님은 외식하십니까 당신과 함께 매우 자주? -네, 그렇습니다 -아니오, 그렇지 않습니다	6. Do your parents eat out with you very often? -Yes, they do. -No, they don't.
7. 당신은 낮잠잡니까 오후에? -네, 그렇습니다 -아니오, 그렇지 않습니다	7. Do you take a nap in the afternoon? -Yes, I do. -No, I don't.
8. 에드워드는 볼링하러 갑니까 자주 그의 친구들과? -네, 그렇습니다 -아니오, 그렇지 않습니다	8. Does Edward go bowling often with his friends? -Yes, he does. -No, he doesn't.
9. 당신은 소비합니까 많은 돈을 당신의 차에? -네, 그렇습니다 -아니오, 그렇지 않습니다	9. Do you spend much money on your car? -Yes, I do. -No, I don't.
10. 당신의 딸은 소비합니까 많은 돈을 그녀의 옷에? -네, 그렇습니다 -아니오, 그렇지 않습니다	10. Does your daughter spend a lot of money on her clothes? -Yes, she does. -No, she doesn't.
11. Mr. 브라운은 산책합니까 공원에서 아침마다? -네, 그렇습니다 -아니오, 그렇지 않습니다	11. Does Mr. Brown take a walk in the park every morning? -Yes, he does. -No, he doesn't.
12. 박대통령은 살고 있습니까 청와대에서? -네, 그렇습니다 -아니오, 그렇지 않습니다	12. Does President Park live in Cheongwadae? -Yes, she does. -No, she doesn't.
13. 오바마 대통령부부는 살고 있습니까 그들의 자녀들과 함께 백악관에서? -네, 그렇습니다 -아니오, 그렇지 않습니다	13. Do Mr. and Mrs. Obama live with their children in the White House? -Yes, they do. -No, they don't.
14. 당신은 믿습니까 당신의 사장님을 엄청? -네, 그렇습니다 -아니오, 그렇지 않습니다	14. Do you believe your boss a lot? -Yes, I do. -No, I don't.
15. 당신은 믿습니까 운수를? -네, 그렇습니다 -아니오, 그렇지 않습니다	15. Do you believe in fortune? -Yes, I do. -No, I don't.
16. 아이들은 믿습니까 산타크로스를? -네, 그렇습니다 -아니오, 그렇지 않습니다	16. Do children believe in Santa Claus? -Yes, they do. -No, they don't.
17. Mr, Jackson은 연장근무합니까 주중에? -네, 그렇습니다 -아니오, 그렇지 않습니다	17. Does Mr. Jackson work overtime during the week? -Yes, he does. -No, he doesn't.
18, 당신의 직원들은 철야근무합니까 주말에? -네, 그렇습니다 -아니오, 그렇지 않습니다	18. Do your employees work overnight on the weekend? -Yes, they do. -No, they don't.

CHAPTER TEN 10

당신은 일요일마다 어디에 가십니까?		우리말 순서
어디에 당신은 가십니까	일요일마다?	영어어순
Where do you go	**every Sunday?**	영순

■ 기본 어휘 Vocabulary · 관용구 Idiom 챙기기

Vocabulary

*buyer [báijər]구매자	*co-worker [kou wə́:rkər]동료직원
*kind [kaind]친절한, 종류	*shark [ʃa:rk]상어
*fin [fin]지느러미	*cafeteria [kæfitíəriə]간이식당, 구내식당
*foreign [fɔ́:rin]외국의	*language [læŋgwidʒ]언어
*climbing [kláimiŋ]암벽타기, 등산	*health [helθ]건강
*else [els]그밖에	*what else [wát els]그밖에 무엇
*most [moust]가장	*get [get]얻다, 구입하다
*respect [rispékt]존경하다	*admiral [ǽdmirəl](해군)제독
*fried [fraid]튀긴	*free [fri:]자유로운, 한가한
*former [fɔ́:rmər]이전의	*puppy [pʌ́pi]강아지

Idiom

*go fishing : 낚시가다	*in his free time : 그가 한가할 때

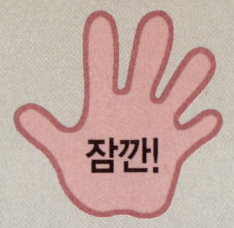

▶ 먼저, 이 Chapter의 핵심내용인 다음의 사항을 참고해 보세요.
▶ 아래의 우리말을 영어로 말하거나 쓸 수 있나요?

1. 당신은 월요일에 어디에 가십니까?.

   - 나는 회사에 갑니다.

2. 거기서 당신은 무엇을 합니까?

   - 나는 바이어들을 만납니다.

3. 당신은 점심식사로 빵과 밥 중에 어느 것을 먹습니까?

   - 나는 밥을 먹습니다.

4. 당신은 모든 동물중에 무엇을 가장 좋아하십니까?.

   - 개를 가장 좋아합니다.

▶ 위 네 문장의 우리말을 영어로 말하거나 쓸 수 있다면 다음 Chapter로 넘어가도 좋습니다.

▶ 만약, 그렇지 못하면 다음 Page로 넘어가 더 자세한 핵심내용을 익혀보세요.

Never put off till tomorrow what you can do today.
(미루지 마라 내일로 네가 오늘 할 수 있는 일을)

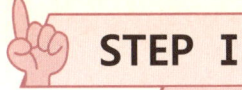

STEP I 영순 - 기본 문형 이해하기

▶ 앞에서 Yes와 No의 대답을 요구하는 긍정의문문을 배웠습니다.
그런 의문문은 조동사 Do나 Does로 시작하며 문장 끝을 올려 읽습니다.

▶▶ 오늘 공부는 단순히 Yes나 No만의 대답을 요구함이 아니라 구체적으로 궁금한 의문사항을 물어보는 의문문입니다. "**누가**", "**무엇을**", "**언제**", "**어디서**", "**왜**", "**어떻게**" 등 좀 더 자세하고 구체적으로 **의문사**를 사용하여 묻는 질문이죠.

1. **의문사**란?—위에서 말한 6가지 의문을 품은 단어들-
즉, **6하원칙**(六何原則-5w1h.)입니다. **who**(누구), **what**(무엇), **when**(언제), **where**(어디에), **why**(왜), **how**(어떻게)

2. 의문사를 사용하여 질문하려면 **의문사를 무조건 문장 제일 앞에 내놓고** 그 뒤 의문문형식의 문장을 쓰면 됩니다. 그리고 의문사로 시작된 의문문은 **문장 끝을 내려읽어야** 하며, 그 대답은 Yes나 No로 하지 않고 바로 **질문의 핵심**을 대답합니다.

영순 1 영어문장은 처음 시작의 **의문사**가 중요!

1.
누구	입니까 당신은?
Who	are you?

나는입니다	홍길동
- I'm	Hong Gil-dong.

2.
누구를	당신은 존경합니까?
Who	do you respect?

나는 존경합니다	이순신 장군을
- I respect	Admiral Yi Soonshin.

3.
무엇을	합니까 당신은	매 주말에?
What	do you do	every weekend?

나는 등산갑니다	나의 친구들과 함께
- I go hiking	with my friends.

4. | 무엇을 | 좋아하나요 당신은?
| What | do you like?

- | 나는 좋아합니다 | 강아지를
  | I like | a puppy.

5. | 누구를 | 당신의 어머니는 믿나요?
| Who | does your mother believe in?

- | 그녀는 믿습니다 | 부처님을
  | She believes in | Buddha.

6. | 어디에 | 그녀는 갑니까 | 4월 8일에?
| Where | does she go | on April 8th?

- | 그녀는 갑니다 | 절에
  | She goes | to temple.

7. | 무엇을 | 당신의 아내는 요리하나요 | 자주
| What | does your wife cook | so often?

- | 그녀는 요리합니다 스파게티
  | She cooks spaghetti.

8. | 언제 | 그녀는 요리하나요 | 그것을
| When | does she cook | it?

- | 그녀는 요리해요 그것을 | 내 생일때에
  | She cooks it | for my birthday.

9. | 왜 | 당신은 공부합니까 영어를 | 그렇게 열심히
| Why | do you study English | so hard?

- | 왜냐하면 나는 좋아해요 그것을 | 엄청
  | Because I like it | a lot.

10. | 어떻게 | 당신은 갑니까 | 직장에~ |
    | How | do you go | to work? |

 - | 나는 갑니다 직장에 | 지하철로 |
    | I go to work | by subway. |

▶잠깐! 의문사가 몇 개?—여섯개!
네, 그런데 한 개 더 중요한 의문사가 있습니다.
which(어느것)이죠. 선택을 요구하는 의문문(**선택의문문**)에서 사용함.
※ 1. 선택의문문에서 선택하는 두 가지를 뒤에쓰고 그 사이 **or**를 씁니다.
※ 2. or 앞에서 올려 읽고 문장 끝에서 내려 읽으며 그 대답은 yes, no 필요없이 바로 핵심을 대답합니다.

영순 2

1. | 어느것을 | 당신은 좋아합니까 더 | 쇠고기와 돼지고기 중에 |
   | Which | do you like better, | beef ╱ or pork? ╲ |

 - | 나는 좋아해요 돼지고기를 | 더 |
   | I like pork | better. |

2. | 어느것을 | Mr. Kim은 좋아하나요 더 | 콜라와 사이다 중에 |
   | Which | does Mr. Kim like better, | coke ╱ or soda? ╲ |

 - | 그는 좋아합니다 콜라를 더 |
   | He likes coke better. |

3. | 어느것을 | 당신의 형은 이용하나요 | 더 자주 | 버스와 지하철 중에 |
   | Which | does your brother use | more often, | bus ╱ or subway? ╲ |

 - | 그는 이용합니다 지하철을 | 더 자주 |
   | He uses a subway | more often. |

STEP II 우리말- 영순감각으로 익히기

☞ 아래의 영순을 막고 왼쪽 우리말 순서를 오른쪽 영순처럼 소리내어 말해보세요.

우리말 순서	영 순
1. 당신은 주말에 무엇을 합니까? -나는 등산 갑니다	무엇을 당신은 합니까 주말에? -나는 갑니다 등산
2. 당신은 지난 주말에 무엇을 했나요? -나는 등산 갔어요	2. 무엇을 당신은 했나요 지난 주말에? -나는 갔어요 등산
3. 당신의 사장님은 회사에서 매일 오후에 누구를 만납니까? -그는 바이어들을 만납니다	3. 누구를 당신의 사장님은 만납니까 회사에서 매일 오후에? -그는 만납니다 바이어들을
4. Mr. Kim은 언제 미국으로 떠났나요? -그는 지난 주말에 미국으로 떠났어요	4. 언제 Mr. Kim은 떠났나요 미국으로? -그는 떠났어요 미국으로 지난 주말에
5. 당신의 어머니는 지난번 당신의 생일 때 무엇을 요리했나요? -그녀는 돈가스를 요리했습니다	5. 무엇을 당신의 어머니는 요리했나요 지난번 당신의 생일 때? -그녀는 요리를 했어요 돈가스를
6. 당신은 쇠고기와 돼지고기중에 어느것을 더 좋아합니까? -나는 쇠고기를 더 좋아합니다	6. 어느 것을 당신은 좋아합니까 더 쇠고기와 돼지고기 중에? -나는 좋아합니다 쇠고기를 더
7. 당신은 왜 그렇게 열심히 영어를 공부합니까? -영어를 사랑하기 때문입니다	7. 왜 당신은 공부합니까 영어를 그렇게 열심히? -왜냐면 나는 영어를 사랑해서요
8. 당신의 아내는 4월 초8일에 어디에 갑니까? -그녀는 절에 갑니다	8. 어디에 당신의 아내는 갑니까 4월 초8일에? -그녀는 갑니다 절에

STEP III 영순 문장 익히기

☞ 1. 다음의 주어진 밑줄 친 부분을 올바른 영순으로 말해보세요.
☞ 2. 다음의 주어진 밑줄 친 부분을 올바른 영순으로 써 보세요.

<영순문장과 뜻은 아래에 참조>

1. go you do on sunday to work ?
2. you where go do on sunday ?
3. do go you how to work ?
4. what eat you for lunch do ?
5. your mother does believe who ?
6. on Sunday Mr.kim. does work why ?
7. you respect who do ?
8. eat what Tom for lunch does ?
9. go does your mother to temple when ?
10. you do like which better beef or pork ?

▶ 영순문장과 뜻

1. Do you go to work on Sunday? (당신은 갑니까 회사에 일요일에?)
2. Where do you go on Sunday? (어디에 당신은 갑니까 일요일에?)
3. How do you go to work? (어떻게 당신은 갑니까 회사에?)
4. What do you eat for lunch? (무엇을 당신은 먹습니까 점심식사로?)
5. Who does your mother believe? (누구를 당신의 어머니는 믿습니까?)
6. Why does Mr. Kim work on Sunday? (왜 Mr. Kim은 일합니까 일요일에?)
7. Who do you respect? (누구를 당신은 존경합니까?)
8. What does Tom eat for lunch? (무엇을 Tom은 먹습니까 점심식사로?)
9. When does your mother go to temple? (언제 당신의 어머니는 갑니까 절에?)
10. Which do you like better, beef or pork? (어느 것을 당신은 더 좋아합니까, 쇠고기와 돼지고기중에?)

STEP IV 영순- 기본문형 익히기 1

☞ 아래의 영어문장을 막고 우리말을 영어로 말해보세요.

1. 누구입니까 당신은?
   - 나는입니다 홍길동
2. 누구를 당신은 좋아합니까?
   - 나는 좋아합니다 나의 부모님을
3. 무엇을 당신은 합니까 매 일요일에?
   - 나는 등산갑니다
4. 무엇을 당신은 하나요 매 일요일에?
   - 나는 등산가요
5. 어디에 당신의 어머니는 가나요 4월8일에?
   - 그녀는 갑니다 절에
6. 왜 그녀는 가나요 거기에?
   - 그녀는 부처님을 믿기 때문입니다
7. 무엇을 당신의 아내는 요리하나요 저녁식사로?
   - 그녀는 요리해요 스파게티
8. 누구를 당신은 존경합니까?
   - 나는 존경합니다 세종대왕을
9. 어느것을 당신은 더 좋아합니까, 쇠고기와 돼지고기 중에
   - 나는 돼지고기를 좋아합니다
10. 어디에서 당신은 먹습니까 그것을?
    - 나는 먹습니다 그것을 식당에서
11. 언제 당신은 먹습니까 그것을?
    - 나는 먹습니다 그것을 일요일에
12. 왜 당신은 먹습니까 그것을?
    - 왜냐하면 그것은 맛있으니까
13. 무엇을 당신은 먹습니까 점심식사로?
    - 나는 먹습니다 햄버거를
14. 어떻게 당신의 아들은 갑니까 학교에?
    - 그는 갑니다 지하철로
15. 몇시에 당신의 부모님은 일어나십니까?
    - 그들은 일어납니다 6시에

1. Who are you?
   - I'm Hong Gil-dong.
2. Who do you like?
   - I like my parents.
3. What do you do every Sunday?
   - I go hiking.
4. What do you do every Sunday?
   - I go hiking
5. Where does your mother go on April 8th?
   - She goes to temple.
6. Why does she go there?
   - Because she believes in Buddha.
7. What does your wife cook for dinner?
   - She cooks spaghetti.
8. Who do you respect?
   - I respect King Sejong.
9. Which do you like better, beef or pork?
   - I like pork better.
10. Where do you eat it?
    - I eat it at the restaurant.
11. When do you eat it?
    - I eat it on Sunday.
12. Why do you eat it?
    - Because it tastes good.
13. What do you eat for lunch?
    - I eat hamburgers.
14. How does your son go to school?
    - He goes by subway.
15. What time do your parents get up?
    - They get up at six.

 **STEP V** 영순- 기본문형 더 익히기 2

☞ 아래의 영어문장을 막고 우리말을 영어로 말해보세요.

1. 당신의 아버지는 갑니까 회사에 주중에?
  -네,그렇습니다
	1. Does your father go to work during the week?
	  -Yes, he does.

2. 어디에 그는 갑니까 주말에?
  -그는 낚시 갑니다
	2. Where does he go on the weekend?
	  -He goes fishing.

3. 누구와 그는 갑니까?
  -그는 갑니다 그 혼자서
	3. Who does he go with?
	  -He goes alone.

4. 언제 그는 등산갑니까?
  -그는 갑니다 한가할 때
	4. When does he go hiking?
	  -He goes hiking in his free time.

5. 몇시에 그는 등산갑니까?
  -그는 등산갑니다 오전 5시에
	5. What time does he go hiking?
	  -He goes at five a.m.

6. 무엇을 그는 합니까 퇴근후에?
  -그는 공부합니다 외국어를
	6. What does he do after work?
	  -He studies foreign languages.

7. 왜 그는 공부합니까 그것을? -왜냐하면 그는 만나기 때문입니다 많은 바이어들을	7. Why does he study it ? -Because he meets many buyers.
8. 누구를 당신은 존경합니까 가장 한국에서? -나는 존경합니다 이순신장군을 가장	8. Who do you respect most in Korea? -I rerspect Admiral Yi Sunshin most.

9. 누구를 당신은 존경합니까 가장 이 세 상에서?
  -나는 존경합니다 케네디 대통령을
	9. Who do you respect most in the world?
	  -I respect President John Kennedy.

10. 왜 당신은 존경합니까 그를 가장?
  -왜냐하면 그는 미남이고 강력했기 때문이죠
	10. Why do you respect him most?
	  -Because he was handsome and powerful.

11. 어디에 미국대통령은 살고 있습니까?
  -그들은 살고있습니다 백악관에서
	11. Where do American presidents live?
	  -They live in the Whithe House.

12. 어느것을 당신은더 좋아합니까 사과와 배 중에?
  -나는 좋아합니다 사과를 더
	12. Which do you like better, apples or pears?
	  -I like apples better.

13. 어디에서 당신은 구입합니까 그것들을?
  -나는 구입합니다 그것들을 E마트에서
	13. Where do you get them?
	  -I get them at E-Mart Shopping Mall.

14. 언제 당신은 구입합니까 그것들을?
  -나는 구입합니다 그것들을 주말에
	14. When do you get them?
	  -I get them on the weekend.

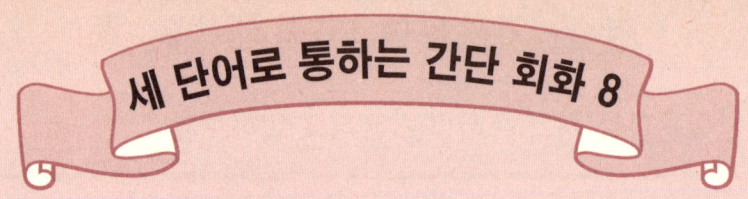

세 단어로 통하는 간단 회화 8

1. 아래 각 항의 같은 표현들 중 상황에 따라 조금 다른 의미(늬앙스)로 나타낼 수 있음
2. 자기의 수준에 맞는 편한 표현을 골라 활용해보세요.

1. 서두르지 마.
ⓐ Don't hurry up.
ⓑ Take your time.
ⓒ Take it easy.

2. 각자 내자
ⓐ Let's go Dutch.
ⓑ Let's split it.

3. 무슨 일이야.
ⓐ What's the matter?
ⓑ What is wrong?
ⓒ What's happening?

4. 나 건드리지 마.
ⓐ Leave me alone.
ⓑ Don't bother me.

5. 전적으로 내 얘기야.
ⓐ You said it.
ⓑ You're telling me.

6. 그거면 충분해.
ⓐ That will do.
ⓑ That will work.

CHAPTER ELEVEN 11

당신은 1년에 몇권의 책을 읽습니까?			우리말 순서
몇권의 책을	당신은 읽습니까?	1년에	영어어순
How many books	do you read	a year?	영순

■ 기본 어휘 Vocabulary · 관용구 Idiom 챙기기

Vocabulary

*hour [auər]시간(60분)	*temple [témpl]절, 사원
*year [jiər]년	*subject [sʌ́bdʒikt]과목
*twice [twais]두번	*about [əbáut]-에 대하여, 약~
*health [helθ]건강	*dawn [dɔ:n]새벽
*rear [riər]기르다	*brush [brʌʃ]솔질하다
*exactly [igzǽktli]정확히	*ginseng [dʒínseŋ]인삼
*war [wɔ:r]전쟁	*dangerous [déindʒərəs]위험한
*several [sévrəl]여러개의	*education [edʒukéiʃən]교육
*need [ni:d]필요하다	

Idiom

*go to the movies : 영화관에 가다	*brush one's teeth : 양치질하다
*at dawn : 새벽에	*take a shower : 샤워하다

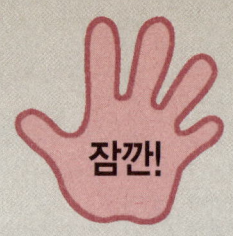

▶ 먼저, 이 Chapter의 핵심내용인 다음의 사항을 참고해 보세요.
▶ 아래의 우리말을 영어로 말하거나 쓸 수 있나요?

1. 당신은 회사에서 하루에 얼마나 많은 물을 마십니까?

2. 당신은 점심식사로 무슨 종류의 음식을 드십니까?

3. 당신은 그의 취미에 대해 어떻게 생각하십니까?

▶ 위 세 문장의 우리말을 영어로 말하거나 쓸 수 있다면 다음 Chapter로 넘어가도 좋습니다.

▶ 만약, 그렇지 못하면 다음 Page로 넘어가 더 자세한 핵심내용을 익혀보세요.

No pain, no gain.
(고통이 없으면 소득도 없다)

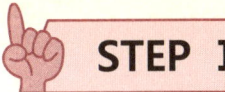 **STEP I** 영순 - 기본 문형 이해하기

▶ 6개의 의문사 (who, what, when, where, why, how)로 시작하는 의문문을 앞 Chapter에서 공부했습니다. 이외에도 의문사 **which**(어느 것)도 있어 의문사는 모두 7개입니다.

▶▶ 7개의 의문사 이외에 다음과 같은 여러 가지 의문사도 있습니다.

How+형용사(부사)
얼마나~한
*How many(수)~? (얼마나 많은~)
*How much(양)~? (얼마나 많은~)
*How old~? (몇 살~)
*How tall~? (얼마나 키가 큰~)
*How long~? (얼마나 오래(긴)~)
*How often~? (얼마나 자주~)
*How far~? (얼마나 먼~)
*How soon~? (얼마나 빨리~)

※ 위의 **How+(형·부)**의 의문사도 문장 제일 앞에 사용합니다.

영순 1 영어문장은 처음 시작의 의문사도 중요!

1. 얼마나 많은(수) 　　얼마나 많은(양)
● How many+복수명사　● How much+단수명사

① 얼마나 많은 책을 | 당신은 읽습니까?
　How many books | **do you read?**

－ 나는 읽습니다 10권의 책을
　I read ten books.

111

②
| 얼마나 많은 커피를 | 당신은 마십니까 | 하루에? |
| How much coffee | do you drink | a day? |

- 나는 마십니다 넉잔의 커피를
  I drink four cups of coffee.

2. 얼마나 오래
   ● **How long**

| 얼마나 오래 | 당신은 일합니까 | 하루에? |
| How long | do you work | a day? |

- 나는 일합니다 8시간 동안
  I work for eight hours.

3. 얼마나 자주
   ● **How often**

| 얼마나 자주 | 당신은 양치질 합니까 | 하루에? |
| How often | do you brush your teeth | a day? |

- 나는 양치질 합니다 세 번
  I brush my teeth three times.

4. 얼마나 빨리
   ● **How soon**

| 얼마나 빨리 | 그는 일어납니까? |
| How soon | does he get up? |

- 그는 일어납니다 5시에 새벽
  He gets up at five at dawn.

영순 2

몇시에
● **What time**

① 몇시에 | 당신은 먹습니까 저녁을
What time | **do you eat dinner?**

- 나는 먹습니다 저녁을 | 9시에
I eat dinner | **at nine.**

② 몇시에 그 기차는 도착합니까?
What time does the train arrive?

- 그것은 도착합니다 | 정각 7시에
It arrives | **at exactly seven.**

영순 3

무슨 종류의~
● **What kind of~ + 명사**

① 무슨 종류의 차를 | 당신은 마십니까?
What kind of tea | **do you drink?**

- 나는 마십니다 인삼차를
I drink ginseng tea.

② 무슨 종류의 중국음식을 | 당신의 아버지는 좋아하나요?
What kind of Chinese food | **does your father like?**

- 그는 좋아합니다 상어지느러미 요리
He likes shark's fin.

영순 4

어떻게 생각하나요~?
● What do you think about(of)~?

어떻게 당신은 생각하나요 핵전쟁에 대하여?
What do you think about neclear war?

그것은 매우 위험하죠
- It's very dangerous.

영순 5

몇 번~ 하나요?
● How many times~?

몇 번이나 당신은 갑니까 영화관에?
How many times do you go to the movies?

나는 갑니다 두 번 한달에
- I go twice a month.

※ 한 번 - **once**
　두 번 - **twice = two times**
　세 번 - **three times**
　네 번 - **four times**
　다섯 번 - **five times**
　　　⋮

여러번(2-3번 정도) - **several times**
여러번(많은 횟수) - **many times**

STEP II 우리말- 영순감각으로 익히기

☞ 아래의 영순을 막고 왼쪽 우리말 순서를 오른쪽 영순처럼 소리내어 말해보세요.

우리말 순서	영 순
1. 당신은 하루에 얼마나 많은 책을 읽습니까? -두 권의 책을 읽습니다	1. 얼마나 많은 책을 당신은 읽습니까 하루에? -나는 읽습니다 두 권의 책을
2. 당신은 하루에 몇잔의 커피를 마시나요? -2잔의 커피를 마십니다	2. 몇잔의 커피를 당신은 마십니까 하루에? -나는 마십니다 두 잔의 커피를
3. 당신은 하루 얼마나 오래 일합니까? -나는 7시간 일합니다	3. 얼마나 오래 당신은 일합니까 하루에? -나는 일합니다 7시간 하루에
4. 당신의 어머니는 일주일에 얼마나 자주 교회에 갑니까? -1번 갑니다	4. 얼마나 자주 당신의 어머니는 갑니까 교회에? -그녀는 갑니다 교회에 1번
5. Mr Lee는 몇시에 잠자리에 듭니까? -자정에 잠자리에 듭니다	5. 몇시에 Mr. Lee는 잠자리에 듭니까? -그는 잠자리에 듭니다 자정에
6. 당신의 딸은 무슨 종류의 커피를 좋아합니까? -아메리카노 커피를 좋아합니다	6. 무슨종류의 커피를 당신의 딸은 좋아합니까? -그녀는 좋아합니다 아메리카노 커피
7. Tom은 한 달에 몇 번 영화관에 갑니까? -한 달에 두 번 갑니다	7. 몇번 Tom은 갑니까 영화관에 한 달에? -그는 갑니다 두 번 한 달에
8. 당신은 핵전쟁에 대해 어떻게 생각하시나요? -그것이 위험하다고 생각합니다	8. 어떻게 당신은 생각하나요 핵전쟁에 대해? -나는 생각합니다 그것이 위험하다고

STEP III 영순 문장 익히기

☞ 1. 다음의 주어진 밑줄 친 부분을 올바른 영순으로 말해보세요.
☞ 2. 다음의 주어진 밑줄 친 부분을 올바른 영순으로 써 보세요.

<영순문장과 뜻은 아래에 참조>

1. you do read How many books?
2. do you a day drink how much offee?
3. your husband does How long work a day?
4. brush your teeth a day you do How often?
5. lunch Tom eat does What time?
6. arrive does what time Mr. Park?
7. Mr. Kim like Chinese food does What kind of?
8. do have car Mr. and Mrs. Park What kind of?
9. How many times go Jane to the movies does?
10. think about you do what nuclear?

▶ 영순문장과 뜻

1. How many books do you read? (몇 권의 책을 당신은 읽습니까?)
2. How much coffee do you drink a day?(얼마나 많은 커피를 당신은 마십니까 하루에?)
3. How long does your husband work a day?(얼마나 오래 당신의 남편은 일합니까 하루에?)
4. How often do you brush your teeth a day?(얼마나 자주 당신은 양치질합니까 하루에?)
5. What time does Tom eat lunch? (몇 시에 Tom은 먹습니까 점심을?)
6. What time does Mr. Park arrive? (몇 시에 Mr. Park는 도착합니까?)
7. What kind of Chinese food does Mr. Kim like?(무슨 종류의 중국음식을 Mr. Kim은 좋아합니까?)
8. What kind of car do Mr. and Mrs. Park have?(무슨 종류의 승용차를 박씨 부부는 가지고 있나요?)
9. How many times does Jane go to the movies?(몇 번이나 Jane은 영화관에 갑니까?)
10. What do you think about nuclear?(어떻게 당신은 생각 합니까 핵에 대해?)

STEP IV 영순- 기본문형 익히기 1

☞ 아래의 영어문장을 막고 우리말을 영어로 말해보세요.

1. 얼마나 많은 책(몇권의책)
2. 얼마나 많은 차 (몇대의 차)
3. 얼마나 많은 나무들(몇 그루의 나무)
4. 얼마나 많은 사과 (몇 개의 사과)
5. 얼마나 많은 동물(몇 마리의 동물)
6. 얼마나 많은 물
7. 얼마나 많은 커피
8. 얼마나 많은 돈
9. 얼마나 많은 설탕
10. 얼마나 많은 버터
11. 얼마나 많은 책을 당신은 읽습니까?
    -나는 읽습니다 10권의 책
12. 얼마나 많은 차를 당신은 가지고 있습니까?
    -나는 가지고 있습니다 2대의 차
13. 얼마나 많은 나무를 당신은 심습니까?
    -나는 심습니다 다섯그루의 나무
14. 얼마나 많은 개를 당신은 기릅니까?
    -나는 기릅니다 세 마리의 개
15. 얼마나 많은 물을 당신은 마십니까?
    -나는 마십니다 5잔
16. 얼마나 많은 커피를 Mrs.Kim은 마십니까?
    -그는 마십니다 두 잔
17. 얼마나 많은 돈을 그는 가지고 있습니까?
    -그는 가지고 있습니다 5만원
18. 얼마나 많은 설탕을 당신은 사용합니까?
    -나는 사용합니다 5그램
19. 얼마나 오래 그녀는 잡니까?
    -그녀는 잡니다 9시간 동안
20. 얼마나 자주 당신의 아버지는 등산갑니까?
    -그는 갑니다 한번 1주일에
21. 몇시에 당신의 딸은 일어납니까?
    -그녀는 6시에 일어납니다
22. 무슨 종류의 계절을 당신의 어머니는 좋아합니까?   -그녀는 좋아합니다 봄을
23. 어떻게 당신은 생각합니까 Tom에 대해
    -내가 생각하기에 그는 매우 정직합니다
24. 몇번이나 당신은 샤워합니까?
    -나는 샤워합니다 세 번 일주일에

1. How many books.
2. How many cars.
3. How many trees.
4. How many apples.
5. How many animals.
6. How much water.
7. How much coffee.
8. How much money.
9. How much sugar.
10. How much butter.
11. How many books do you read?
    -I read ten books.
12. How many cars do you have?
    -I have two cars.
13. How many trees do you plant?
    -I plant five trees.
14. How many dogs do you rear?
    -I rear three dogs.
15. How much water do you drink?
    -I drink five glasses.
16. How much coffee does Mrs.Kim drink?
    -She drinks two cups.
17. How much money does he have?
    -He has fifty thousand won.
18. How much sugar do you use?
    -I use five grams.
19. How long does she sleep?
    -She sleeps for nine hours.
20. How often does your father go hiking?
    -He goes hikings once a week.
21. What time does your daughter get up?
    -She gets up at six.
22. What kind of season does your mother like?
    -She likes spring.
23. What do you think of Tom?
    -I think he is very honest.
24. How many times do you take a shower?
    -I take a shower three times a week.

STEP V 영순- 기본문형 더 익히기 2

☞ 아래의 영어문장을 막고 우리말을 영어로 말해보세요.

1. 몇권의 책을 당신은 읽습니까 1년에?
   - 나는 읽습니다 10권에서 20권
2. 몇명의 사람들을 당신은 만납니까 회사에서 매일
   - 나는 만납니다 약 20명
3. 몇시간 그는 공부합니까 학교에서 하루에?
   - 그는 공부합니다 10시간
4. 몇끼의 식사를 당신의 애기는 먹습니까 하루에?
   - 그는 먹습니다 6끼를
5. 얼마나 많은 물을 우리는 필요하나요 하루에?
   - 우리는 필요합니다 약 10잔의 물을
6. 얼마나 많은 커피를 그녀는 마시나요 회사에서 매일?
   - 그녀는 마십니다 5잔을
7. 얼마나 많은 돈을 당신의 아들은 쓰나요 그의 교육에 한 달에?
   - 그는 씁니다 약 100만원을
8. 몇그루의 나무를 그들은 심나요 산에 봄마다?
   - 그들은 심습니다 100그루를
9. 몇마리의 소를 Mr.Kim은 기릅니까 그의 농장에서?
   - 그는 기릅니다 200마리의 소를
10. 얼마나 자주 당신의 아버지는 낚시갑니까 1달에 그의 친구들과 함께?
    - 그는 갑니다 2번 한달에
11. 얼마나 오래 당신의 사장님은 머뭅니까 중국에서?
    - 그는 머뭅니다 거기에서 일주일 동안
12. 몇시에 당신은 일어나고 잡니까?
    - 나는 일어납니다 6시에 그리고 잡니다 11시에
13. 무슨 종류의 과목을 Frank는 좋아합니까 가장?
    - 그는 좋아합니다 과학을 가장
14. 어떻게 당신은 생각합니까 핵무기에 대해?
    - 나는 생각합니다 그것은 매우 위험하고 끔찍하다고
15. 몇번이나 Mrs.Song은 갑니까 E-Mart에 1주일에?
    - 그녀는 갑니다 2-3번

1. How many books do you read a year?
   - I read ten or twenty books.
2. How many people do you meet at work everyday?
   - I meet about 20people.
3. How many hours does he study at school a day?
   - He studies for ten hours.
4. How many meals does your baby eat a day?
   - He eats six meals.
5. How much water do we need a day?
   - We need about ten glasses of water.
6. How much coffee does she drink at work everyday?   -She drinks five cups of coffee.
7. How much money does your son spend on his education a month?
   - He spends about one million won.
8. How many trees do they plant in the mountain in spring?   -They plant one hundred trees.
9. How many cows does Mr.Kim rear in his   ranch?
   - He rears two hundred cows.
10. How often does your father go fishing with his friends a month?   -He goes twice a month.
11. How long does your boss stay in China?   -He stays there for a week.
12. What time do you get up and go to bed?
    - I get up at six and go to bed at eleven.
13. What kind of subjects does Frank like most?
    - He likes science most.
14. What do you think of necelar weapon?
    - I think it is very dangerous and terrible.
15. How many times does Mrs.Song go to E-Mart mall a week?
    - She goes there twice or three times.

CHAPTER TWELVE 12

나는 많은 돈을 가지고 있다	우리말 순서
나는 가지고 있다 많은 돈을	영어어순
I have a lot of money	영순

■ 기본 어휘 Vocabulary · 관용구 Idiom 챙기기

Vocabulary

*have [hæv]가지다, 먹다	*too [tu:]너무
*has [hæz]가지다, 먹다	*brown [braun]갈색의
*son [sʌn]아들	*blond [blɔnd]금발의
*daughter [dɔ́:tər]딸	*own [oun]자신의
*child [tʃaild]아이	*lip [lip]입술
*children [tʃíldrən]아이들(child의 복수형)	*rear [riər]기르다
*sea weed [síːwíd]김	*stick [stik]막대기
*university [juːnivə́:rsiti]대학교	*most [moust]대부분의
*ID [áidi]=identification : 신분	*straight [streit]곧은
*professor [prəfésər]교수	*extended [iksténdid]확장된
*curly [kə́:rli]곱슬머리의	*nuclear [núkliər]핵
*thing [θiŋ]물건, 일	*salt [sɔ:lt]소금
*ranch [ræntʃ]목장	*pig [pig]돼지

Idiom

*three-story : 3층의	*a lot of~ : 많은~
*extended family : 대가족	*nuclear family : 핵가족
*many kinds of~ : 많은 종류의~	*have many things to do : 할일이 많다
*at table : 식사 때에	

▶ 먼저, 이 Chapter의 핵심내용인 다음의 사항을 참고해 보세요.
▶ 아래의 우리말을 영어로 말하거나 쓸 수 있나요?

1. 나는 딸만 둘 있습니다.

_____

2. Mr.Kim은 시골에 2층집이 있고, Mr.Park는 서울에 5층 빌딩이 있다.

_____

3. 그들은 매일 사무실에서 할 일이 많습니다.

_____

▶ 위 세문장의 우리말을 영어로 말하거나 쓸 수 있다면 다음 Chapter로 넘어가도 좋습니다.

▶ 만약, 그렇지 못하면 다음 Page로 넘어가 더 자세한 핵심내용을 익혀보세요.

Opportunity never knocks twice.
(기회는 노크 않는다 두 번)

STEP I 영순- 기본문형 익히기

 오늘은 수많은 일반동사중 "**가지다**"의 뜻을 가진
일반동사- **have, has**를 공부합니다

"**가지고 있다**" 뜻의 일반동사는 두 개 – **Have, has** !
주어가 3인칭 단수이면 has
주어가 3인칭 단수가 아니면 have

※ 1. 주어가 3인칭 단수가 아닌경우란? - 1인칭단수(I) , 복수(We)
　　　　　　　　　　　　　　　　　　2인칭단수, 복수 (You)
　　　　　　　　　　　　　　　　　　3인칭복수 (They...)

※ 2. 주어가 3인칭단수 일 때 모든 현재형 일반동사는 그 어미에 s나 es를 붙이지만 유일하게 have는 s나 es를 붙이지 않고 has를 씁니다.

영순 1 처음시작의 주어+동사가 중요!

1. ⓐ I **have** a car.
　　　(나는 가지고 있다 한 대의 승용차를)

　ⓑ She **has** two cars.
　　　(그녀는 가지고 있다 두 대의 승용차를)

2. ⓐ You **have** a lot of money.
　　　(너는 가지고 있다 많은 돈을)

　ⓑ He **has** a lot of money.
　　　(그는 가지고 있다 많은 돈을)

3. ⓐ They **have** two daughters.
　　　(그들은 가지고 있다 두명의 딸을)

　ⓑ Mr. Smith **has** two sons.
　　　(Mr. Smith는 가지고 있다 두명의 아들을)

　ⓒ Mr. and Mrs. Brown **have** no children.
　　　(Mr. Brown부부는 없다 자녀가)

4. ⓐ This university **has** many professors.
   (이 대학교는 가지고 있다 많은 교수들을)
   ⓑ Most professors **have** their own cars.
   (대부분의 교수님들은 가지고 있다 그들 자신의 승용차를)

5. ⓐ I **have** curly hair. (나는 가지고 있다 곱슬머리를)
   ⓑ She **has** straight hair. (그녀는 가지고 있다 생머리(직모)를)

6. ⓐ You have an extended faily.
   (당신은 가지고 있다 대가족을)
   ⓑ Mr. Park **has** a nuclear family.
   (Mr. Park는 가지고 있다 핵가족을)

7. ⓐ Korean people **have** many kinds of apartment.
   (한국인들은 가지고 있다 여러 종류의 아파트를)
   ⓑ My uncle **has** a three-story house.
   (나의 삼촌은 가지고 있다 3층짜리 주택을)

영순 2

Have, has(가지다)도 일반동사이기 때문에 **부정문**은 그 앞에 **don't, doesn't**를 붙입니다. 그러나 주어가 3인칭단수이면 doesn't를 쓰고 그 뒤에 동사는 원형으로 바뀜.

※ "가지다"의 현재형은 have와 has, 원형은 **have**.

8. ⓐ I **don't have** any brothers and sisters.
   (나는 가지고 있지 않다 아무 형제자매를)
   ⓑ Brian **don't have** any brothers and sisters.
   (Brian은 가지고 있지 않다 아무 형제자매를)

9. ⓐ Dad **has** many things to do today.
   (아빠는 가지고 있다 많은 할 일을 오늘)
   ⓑ Dad **don't have** many things to do today.
   (아빠는 가지고 있지 않다 많은 할 일을 오늘)

영순 3

have.has(가지다)가 일반동사 이기 때문에 **의문문의 문장은 주어앞에 조동사 Do나 Does**를 붙입니다.
역시 주어가 3인칭단수이면 **Does**,를, 그리고 그 뒤 동사는 원형(have)으로 바뀜.

10. ⓐ **Do** you **have** many brothers and sisters?
(너는 가지고 있니 많은 형제자매들을?)
- Yes, I do. (그래, 있어)
- No, I don't. (아니, 그렇지 않아)

ⓑ How many brothers and sisters **do** you have?
(몇명의 형제자매를 너는 가지고 있니?)
- I have one brother and two sisters.
(나는 가지고 있어 한 명의 형과 두 명의 자매를)

ⓒ What **does** she **have** in her purse?
(무엇을 그녀는 가지고 있습니까 그녀의 핸드백속에?)
- She has a cellphone and a lipstick.
(그녀는 가지고 있습니다 휴대폰과 립스틱을.)

ⓓ Where **do** you **have** your ID. card?
(어디에 너는 가지고 있니 너의 신분증을?)
- I have it in my wallet.
(나는 가지고 있다 그것을 나의 지갑속에)

ⓔ How many children **does** Mr.Lee **have** ?
(몇 명의 자녀를 Mr.Lee는 있나요?)
- He has one son and daughter.
(그는 있습니다. 1남1녀가)

영순 4

have, has는 "가지다"의 뜻외에 그뒤에 음식이 있으면 **"먹다, 마시다"** 등의 뜻도 있습니다.

1. I **have** rice. (나는 **먹는다** 밥을)

2. My brother **has** pork cultlet very often.
    (나의 동생은 **먹는다** 돈가스를 매우 자주)

3. You **have** too much sugar and salt.
    (너는 **먹는다** 너무 많은 설탕과 소금을)

4. What do you **have** for lunch? (무엇을 너는 **먹니** 점심식사로?)

    - I have sandwiches. (나는 **먹는다** 샌드위치를)

5. How many meals does your baby **have**? (몇 끼를 너의 애기는 **먹나요**?)

    - He **has** five meals. (그는 **먹는다** 다섯끼를)

6. Tom **has** too much coffee every day.
    (Tom은 **마신다** 너무 많은 커피를 매일)

7. I **have** gingseng tea for my health after the meals.
    (나는 **마신다** 인삼차를 건강을 위해 식사 후에)

영순 5 have(has)가 조동사로 쓰여 대화할 때 **주어+have(has)**는 줄임말로 말합니다.

인칭	단수	복수
1	I have → I've	We have → We've
2	You have → You've	You have → You've
3	I has → I've	They have → They've
	She has → I've	
	It has → I've	

STEP Ⅱ 우리말- 영순감각으로 익히기

☞ 아래의 영순을 막고 왼쪽 우리말을 오른쪽 영순(주*동*목*방*장*시)처럼 소리내어 말해보세요.

우리말 순서	영 순
1. 나는 1남2녀가 있다.	1. 나는 있다 1남2녀가
2. 그는 아들없이 두 딸이 있다.	2. 그는 있다 두 딸이 아들없이
3. Mr.Kim은 서울에 5층빌딩이 있다.	3. Mr.Kim은 있다 5층 빌딩이 서울에
4. 나는 매일 사무실에서 할 일을 가지고 있다.	4. 나는 가지고 있다 할 일을 사무실에서 매일
5. 너는 식사때에 너무 많은 설탕과 소금을 먹는다.	5. 너는 먹는다 너무 많은 설탕과 소금을 식사때에
6. 당신은 저녁식사로 무엇을 먹나요? -나는 밥과 김치를 먹어요	6. 무엇을 당신은 먹나요 저녁식사로? -나는 먹어요 밥과 김치를
7. 당신의 어머니는 하루에 몇잔의 커피를 마시나요? -그녀는 3잔 마십니다	7. 몇잔의 커피를 당신의 어머니는 마시나요 하루에? / -그녀는 마십니다 3잔을
8. 나는 지갑속에 신분증과 신용카드를 가지고 있어요	8. 나는 가지고 있어요 신분증과 신용카드를 지갑속에
9. Mr.Kim은 그의 농장에서 몇 마리의 동물들을 가지고 있나요?	9. 몇 마리의 동물들을 Mr.Park는 가지고 있나요 그의 농장에?
10. 그는 10마리의 소와 20마리의 돼지를 가지고 있습니다.	10. 그는 가지고 있어요 10마리의 소와 20마리의 돼지를

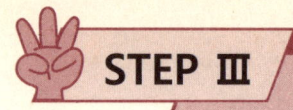

STEP Ⅲ   영순문장 익히기

☞ 1. 다음의 주어진 밑줄 친 부분을 올바른 영순으로 말해보세요.
☞ 2. 다음의 주어진 밑줄 친 부분을 올바른 영순으로 써보세요.
<영순문장과 뜻은 아래에 참조>

1. have I a lot of money

2. has curly hair she

3. have many books I don't

4. doesn't Brian have any brothers and sisters

5. you have Do a lot of money ?

6. have in her purse she does what?

7. your ID card have do where you?

8. has Tom beef cutlet very often

9. Tom too much has sugar and salt

10. do for lunch you have what?

▶ 영순문장과 뜻

1. I have a lot of money. (나는 가지고 있다 많은 돈을)
2. She has curly hair. (그녀는 가지고 있다 곱슬머리를)
3. I don't have many books. (나는 가지고 있지 않다 많은 책을)
4. Brian doesn't have any brothers and sisters.(Brian은 가지고 있지 않다 어떤 형제 자매도)
5. Do you have a lot of money? (너는 가지고 있니 많은 돈을?)
6. What does she have in her purse?(무엇을 그녀는 가지고 있나요 그녀의 핸드백속에?)
7. Where do you have your ID.card? (어디에 너는 가지고 있니 너의 신분증을?)
8. Tom has beef cutlet very often. (Tom은 먹는다 비후가스를 매우 자주)
9. Tom has sugar and salt too much. (Tom은 먹는다 설탕과 소금을 너무 많이)
10. What do you have for lunch? (무엇을 너는 먹니 점심식사로?)

 STEP IV 영순- 기본문형 익히기 1

 아래의 영어문장을 막고 우리말을 영어로 말해보세요.

1. 나는 가지고 있다 검은 머리를	1. I have black hair.
2. 너는 가지고 있다 갈색 머리를	2. You have brown hair.
3. 그녀는 가지고 있다 금발 머리를	3. She has blond hair.
4. 나는 가지고 있다 많은 돈을	4. I have a lot of money.
5. 그들은 가지고 있다 많은 돈을	5. They have a lot of money.
6. 빌게이츠는 가지고 있다 많은 돈을	6. Bill Gates has a lot of money.
7. 나는 가지고 있지 않다 많은 자녀를	7. I don't have many children.
8. 그녀는 가지고 있지 않다 많은 형제자매를	8. She doesn't have many brothers and sisters.
9. 그는 가지고 있지 않다 많은 사촌을	9. He doesn't have many cousins.

10. 당신은 가지고 있나요 많은 자녀들을?
   -네, 그렇습니다
   -아니요, 그렇지 않습니다
11. 그들은 가지고 있나요 많은 형제들을?
   -네, 그렇습니다
   -아니요, 그렇지 않습니다
12. 그녀는 가지고 있나요 많은 자매를?
   -네, 그렇습니다
   -아니오, 그렇지 않습니다
13. 무엇을 당신은 가지고 있나요 당신의 지갑속에?
   -나는 가지고 있어요 신분증을
14. 무엇을 그녀는 가지고 있나요 그녀의 핸드백 속에?
   -그녀는 가지고 있어요 립스틱을
15. 어디에 당신은 가지고 있나요 당신 핸드폰을?
   -나는 가지고 있어요 그것을 나의 주머니 속에
16. 나는 먹는다 돈가스를 매우 자주
17. 그는 먹는다 생선가스를 매우 자주
18. 그녀는 먹는다 비후가스를 매우 자주
19. 무엇을 Tom은 먹나요 점심으로?
   (have 이용)
   -그는 먹어요 샌드위치를
20. 얼마나 많은 커피를 Jane은 마시나요?
   (have 이용)-그녀는 마셔요 3잔을

10. Do you have many children?
   -Yes, I do.
   -No, I don't.
11. Do they have many brothers?
   -Yes, they do.
   -No, they don't.
12. Does she have many sisters?
   -Yes, she does.
   -No, she doesn't.
13. What do you have in your wallet?
   -I have an ID card.
14. What does she have in her purse?
   -She has a lip stick.
15. where do you have your cellphone?
   -I have it in my pocket.
16. I have pork cutlet so often.
17. He has beef cutlet so often.
18. She has beef cutlet so often.
19. What does Tom have for lunch?
   -He has sandwiches.
20. How much coffee does Jane have?
   -She has three cups.

STEP V 영순- 기본문형 더 익히기 2

☞ 아래의 영어문장을 막고 우리말을 영어로 말해보세요.

1. 나는 있다 두 아들	1. I have two sons.
2. 나는 있다 두 아들이 딸 없이	2. I have two sons and no daughters.
3. 당신은 있다 두 딸	3. You have two daughters.
4. 당신은 있다 두 딸이 아들 없이	4. You have two daughters and no sons.
5. 그는 있다 1남2녀를	5. He has one son and two daughters.
6. 그녀는 없다 자녀가	6. She doesn't have any children.
7. 많은 한국사람들은 가지고 있다 대가족을	7. Many Koreans have extended families.
8. 많은 한국사람들은 가지고 있다 핵가족을	8. Many Koreans have nuclear families.
9. Mr.Kim은 있다 2층집을 시골에, 그리고 Mr.Park는 있다 5층빌딩을 서울에	9. Mr.Kim has a two-story house in the country and Mr.Park has five-story building in Seoul.
10. 나는 있다 많은 할 일이 사무실에서	10. I have many things to do in my office every day.
11. 그는 가지고 있지 않다 많은 할 일을 사무실에서 매일	11. He doesn't have many things to do in his office every day.
12. 나는 없다 아무 형제자매가	12. I don't have any brothers and sisters.
13. 당신은 있나요 많은 형제자매가? -네, 있습니다 -아니오. 없습니다	13. Do you have many brothers and sisters? -Yes, I do. -No, I don't.
14. 몇 명의 형제자매를 박대통령은 있나요? -그녀는 있어요 1명의 남동생과 1명의 여동생이	14. How many brothers and sisters does President Park have? -She has one brother and one sister.
15. 몇 명의 아들 딸이 오바마 대통령은 있나요? -그는 있다 두 명의 딸을 아들없이	15. How many sons and daughters do Mr. and Mrs. President Obama have? -They have two daughters and no sons
16. 너는 먹는다 너무 많은 설탕과 소금을 식사때에	16. You have too much sugar and salt at table.
17. Mr.최는 마신다 너무 많은 커피를 하루에	17. Mr.Choi drinks too much coffee a day.
18. 무엇을 당신은 먹나요 저녁식사로? -나는 먹어요 밥,김치,김 그리고 약간의 생선을	18. What do you have for dinner? -I have rice,kimchi,sea weed, and some fish.
19. 얼마나 많은 커피를 당신의 아버지는 마시나요 회사에서 하루에? -그는 마십니다 5잔의 커피를	19. How much coffee does your father drink at work a day? -He drinks five cups of coffee.
20. 몇 마리의 동물들을 Mr.Smith는 가지고 있나요 그의 목장에서? -그는 가지고 있어요 100마리의 소와 돼지를	20. How many animals does Mr.Smith have in his ranch?-He has one hundred cows and pigs.

세 단어로 통하는 간단 회화 9

1. It works well. (그거 효과 있어요.)

2. It makes sense. (그거 말 되네.)

3. It's sold out. (그건 다 팔렸어요.)

4. It doesn't matter. (상관없어, 중요하지 않아.)

5. Let me see. (글쎄, 어디 보자.)

6. Let me know. (나에게 알려줘.)

7. Let it slide. (한번 봐 주세요.)

8. Let's dig in. (같이 먹어요.)

9. Count me in. (나 좀 끼워줘.)

10. Count me out. (나 좀 빼줘.)

11. You deserve it.
(당신은 그것을 받을 자격이 돼.) - 좋은 의미
(당신은 그것을 받아도 싸.) - 나쁜 의미

12. You made it! (너 해냈구나!)

13. I taught myself. (나 독학 했어.)

14. I owe you. (당신 덕분이야.)

15. I'm getting by. (나 그럭저럭 지내.)

CHAPTER THIRTEEN 13

나는 매일 아침에 요가를 합니다		우리말순서
나는 합니다 요가를	매일 아침에	영어어순
I do yoga	every morning	영순

■ 기본 어휘 Vocabulary · 관용구 Idiom 챙기기

Vocabulary	
*do [du:]하다	*duty [djú:ti]의무
*does [dʌz]하다	*after [ǽftər]~후에
*yoga [jóugə]요가	*laundry [lǽndri]세탁
*cutlet [kʌ́tlit]얇게 저민 것	*meal [mi:l]식사
*fries [fraiz]튀김	*French fries : 프랑스식 감자튀김
Idiom	
*do one's best : 최선을 다하다	*do one's duty : 의무를 다하다
*do yoga : 요가하다	*do shopping : 쇼핑하다
*all the time : 항상	*do the dishes : 설거지다
*do the laundry : 세탁하다	*do exercises : 운동하다
*do homework : 숙제하다	*do sit-ups : 윗몸 일으키기 하다

▶먼저, 이 Chapter의 핵심내용인 다음의 사항을 참고해 보세요.
▶아래의 우리말을 영어로 말하거나 쓸 수 있나요?

1. Mr. Lee는 그를 절대 믿습니다.(동사강조)

2. 나의 어머니는 나를 엄청 사랑합니다.(동사강조)

3. 당신의 아버지는 아침마다 요가하십니까?

　-네, 하십니다.

　-아니오, 하지 않습니다.

▶위 세 문장의 우리말을 영어로 말하거나 쓸 수 있다면 다음 Chapter로 넘어가도 좋습니다.

▶만약, 그렇지 못하면 다음 Page로 넘어가 더 자세한 핵심내용을 익혀보세요.

Practice makes you perfect.
(연습이 만든다 너를 완전하게)

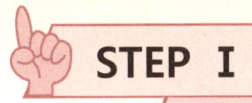

STEP I 영순 - 기본 문형 이해하기

▶ 동사 중에 **do(does)**의 쓰임이 문장 속에 자주 보이지만 그 정체가 아리송할 때가 있습니다. 오늘 이것 (do,does)의 용도를 더 자세히 알아봅니다.
먼저, **do, does**의 여러 가지 용도 중 두 가지-즉 **조동사**와 **일반동사**로 쓰입니다.

A. 조동사로 쓰이는 경우

1. 문장의 동사가 일반동사일 때 의문문이나 부정문으로 표현하려고 사용하는 Do 나 Does

영순 1 영어문장은 처음 시작의 주어+동사가 중요!

	당신은 좋아한다	돈가스를	
①	You like	pork cutlet.	긍정문
	당신은 좋아합니까	돈가스를?	
②	<u>Do</u> you like	pork cutlet?	의문문-조동사
	당신은 좋아하지 않는다	돈가스를	
③	You <u>don't</u> like	pork cutlet.	부정문-조동사

2. 주어가 3인칭 단수일 때 의문문과 부정문에 쓰이는 does도 조동사이며, 그 뒤 동사는 원형으로

	쥬디는 간다	쇼핑하러	일요일에	
①	Judy goes	shopping	on Sunday.	긍정문
	쥬디는 갑니까	쇼핑하러	일요일에?	
②	<u>Does</u> Judy go	shopping	on Sunday?	의문문-조동사
	쥬디는 가지 않는다	쇼핑하러	일요일에	
③	Judy <u>doesn't</u> go	shopping	on Sunday.	부정문-조동사

도미노 영순 영어 | **133**

▶▶ 문장 속 **일반동사를 강조하기 위해** 그 일반동사 앞에 **do**나 **does**를 씁니다.
이것들 역시 조동사이므로 뒤에 동사는 원형으로 바뀜.
(이때, do, does는 강하게 발음)

영순 2

1.
ⓐ 나는 좋아한다 / 생선가스를
I like / fish cutlet.

ⓑ 나는 너무 좋아한다 / 생선가스를
I **do** like / fish cutlet.   동사강조-조동사

2.
ⓐ 엄마는 사랑해 / 아빠를
Mom loves / Dad.

ⓑ 엄마는 엄청 사랑해 / 아빠를
Mom **does** love / Dad.   동사강조-조동사

위의 does는 조동사, 뒤의 love는 원형.

3.
ⓐ 나의 사장님은 믿어 / 나를
My boss believes / me.

ⓑ 나의 사장님은 확실히 믿어 / 나를
My boss **does** believe / me.   동사강조-조동사

B. 일반동사로 쓰이는 경우

▶▶ do, does가 일반동사로 쓰이는 경우엔 **"하다"**로 해석

영순 3

1.
ⓐ 그들은 한다 요가를 / 매일 밤에
They **do** yoga / every night.

ⓑ | 그들은 합니까 요가를 | 매일 밤에
Do they **do** yoga | every night?

※앞에 Do는 조동사(-까?), 뒤의 do는 일반동사(-하다)이며 원형

ⓒ | 그들은 하지 않는다 요가를 | 매일 밤에
They don't **do** yoga | every night.

※don't의 do는 조동사, 뒤의 do는 일반동사의 원형

2.
ⓐ | 엄마는 설거지한다 | 식사후에
Mom **does** the dishes | after the meals.

ⓑ | 엄마는 설거지합니까 | 식사후에
Does Mom **do** the dishes | after the meals?

※앞에 Does는 조동사, 뒤에 do는 일반동사원형

ⓒ | 엄마는 설거지 하지 않는다 | 식사후에
Mom doesn't **do** the dishes | after the meals.

※doesn't의 does는 조동사, 뒤에 do는 일반동사원형

3.
ⓐ | 너는 한다 최선을
You **do** your best.

ⓑ | 너는 하지 않는다 최선을
You don't **do** your best.

☞ do, does가 일반동사(~하다)로 쓰이는 관용적표현 몇 가지 더 익혀봅시다.

*do one's shopping(쇼핑하다)   *do one's homework(숙제하다)
*do one's exercises(운동하다)   *do one's hair(머리를 가다듬다)
*do one's best(최선을 다하다)   *do one's duty(의무를 다하다)
*do the laundry(세탁하다)   (※위 one's 자리에 소유격을 씀)
*do the beds(침대 정리하다)   *do sit-ups(윗몸일으키기 하다)
*do a good job(수고하다, 잘하다) *do push-ups(팔굽혀펴기하다)

STEP II 우리말- 영순감각으로 익히기

☞ 아래의 영어어순(영순)을 막고 왼쪽 우리말 순서를 오른쪽 영순처럼
주어*동사*목적어*방법*장소*시간을 연상하면서 소리 내어 말해보세요.

우리말 순서	영 순
1. 당신은 일요일에 교회에 갑니다	1. 당신은 갑니다 교회에 일요일에
2. 당신은 일요일에 교회에 갑니까?	2. 당신은 갑니까 교회에 일요일에?
3. 나는 너를 정말 사랑해	3. 나는 정말 사랑해 너를
4. 그녀는 아침에 요리한다	4. 그녀는 요가한다 아침에
5. 그녀는 아침에 요가하지 않아	5. 그녀는 요가하지 않아 아침에
6. 그녀는 아침에 요가하니?	6. 그녀는 요가하니 아침에?
7. 그녀는 저녁식사후에 자주 설거지 하지 않는다	7. 그녀는 살거지 하지 않는다 자주 저녁식사 후에
8. 그는 모든일에 있어 항상 최선을 다한다	8. 그는 항상 다한다 최선을 모든 일에 있어
9. 탐은 방과후에 숙제를 하지 않는다.	9. 탐은 하지 않는다 숙제를 방과후에
10. Ms. 박은 퇴근후에 쇼핑하러 갑니까?	10. Ms. 박은 갑니까 쇼핑하러 퇴근후에?

STEP III 영순 문장 익히기

☞ 1. 다음의 주어진 밑줄 친 부분을 올바른 영순으로 말해보세요.
☞ 2. 다음의 주어진 밑줄 친 부분을 올바른 영순으로 써 보세요.

<영순문장과 뜻 아래에 참조>

1. like You pork cutlet don't _____
2. doesn't Sandy on Sunday go shopping _____
3. go shopping Sandy Does on Sunday? _____
4. don't They every night do yoga _____
5. do the dishes Does Mom after the eals? _____
6. after school Ted do homework doesn't _____
7. do Does Mr.Kim everyday exercises? _____
8. My son sit-ups doesn't every day do hard _____
9. do I my best all the time _____
10. his best Mr.Kim do all the time doesn't _____

▶ 영순문장과 뜻

1. You don't like pork cutlet. (당신은 좋아하지 않는다 돈가스를)
2. Sandy doesn't go shopping on Sunday. (Sandy는 쇼핑하러가지 않는다 일요일에)
3. Does Sandy go shopping on Sunday? (Sand는 쇼핑하러 갑니까 일요일에?)
4. They don't do yoga every night. (그들은 요가하지 않습니다 매일 밤에)
5. Does Mom do the dishes after the meals? (엄마는 설거지 합니까 식사후에?)
6. Ted doesn't do homework after school. (Ted는 숙제하지 않는다 방과후에)
7. Does Mr. Kim do exercises everyday? (Mr. Kim은 운동합니까 매일?)
8. My son doesn't do sit-ups hard everyday. (나의 아들은 윗몸 일으키기를 하지 않는다 열심히 매일)
9. I do my best all the time. (나는 최선을 다한다 항상)
10. Mr. Kim doesn't do his best all the time. (Mr. Kim은 최선을 다하지 않는다 항상)

STEP IV 영순- 기본문형 익히기 1

☞ 아래의 영어문장을 막고 우리말을 영어로 말해보세요.

1. 나는 믿어 너를	1. I believe you.
2. 너는 믿어 나를	2. You believe me.
3. 그는 믿어 너를	3. He believes you.
4. 그는 믿지 않아 너를	4. He doesn't believe you.
5. 그는 믿니 너를?	5. Does he believe you?
-그래, 그는 믿어 -아니, 그는 믿지 않아	-Yes, he does. -No, he doesn't
6. 나는 사랑해 너를	6. I love you.
7. 나는 정말 사랑해 너를	7. I do love you.
8. 그녀는 사랑해 나를	8. She loves me.
9. 그녀는 정말 사랑해 나를	9. She does love me.
10. 당신은 요가한다	10. You do yoga.
11. 당신은 요가하지 않는다	11. You don't do yoga.
12. 당신은 요가합니까?	12. Do you do yoga?
-네, 나는 합니다 -아니오, 나는 하지 않습니다	-Yes, I do. -No, I don't.
13. 탐은 숙제한다	13. Tome does his homework.
14. 탐은 숙제하지 않는다	14. Tom doesn't do his homework.
15. 탐은 숙제합니까?	15. Does Tom do his homework?
-네, 그는 합니다	-Yes, he does.
-아니요, 그는 하지 않습니다	-No, he doesn't.
16. 엄마는 쇼핑한다	16. Mom does her shopping.
17. 엄마는 쇼핑하지 않는다	17. Mom doesn't do her shopping.
18. 엄마는 쇼핑하니?	18. Does Mom do her shopping?
-응, 그녀는 해	-Yes, she does.
-아니, 그녀는 안해	-No, she doesn't.
19. 나의 사장님은 믿어 나를	19. My boss believes me.
20. 나의 사장님은 확실히 믿어 나를	20. My boss does believe me.
21. 나는 한다 최선을	21. I do my best.
22. 너는 한다 최선을	22. You do your best.
23. 그는 한다 최선을	23. He does his best.
24. Jane은 한다 최선을	24. Jane does her best.
25. Tom과 Jane은 한다 최선을	25. Tom and Jane do their best.

 **STEP V**  영순- 기본문형 더 익히기 2

☞ 아래의 영어문장을 막고 우리말을 영어로 말해보세요.

1. 그들은 먹는다 프랜치 프라이즈를 자주	1. They eat French fries so often.
2. 그들은 먹지 않는다 프랜치 프라이즈를 자주	2. They don't eat French fries so often.
3. 그들은 먹습니까 프랜치 프라이즈를 자주?	3. Do they eat French fries so often?
-네, 먹습니다 -아니요, 먹지 않습니다	-Yes, they do. -No, they don't.
4. 엄마는 간다 쇼핑하러 혼자 일요일에	4. Mom goes shopping alone on Sunday.
5. 엄마는 가지 않는다 쇼핑하러 혼자 일요일에	5. Mom doesn't go shopping alone on Sunday.
6. 엄마는 가시니 쇼핑하러 혼자 일요일에?	6. Does Mom go shopping alone on Sunday?
-네, 갑니다 -아니요, 가지 않습니다	-Yes, she does. -No, she doesn't.
7. 나는 정말 사랑해 생선가스를(동사강조)	7. I do love fish cutlet.
8. 아빠는 정말 사랑해 생선가스를(동사강조)	8. Dad does love fish cutlet.
9. 나의 아이들은 정말 사랑해 생선가스를(동사강조)	9. My children do love fish cutlet.
10. 너의 부모님은 요가하신다 이른 아침에	10. Your parents do yoga early in the morning.
11. 너의 부모님은 요가하지 않는다 이른 아침에	11. Your parents don't do yoga early in the morning.
12. 너의 부모님은 요가하시니 이른 아침에?	12. Do you parents do yoga early in the morning?
-네, 하십니다 -아니요, 하지 않습니다	-Yes, they do. -No, they don't.
13. 나는 세탁합니다 저녁에	13. I do the laundry in the evening.
14. 나는 세탁하지 않습니다 저녁에	14. I don't do the laundry in the evening.
15. 그녀는 세탁합니다 저녁에	15. She does do the laundry in the evening.
16. 그녀는 세탁하지 않습니다 저녁에	16. She doesn't do the laundry in the evening.
17. 그녀는 세탁합니까 저녁에?	17. Does she do the laundry in the evening?
-네, 합니다 -아니요, 하지 않습니다	-Yes, she does. -No, she doesn't.
18. 나는 설거지 합니다 매우 자주 저녁식사후에	18. I do the dishes very often after dinner.
19. 나는 설거지하지 않습니다 매우 자주 저녁식사 후에	19. I don't do the dishes very often after dinner
20. 너는 설거지하니 매우 자주 저녁식사후에?	20. Do you do the dishes very often after dinner?
-네, 합니다 -아니요, 그렇지 않습니다	-Yes, I do. -No, I don't.
21. 나의 아들은 한다 최선을 항상	21. My son does his best all the time.
22. 나의 아들은 하지않는다 최선을 항상	22. My son doesn't do his best all the time.
23. 당신은 합니까 최선을 항상?	23. Do you do your best all the time?
-네, 합니다 -아니오, 하지않습니다	-Yes, I do. -No, I don't.
24. Mr.Kim은 하지않는다 자기의 의무를 항상	24. Mr.Kim doesn't do his duty all the time.
25. 박씨 부부는 가지고 있나요 많은 할 일을 그의 가게에서 주말에?	25. Do Mr. and Mrs. Park have many things to do at the store on weekend?
-네, 그래요 -아니오, 그렇지 않아요	-Yes, they do. -No, they don't.

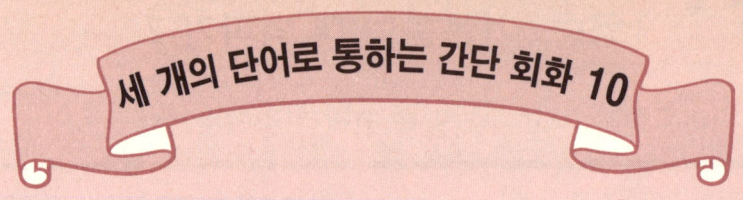

세 개의 단어로 통하는 간단 회화 10

16. **I'll treat you.** (내가 한턱 낼게)

17. **Stick them up!** (손들엇!)

18. **He lacks manners.** (그 친구 매너 빵점이야.)

19. **That reminds me.** (깜빡 잊을 뻔했네.)

20. **Be my guest.** (사양 말고 쓰세요.)

21. **Back up, please.** (차 좀 뒤로 빼 주세요.)

22. **Move up, please.** (차 좀 앞으로 빼 주세요.)

23. **Pull over, please.** (길가에 차 세우세요.)

24. **Come on in.** (어서 들어와.)

25. **Hold the garlic.** (빼 주세요 마늘을)

26. **Mind your business.** (신경 쓰세요 당신 일에나)

27. **Check it out.** (확인해 봐.)

28. **Keep in touch.** (계속 연락 취해요.)

29. **Speaking of Mr. Lee.** (Mr. Lee 얘기가 나와서 말인데.)

30. **Shame on you.** (창피한 줄 알아라.)

CHAPTER FOURTEEN 14

만나서 반가워요	우리말순서
반가워요 만나서	영어어순
Nice to meet you.	영순

■ 기본 어휘 Vocabulary · 관용구 Idiom 챙기기

Vocabulary

*pleased [pli:zd] 기쁜	*text [tekst] 문맥, 문자
*famous [féiməs] 유명한	*envy [énvi] 부러워하다
*favorite [féivərit] 가장 좋아하는	*dust [dʌst] 먼지
*electronics [ilektrάniks] 전자	*instead [instéd] 대신에
*behind [biháind] 뒤에	*citizen [sítizən] 시민
*actually [ǽktʃuəli] 사실은	*ever [évər] ~한 적 있는
*original [ərídʒənl] 원래의	*yet [jet] 아직(부정문), 벌써(의문문)
*pumpkin [pʌ́mpkin] 호박	*kid [kid] 아이
*reason [rí:zn] 이유	*adult [ədʌ́lt] 어른, 성인
*complex [kάmpleks] 복합체, 단지	*married [mǽrid] 결혼한
*such [sʌtʃ] 그러한	*explanation [iksplənéiʃən] 설명
*exactly [igzǽktli] 정확히	*sensitive [sénsətiv] 민감한, 눈치 빠른

Idiom

*be from : ~출신이다	*out of this world: 엄청 맛 좋은
*be famous for~ : ~로 유명하다	*be poor at~ : ~에 서툴다
*have been to~ : ~에 가본 적 있다	*have no choice : 어쩔 수 없다
*work for + 회사명 : ~에서 근무하다	*In fact : 사실은
*for your age : 당신의 나이에 비해	*a little bit : 조금
*It's time to +동사~ : ~ 할 시간이다	*be far from~ : ~에서 멀다
*get together : (함께)어울리다	*on the phone : 전화 상으로
*not A but B : A가 아니라 B이다	*from now on : 이제부터

▶ 먼저, 이 Chapter의 핵심내용인 다음의 사항을 참고해 보세요.
▶ 아래의 우리말을 영어로 말하거나 쓸 수 있나요?

1. 시드니는 무엇으로 유명하나요?
_____

2. 당신이 가장 좋아하는 음식은 무엇입니까?
_____

3. 아시다시피, 한국 성인들은 영어에 서툴러요.
_____
_____

▶ 위 세 문장의 우리말을 영어로 말하거나 쓸 수 있다면
다음 Chapter로 넘어가도 좋습니다.

▶ 만약, 그렇지 못하면 다음 Page로 넘어가 더 자세한
핵심내용을 익혀보세요.

Rome was not built in a day.
(로마는 세워지지 않았다 하루에)

 **STEP I** 영순 - 기본 문형 이해하기

▶ 잘 알고 있는 사람을 만났을 때 주고 받는 간단한 인사법을 앞 Chapter에서 배웠습니다.

▶▶ 얼굴 모르는 사람을 처음 만났을 때(초면) 나눌 수 있는 인사말을 익혀봅니다.
만나는 상대나 상황 및 목적에 따라 대화 내용이 다를 수 있지만 흔히 얘기하는 대체적인 인사말을 익혀 두었다가 활용해 보세요.

영순 1 처음 만났을 때

	처음 뵙겠습니다.	반가워요 만나서	
1. A:	How do you do?	Nice	to <u>meet</u> you.
		Good	※처음 만나면
		Happy	~ to <u>meet</u> you.
		Glad	※ 아는 사이면
		Pleased	~ to <u>see</u> you.

B: 처음 뵙겠습니다.　　저도 반갑습니다 만나게 되어
　　How do you do?　　Good to meet you, too.

2. 　　　　　　　　　나의 이름은 입니다 박 찬 호
　　　　　　　　　　My name is　Park Chan-ho.

※ 우리 한국인들은 이름을 영문자로 표기할 때 박찬호를 '찬호 박'처럼 성을 뒤에 쓰는 경우가 많습니다. 이름은 특별히 정해 놓은 고유명사이므로 바꾸지 않는 게 좋겠네요. (참고:미국의 신문이나 방송에서 우리의 **박근혜 대통령(President Park Geun-hye)**을 **근혜 박**으로 표시하지 않으며, 또한 **반기문 U.N.사무총장님(Secretary-General Ban Ki-moon)**을 **기문 반**으로 하지 않습니다.
앞으로 우리의 이름은 한국에서나 외국에서나 아버지가 지어주신 이름의 순서를 그대로 유지하여 사용하면 좋겠습니다.뒤 **STEP IV의 영순-기본문형 익히기**에서 그 이유를 설명해 놓았으니 참고하기 바랍니다. 그러나 **린다김**, **바비킴**, **부르스리**... 와 같은 식의 닉네임 이름은 그대로 사용하는 게 좋습니다.굳이 한국식으로 **김린다**, **킴바비**, **리부르스**로 바꾸면 오히려 더 이상하겠네요.

3. 어디에 당신은 출신입니까?
   Where are you from?

   - 나는 출신입니다 시드니,호주
     I'm from Sydney, Australia.

4. 무엇으로 시드니는 유명합니까?
   What's Sydney famous for?

   - 그건 유명해요 오페라 하우스로
     It's famous for its Opera House.

5. 무엇입니까 당신이 가장 좋아하는 한국 음식이?
   What's your favorite Korean food?

   - 내가 가장 좋아하는 것은 불고기입니다
     My favorite is Bulgogi.

   ※대답에서 favorite 뒤 반복되는 명사는 생략 가능함.

6. 어디에 당신은 가본 적이 있나요 여기 한국에서?
   Where have you been here in Korea?

   - 나는 가본 적이 있어요 제주도에서
     I've been to Jejudo.

   ※ have been to ~ : ~에 가본 적이 있다.
   ※ have never been to ~ : ~에 가본 적이 없다.

7. 어디서 당신은 근무하시나요?
   Where do you work?

   - 나는 근무합니다 삼성전자에서
     I work for Samsung Electronics.

8. 당신은 보이네요 젊어 　당신의 나이에 비해
   You look so young　for your age.

   \- 감사합니다.당신도요.
   Thank you. You, too.

9. 당신은 결혼하셨나요?
   Are you married?

   \- 아니,아직 안 했어요.　전 아직 미혼이에요.
   No, not yet.　I'm still single.

영순2　헤어질 때

10. 시간이 되었네요　회사에 가야 할
    It's time　to go to work.

11. 나는 희망합니다　우리 만나 얘기하기를 다시
    I hope　we get together again.

    \- 저도 희망해요 그렇게
    I hope so.

    ※ I hope so (나는 바래요 그렇게 되길)
    　I hope not (나는 바랍니다 그렇지 않기를)

12. 반가웠어요 만나게 되어 오늘
    (It was) nice meeting you today.

    \- 저도 반가웠어요 만나게 되어
    Nice meeting you, too.

13. 또 봐요　안녕
    See you later　Bye!

    \- 다시 만나요　즐거운 저녁시간 되세요
    See you again　Have a good evening

STEP II 우리말- 영순감각으로 익히기

☞ 아래의 영순을 막고 왼쪽 우리말 순서를 오른쪽 영순처럼 말해 보세요.

우리말 순서	영순
1. 만나 뵙게 되어 반갑습니다.	1. 반갑습니다 만나 뵙게 되어
2. 당신은 어디 출신입니까?	2. 어디에 당신은 출신입니까?
3. 나는 오스트레일리아 시드니 출신입니다.	3. 나는 출신입니다 시드니, 오스트레일리아
4. 시드니는 무엇으로 유명합니까?	4. 무엇으로 시드니는 유명합니까?
5. 그것은 오페라 하우스로 유명합니다.	5. 그것은 유명합니다 오페라 하우스로
6. 당신은 한국에서 어디에 가본 적이 있습니까?	6. 어디에 당신은 가본 적 있나요 한국에서?
7. 당신은 나이에 비해 젊어 보이네요.	7. 당신은 보이네요 젊게 나이에 비해
8. 회사에 가야 할 시간이 되었네요.	8. 시간이 되었네요 가야 할 회사에
9. 나는 우리가 다시 만나게 되기를 희망합니다.	9. 나는 희망합니다 우리가 만나기를 다시
10. 오늘 만나게 되어 반가웠어요.	10. 반가웠어요 만나게 되어 오늘

STEP Ⅲ 영순 문장 익히기

☞ 1. 다음의 주어진 밑줄 친 부분을 올바른 영순으로 말해보세요.
☞ 2. 다음의 주어진 밑줄 친 부분을 올바른 영순으로 써 보세요.
<영순문장과 뜻 아래에 참조>

1. <u>do you How do</u>?
2. <u>to you meet Nice</u>.
3. <u>you are from Where</u>?
4. <u>I'm Australia Sydney from</u>.
5. <u>Sydney What's famous for</u>?
6. <u>have you been Where in Korea</u>?
7. <u>young you look your age for</u>.
8. <u>It's to go time to work</u>.
9. <u>hope I we again get together</u>.
10. <u>It was you meeting nice</u>.

▶ 영순문장과 뜻

1. How do you do? (처음 뵙겠습니다.)
2. Nice to meet you. (반가워요 뵙게 되어)
3. Where are you from? (어디에 당신은 출신입니까?)
4. I'm from Sydney, Australia. (나는 출신입니다 시드니,오스트레일리아)
5. What's Sydney famous for? (무엇으로 시드니는 유명합니까?)
6. Where have you been in Korea? (어디에 당신은 가본 적이 있나요 한국에서?)
7. You look young for your age. (당신은 보이네요 젊게 당신 나이에 비해)
8. It's time to go to work. (시간이 되었네요 회사에 갈)
9. I hope we get together again. (나는 희망해요 우리 만나 얘기하기를 다시)
10. It was nice meeting you. (즐거웠어요 만나게 되어 당신을)

도미노 영순 영어 | 147

STEP IV 영순- 기본문형 익히기 1

☞ 아래의 영어문장을 막고 우리말을 영어로 말해보세요

1.Mr. Hong: 처음 뵙겠습니다. 반갑습니다 만나게 되어	1.Mr. Hong: How do you do? Nice to meet you.
2.Susan: 처음 뵙겠습니다. 저도 반가워요 만나서	2.Susan: How do you do? Glad to meet you, too.
3.Mr. Hong: 저의 이름은 입니다 홍길동 당신의 이름을 알아도 될까요?	3.Mr. Hong: My name is Hong Gil-dong. May I have your name?
4.Susan: 네.저는 입니다 Susan. 너무 반가워요, Mr. Dong.	4.Susan: Sure. I'm Susan. Very happy to meet you, Mr. Dong.
5.Mr. Hong: 오우.저는 Mr.Dong이 아니구요, Mr. Hong 이에요. 미국에서는, 성이 옵니다 뒤에, 그러나 한국에서는 성이 옵니다 먼저. 그래서, 저의 성은 입니다 Hong. 불러주세요 저를 Mr.Hong으로 앞으로	5.Mr. Hong: Oh, no. I'm not Mr. Dong but Mr. Hong. In America, the family name comes behind, but in Korea, family name comes first. So, my family name is Hong. Call me Mr. Hong from now on.
6.Susan: 오우 재미있네요, Mr.Hong.	6.Susan: Oh, it's interesting, Mr. Hong.
7.Mr.Hong: 당신은 아시나요 야구선수 찬호박을?	7.Mr. Hong: Do you know baseball player Chanho Park?
8.Susan: 오우 찬호박! 물론 잘 알지요.	8.Susan: Oh, Chanho Park! Of course, I know him.
9.Mr. Hong: 사실, 그의 원래 한국 이름은 이에요 박찬호, 찬호박이 아니라. 한국어로 찬호 박은 차가운 호박이에요.	9.Mr. Hong: Actually, his original Korean name is Park Chanho, not Chanho Park. In Korean, Chanho Park is a cold pumpkin.
10.Susan: 와, 그거 처음 듣는 거네요. (금시초문)	10.Susan: Wow! It's a news to me.
11.Mr.Hong: 부르세요 그를 Mr. Park 혹은 그냥 찬호로 앞으로	11.Mr. Hong: Call him Mr. Park or just Chanho from now on.
12.Susan: 알겠습니다. 감사합니다.	12.Susan: I see. Thanks.
13.Mr. Hong: Susan, 어디에 당신은 출신입니까?	13.Mr. Hong: Susan, where are you from?
14.Susan: 나는 출신입니다 샌프란시스코, 미국	14.Susan: I'm from San Francisco, the United States.
15.Mr. Hong: 무엇으로 샌프란시스코는 유명합니까?	15.Mr. Hong: What's San Francisco famous for?
16.Susan:그것은 유명해요 Golden Gate Bridge(금문교)와 맑은 공기로.	16.Susan: It's famous for its Golden Gate Bridge and fresh air.
17.Mr. Hong: 부럽네요 당신이. 공기가 좋지않아요 여기 서울은, 아시다시피. 그리고 있어요 황사도 자주	17.Mr. Hong: I envy you. Air is not fresh here in Seoul, you know. And there's yellow dust very often.
18.Susan: 잘 알죠.그 대신, 서울 사람들은 매우 친절해요.	18.Susan: I know well. Instead, Seoul citizens are very kind.

19. Mr. Hong: 감사합니다.당신은 좋아합니까 한국 음식을?
20. Susan: 네,나는 좋아해요 대단히.
21. Mr. Hong: 무엇인가요 당신이 가장 좋아하는한국음식이?
22. Susan: 그것은 입니다 불고기. 그것은 참 맛있어요.
23. Mr. Hong: 얼마나 자주 당신은 먹나요 그것을?
24. Susan: 자주는 아니고요.두 번 한 달에.
25. Mr. Hong: 어디에 당신은 가본 적이 있나요 여기 한국에서?
26. Susan: 전 가본 적이 있어요 부산에.
27. Mr. Hong: 당신은 가본 적이 있나요 제주도에?
28. Susan:아니, 아직.
29. Mr. Hong: 나는 바랍니다 당신이 가보기를 거기에 나중에.
30. Susan: 나도 바랍니다 그렇게 되기를. 나는 살아왔지만 여기 서울에 3년간. 나는 가본 적이 없어요 여러 곳에, 왜냐하면 너무 바빴어요.
31. Mr. Hong: 그거 안 됐네요.나는 근무하고 있어요 삼성전자에서. 어디서 당신은 일하고 있나요?
32. Susan: 저는 가르쳐요 영어를 초등학교에서. 아이들이 알아요 영어를 많이.
33. Mr. Hong: 그거 좋은 얘기네요.그러나 한국 성인들은 서툴러요 영어에.
34. Susan: 어쩔 수 없죠. 그들은 아니니까 미국인이.
35. Mr. Hong: 나는 32살이에요. 당신은요?
36. Susan: 어, 말씀 드리기 곤란한데요. ... 저는 29살이에요.
37. Mr. Hong: 와우 당신은 보이네요 매우 젊게 나이에 비해.
38. Susan: 감사합니다. 당신도요.
39. Mr. Hong: 나는 기혼자입니다. 당신은요?

19. Mr. Hong: Thank you. Do you like Korean food?
20. Susan: Yes, I love it.
21. Mr. Hong: What's your favorite Korean food?
22. Susan: It's Bulgogi. It's out of this world.
23. Mr. Hong: How often do you have it?
24. Susan: Not so often, twice a month.
25. Mr. Hong: Where have you been here in Korea?
26. Susan: I've been to Busan.
27. Mr. Hong: Did you ever go to Jejudo?
28. Susan: No, not yet.
29. Mr. Hong: I hope you visit it later.
30. Susan: I hope so. I have lived here in Seoul for three years, but I've never been to many places because I was too busy.
31. Mr. Hong: Very sorry to hear that. I work for Samsung Electronics. Where do you work?
32. Susan: I teach English at the elementary school. The kids know English very much.
33. Mr. Hong: Glad to hear that. But Korean adults are poor at English.
34. Susan: Have no choice. They're not Americans.
35. Mr. Hong: I'm thirty-two years old. How about you?
36. Susan: Well it's hard to say. ... I'm 29 years old.
37. Mr. Hong: Wow! You look so young for your age.
38. Susan: Thanks. You, too.
39. Mr. Hong: I'm married. How about you?

40. Susan: 전 아직 미혼입니다. 몇 명의 자녀들을 당신은 가지고 있나요?
41. Mr. Hong: 난 있어요 딸 둘이고 아들은 없어요.
42. Susan: 축하합니다! 당신은 가지고 있네요 두 개의 금메달을!
43. Mr. Hong: 놀랍군요! 어떻게 당신은 아시나요그런 말을?
44. Susan: 나는 들었어요 많은 한국인들이 말하는 것을 그렇게. 그러나 나는 몰라요 정확히 그 이유를. 나는 필요하네요 당신의 설명이.
45. Mr. Hong: 아,미안해요 설명하기 힘드네요 지금은. 당신을 알게 될 거예요 그 이유를 나중에.
46. Susan: 사실은, 나는 추측할 수 있어요 그 이유를 조금은
47. Mr. Hong: 오우 눈치 빠르시네요. 어디에 당신은 사나요 여기 서울에서?
48. Susan: 나는 살아요 여의도에서. 당신은요?
49. Mr. Hong: 나는 살아요 목동에서. 그건 여기서 멀지 않아요.
50. Susan: 있어요 많은 아파트가 목동에.
51. Mr. Hong: 네.있어요 많은 아파트 단지가 목동에.
52. Susan: 네,있어요 많은 고층 건물들이 여기 여의도엔
53. Mr. Hong:우리는 부르죠 여의도를 한국의 맨하튼이라고
54. Susan: 샌프란시스코도 비슷해요.
55. Mr. Hong: 아이고,회사에 가봐야 할 시간이네요. 나는 희망합니다 우리 만나 얘기하기로 다음에 다시
56. Susan:정말 바랍니다 그렇게 되기를 나는 알고 싶네요 당신의 전화번호를
57. Mr. Hong:내가 줄게요 문자를 전화로.
58. Susan:감사합니다.너무 반가웠어요 만나게 되어 오늘
59. Mr. Hong:저도 반가웠어요. 즐거운 저녁 시간 되세요!
60. Susan: 당신도요.안녕!
61. Mr. Hong: 안녕, 또 봐요!

40. Susan: I'm still single. How many kids do you have?
41. Mr. Hong: I have two daughters and no sons.
42. Susan: Congratulations! You have two gold medals!
43. Mr. Hong: What a surprise! How do you know such a word?
44. Susan: I heard many Koreans say that. But I don't know exactly why. I need your explanation on it.
45. Mr. Hong: Ah, it's hard to say that right now. you'll see the reason later.
46. Susan: In fact, I can guess the reason a little bit.
47. Mr. Hong: Oh, you're very sensitive. Where do you live here in Seoul?
48. Susan: I live in Yoido. How about you?
49. Mr. Hong: I live in Mokdong. It's not so far from here.
50. Susan: There are so many apartment buildings in Mokdong.
51. Mr. Hong: Yes. There are many apartment complexes in Mokdong.
52. Susan: Yes, there are a lot of tall buildings here in Yoido.
53. Mr. Hong: We call Yoido Manhattan of Korea.
54. Susan: Same to San Francisco.
55. Mr. Hong: Gee! It's time to go to the office. I hope we get together later again.
56. Susan: I really hope so. I'd like to know your phone number.
57. Mr. Hong: I'll give you a text on the phone.
58. Susan: Thanks. It was nice meeting you today.
59. Mr. Hong: Nice meeting you, too. Have a good evening!
60. Susan: You, too. Bye!
61. Mr. Hong: Bye, see you!

CHAPTER FIFTEEN 15

나는 지난 일요일 정원에서 꽃을 심었다			우리말순서
나는 심었다 꽃을	정원에서	지난 일요일에	영어어순
I planted flowers	in the garden	last Sunday	영순

■ 기본 어휘 Vocabulary · 관용구 Idiom 챙기기

Vocabulary

*plant [plænt]심다	*suitcase [súːtkeis]옷가방
*help [help]돕다	*suddenly [sʌ́dnli]갑자기
*save [seiv]절약하다	*birthday [béːrədei]생일
*pave [peiv]도로 포장하다	*earthquake [ə́ːrəkeik]지진
*satisfy [sǽtisfai]만족시키다	*horror [hárər]공포
*beg [beg]간청하다	*accident [ǽksidnt]사건,사고
*hug [hʌg]껴안다	*destroy [distrɔ́i]파괴하다
*worry [wə́ri]걱정하다	*future [fjúːʧər]미래
*north [nɔːrə]북쪽	*south [sauə]남쪽
*happen [hǽpən]발생하다	*floor [flɔːr]바닥
*hard [haːrd]어려운,힘든	*trouble [trʌ́bl]어려움,불편

Idiom

*a lot : 엄청	*in the schooldays : 학창시절에
*for a long time : 오랫동안	*all the way : 줄곧,내내
*have a lot of trouble : 많이 힘들다	

151

▶ 먼저, 이 Chapter의 핵심내용인 다음의 사항을 참고해 보세요.
▶ 아래의 우리말을 영어로 말하거나 쓸 수 있나요?

1. 지난 여름에 지진이 많은 빌딩과 다리를 파괴했다.

2. Mr. Kim은 일주일에 세 번이나 세차했다.

3. 지하철이 오늘 갑자기 30분간 멈췄다.

▶ 위 세 문장의 우리말을 영어로 말하거나 쓸 수 있다면 다음 Chapter로 넘어가도 좋습니다.

▶ 만약, 그렇지 못하면 다음 Page로 넘어가 더 자세한 핵심내용을 익혀보세요.

Spare the rod and spoil the child.
(매를 아끼면 아이를 망친다)

STEP I 영순 - 기본 문형 이해하기

▶ 문장은 주어로 시작하여 그 다음 동사가 주로 옵니다. 그 동사는 기본적으로 be동사나 일반동사이며, 꼭 그 동사에서 시제(현재, 과거, 미래)를 나타냅니다.
  과거의 일을 표현하려면 먼저 동사를 과거형으로 쓰는 것이 중요합니다.

▶▶ 일반동사의 **과거형 표현**을 공부합니다. 일반동사의 과거형은 주로 일반동사 뒤에 **ed** 나 **d**를 붙입니다.

	일반동사의 현재형		일반동사의 과거형	
1	일하다	work / works	일했다	work**ed**
2	돕다	help / helps	도왔다	help**ed**
3	머물다	stay / stays	머물렀다	stay**ed**
4	심다	plant / plants	심었다	plant**ed**
5	사랑하다	love / loves	사랑했다	lov**ed**
6	공부하다	study / studies	공부했다	studi**ed**
7	씻다	wash / washes	씻었다	wash**ed**
8	경기하다	play / plays	경기했다	play**ed**
9	발생하다	happen / happens	발생했다	happen**ed**
10	저축하다	save / saves	저축했다	sav**ed**

도미노 영순 영어 | **153**

> **영순 1** 영어문장은 처음 시작의 주어+동사가 중요!

1.

① 나는 일한다 / 정원에서 / 일요일에
　I work / in the garden / on Sunday.　현재형

② 나는 일했다 / 정원에서 / 지난 일요일에
　I work**ed** / in the garden / last Sunday.　과거형

2.

ⓐ 우리는 돕는다 북한사람들을 / 많이
　We help North Koreans / a lot　현재형

ⓑ 우리는 도왔다 북한사람들을 / 많이
　we help**ed** North Koreans / a lot　과거형

3.

ⓐ 아빠는 머무신다 / 부산에서
　Dad stays / in Busan　현재형

ⓑ 아빠는 머무셨다 / 부산에서
　Dad stay**ed** / in Busan　과거형

4.

ⓐ 나의 부모님은 사랑하신다 나를 / 엄청
　My parents love me / a lot.　현재형

ⓑ 나의 부모님은 사랑하셨다 나를 / 엄청
　My parents lov**ed** me / a lot.　과거형

▶▶ **일반동사의 과거형표현**은 그 일반동사 뒤에 **일정 규칙에 의해 ed**나 **d**를 붙이는데 그 차이를 익혀야 합니다.

-동사에 ed를 붙이는 다음의 세 가지 경우를 주의하여 익혀두면 그 외에 대부분의 동사엔 그냥 ed를 붙이면 과거형 동사가 됩니다.

첫째, 동사 끝이 e로 끝나면 d만 붙인다.

love(사랑하다)　　　　like(좋아하다)
lov**ed**(사랑했다)　　　lik**ed**(좋아했다)

save(저축하다)　　　　pave(도로포장하다)
sav**ed**(저축했다)　　　pav**ed**(도로포장했다)

1.
나는 저축했다 많은 돈을
I sav**ed** a lot of money.

2.
나의 동생은 좋아했다 공포영화를
My brother lik**ed** horror movies.

둘째, 동사 끝이 자음+y로 끝나면 y를 i로 고치고 ed를 붙인다.

study(공부하다)　　　　carry(운반하다)
stud**ied**(공부했다)　　　carr**ied**(운반했다)

worry(걱정하다)　　　　satisfy(만족시키다)
worr**ied**(걱정했다)　　　satis**fied**(만족시켰다)

1.
| 나는 운반했다 그 무거운 옷가방을 | 줄곧 |
| I carr**ied** the heavy suitcase | all the way |

2.
| 나의 부모님은 걱정했다 | 나에 대해 | 그 때에 |
| My parents worr**ied** | about me | at that time. |

그러나 동사 끝이 모음+y로 끝나면 그냥 ed를 붙인다.

play(놀다, 경기하다, 연주하다)   stay(머무르다)
played(놀았다, 경기했다, 연주했다)   stayed(마물렀다)

enjoy(즐기다)   destroy(파괴하다)
enjoyed(즐겼다   destroyed(파괴했다)

1.
우리는 즐겼다 그 생일파티를	어제 밤에
We enjoyed the birthday party	last night

2.
박지성 선수는 경기했다 축구를	매우 열심히
Park Jisung played socer	very hard

셋째, 1음절 동사에 모음이 하나있고 그 뒤 자음이 하나있으면 마지막 자음을 하나 더 겹치고 ed를 붙인다. (※1음절 동사는 한 단어에 모음이 한 개 있음)

stop(멈추다)   beg(간청하다)
stopped(멈추었다)   begged(간청했다)

hug(껴안다)   drop(떨어트리다)
hugged(껴안았다)   dropped(떨어트렸다)

1.
지하철이 멈추었다	갑자기	오늘 아침에
The subway stopped	suddenly	this morning.

2.
그녀가 껴안았다 나를	갑자기
She hugged me	suddenly

※ 이상 세 가지 규칙에 의해 d나 ed를 붙여 과거동사로 만들고 그 외 동사들은 대게 그냥 **ed**를 붙입니다. 그리고 d나 ed를 붙이는 과거형 동사들을 **규칙동사**라 합니다.

STEP Ⅱ 우리말- 영순감각으로 익히기

☞ 아래의 영어어순(영순)을 막고 왼쪽 우리말 순서를 오른쪽 영순처럼 소리 내어 말해보세요

우리말 순서	영 순
1. 나는 지난 일요일에 정원에서 일했다	1.나는 일했다 정원에서 지난 일요일에
2.우리 한국인들은 북한사람들을 많이 도왔다	2.우리 한국인들은 도왔다 북한사람들을 많이
3.아빠는 부산에서 자주 머무셨다	3.아빠는 머무셨다 부산에서 자주
4.엄마는 봄마다 정원에 많은 꽃을 심었다	4.엄마는 심었다 많은 꽃을 정원에 봄마다
5.나는 어렸을 때 수학을 매우 열심히 공부했다	5. 나는 공부했다 수학을 매우 열심히 어렸을 때
6.나는 나의 미래를 위해 많은 돈을 저축했다	6.나는 저축했다 많은 돈을 나의 미래를 위해
7.오늘 아침에 지하철이 갑자기 30분동안 멈추었다	7.지하철이 멈추었다 갑자기 30분동안 오늘 아침에
8.우리는 어제 밤에 그 파티에서 재미있는 시간을 보냈다	8.우리는 보냈다 재미있는 시간을 그 파티에서 어제 밤에
9.작년에 여기 한국에서는 많은 사건들이 발생했다	9.많은 사건들이 발생했다 여기 한국에서 작년에
10.지난 여름에 지진이 많은 빌딩과 다리를 파괴했다	10.지진이 파괴했다 많은 빌딩과 다리를 지난 여름에

STEP III 영순 문장 익히기

☞ 1. 다음의 주어진 밑줄 친 부분을 올바른 영순으로 말해보세요.
☞ 2. 다음의 주어진 밑줄 친 부분을 올바른 영순으로 써 보세요.
<영순문장과 뜻 아래에 참조>

1. <u>I You loved</u>
2. <u>Studied very hard English I</u>
3. <u>Tom me at seven yesterday visited</u>
4. <u>math and English You very hard when young studied</u>
5. <u>Iin the country when young lived I</u>
6. <u>stayed in China for a month Dad last year</u>
7. <u>liked the horror movies a lot my brother</u>
8. <u>this morning stopped The subway suddenly for thirty minutes</u>
9. <u>The earthquake many bridges last summer destroyed</u>
10. <u>My parents for the future a lot of money saved when young</u>

▶ 영순문장과 뜻

1. I lived you. (나는 사랑했다 너를)

2. I studied English very hard. (나는 공부했다 영어를 매우 열심히)

3. Tom visited me at seven yesterday. (Tom은 방문했따 나를 7시에 어제)

4. You studied math and English very hard when young. (너는 공부했다 수학과 영어를 매우 열심히 어렸을 때)

5. I lived in the country when young. (나는 살았다 시골에서 어렸을 때)

6. Dad stayed in China for a month last year. (아빠는 머물렀다 중국에서 1달동안 작년에)

7. My brother liked the horror movies a lot. (나의 동생은 좋아했다 공포영화를 엄청)

8. The subway stopped suddenly for thirty minutes. (지하철이 멈추었다 갑자기 30분동안 오늘 아침에)

9. The earthquake destroyed many bridges last summer. (지진이 파괴했다 많은 교량을 지난 여름에)

10. My parents saved a lot of money for the future when young. (나의 부모님은 저축했다 많은 돈을 미래를 위해 젊었을 때)

 **STEP IV**  영순- 기본문형 익히기 1

☞ 아래의 영어문장을 막고 우리말을 영어로 말해보세요.

1.나는 사랑한다 당신을	1.I love you.
2.나는 사랑했다 당신을	2.I loved you.
3.나는 저축한다 많은 돈을	3.I save a lot of money.
4.나는 저축했다 많은 돈을	4.I saved a lot of money.
5.나의 동생은 좋아한다 공포영화를	5.My brother likes horror movie.
6.나의 동생은 좋아했다 공포영화를	6.My brother liked horror movie.
7.너는 공부한다 수학을 열심히	7.You study math hard.
8.너는 공부했다 수학을 열심히	8.You studied math hard.
9.나의 부모님은 걱정한다 나를 엄청	9.My parents worry about me a lot.
10.나의 부모님은 걱정했다 나를 엄청	10.My parents worried about me a lot.
11.우리는 즐겼다 그의 생일파티를	11.We enjoyed his birthday party.
12.박지성 선수는 경기했다 축구를 열심히	12.Park Jisung played soccer very hard.
13.지하철이 멈추었다 오늘 아침에	13.The subway stopped this morning.
14.그가 껴안았다 나를 갑자기	14.He hugged me suddenly.
15.우리는 일한다 일요일에	15.We work on Sunday.
16.우리는 일했다 지난 일요일에	16.We worked last Sunday.
17.우리는 돕는다 북한사람들을	17.We help North Koreans.
18.우리는 도왔다 북한 사람들을	18.We helped North Koreans.
19.아빠는 머무신다 부산에서	19.Dad stays in Busan.
20.아빠는 머무셨다 부산에서	20.Dad stayed in Busan.
21.나는 만족시킨다 나의 부모님을	21.I satisfy my parents.
22.나는 만족시켰다 나의 부모님을	22.I satisfied my parents.
23.나의 형은 만족시킨다 나의 부모님을	23.My brother satisfies my parents.
24.나의 형은 만족시켰다 나의 부모님을	24.My brother satisfied my parents.

STEP V 영순- 기본문형 더 익히기 2

☞ 아래의 영어문장을 막고 우리말을 영어로 말해보세요.

1. 나는 사랑했다 너를 엄청 그때
2. 나는 저축했다 많은 돈을 나의 미래를 위해
3. 나의 동생은 좋아했다 공포영화를 대단히
4. 너는 공부했다 수학을 매우 열심히 학창시절에
5. 나의 부모님은 걱정하셨다 나를 엄청 작년에
6. 우리는 즐겼다 그의 생일파티를 노래방에서 어제 밤에
7. 박지성선수는 경기했다 축구를 매우 열심히 맨체스터 유나이티드 팀에서 3년동안
8. 지하철이 멈추었다 30분동안 오늘 아침에
9. 우리는 일했다 정원에서 오후 내내 지난 일요일에
10. Mr.Kim은 세차했다 두 번 지난 일요일에
11. 나는 세차했다 아빠와 함께 지난 일요일에
12. 아빠는 머물렀다 중국에서 1달동안 작년에
13. 우리 한국인들은 도왔다 북한사람들을 많이 과거에
14. 우리는 심었다 많은 나무를 친구들과 함께 산에서 지난 봄에
15. 그 지진이 파괴했다 많은 빌딩과 다리를 지난 여름에
16. 많은 사건들이 발생했다 여기 한국에서 작년에
17. 나는 떨어뜨렸다 두 개의 유리잔을 바닥에 어젯밤
18. 박대통령은 미국에서 3일동안 머물렀다 작년에
19. 아빠는 저축했다 많은 돈을 그의 가족을 위해 젊었을 때
20. 우리 한국인들은 가졌다 매우 어려운 시간을 오랫동안 한국전쟁 후에

1. I loved you a lot at that time.
2. I saved a lot of money for my future.
3. My brother liked horror movies so much.
4. You studied math very hard in your school days.
5. My parents worried about me a lot last year.
6. We enjoyed his birhday party in the karaoke room last night.
7. Park Ji-sung played soccer very hard in the Menchester United soccer Team for three years.
8. The subway stopped for thirty minutes this morning.
9. We worked in the garden all afternoon last Sunday.
10. Mr Kim washed his car twice last Sunday.
11. I washed the car with Dad last Sunday.
12. Dad stayed in China for a month last year.
13. We Koreans helped North Koreans so much in the past.
14. We planted a lot of trees in the mountain with my friends last spring.
15. The earthquake destroyed many bulidings and bridges last summer.
16. Many accidents happened here in Korea last year.
17. I dropped two glasses on the floor last night.
18. President Park stayed in America for three days last year.
19. Dad saved a lot of money for his family when young.
20. We Koreans had a lot of trouble for a long time after the Korean War.

CHAPTER SIXTEEN 16

오늘 아침에 엘레베이터가 갑자기 멈추었다			우리말순서
엘레베이터가 멈추었다	갑자기	오늘 아침에	영어어순
The elevater stopped	suddenly	this morning	영순

■ 기본 어휘 Vocabulary · 관용구 Idiom 챙기기

Vocabulary

*elevator [éləveitər]앨리베이터	*fence [fens]울타리,담장
*treat [triːt]다루다,접대하다	*found [faund]설립하다
*recommend [rikəménd]추천하다	*dream [driːm]꿈꾸다
*shave [ʃeiv]면도하다	*nod [nɑd]끄덕이다
*shout [ʃaut]고함지르다	*rest [rest]휴식을 취하다
*order [ɔ́ːrdər]주문하다,명령하다	*need [niːd]필요하다
*touch [tʌ́tʃ]건드리다,손대다	*strange [streindʒ]이상한
*scandal [skǽndəl]사건,추문	*province [právins]넓은지방, 도
*bride [braid]신부	

Idiom

*work overnight : 철야 근무하다	*in many ways : 여러모로

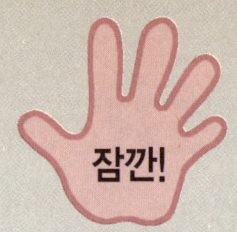

▶ 먼저, 이 Chapter의 핵심내용인 다음의 사항을 참고해 보세요.
　▶ 아래의 우리말을 영어로 말하거나 쓸 수 있나요?

1. 그는 오늘 아침에 갑자기 나의 어깨를 쳤다.
   _____

2. Mr. Kim은 오늘 오후에 세차를 했다.
   _____

3. 나는 어렸을 때 부모님과 함께 목포에서 살았다.
   _____

▶ 위 세 문장의 우리말을 영어로 말하거나 쓸 수 있다면
　다음 Chapter로 넘어가도 좋습니다.

▶ 만약, 그렇지 못하면 다음 Page로 넘어가 더 자세한
　핵심내용을 익혀보세요.

Strike the iron while it's hot.
(쳐라 쇠가 달았을때)

 **STEP I** 영순 - 기본 문형 이해하기

▶▶ 과거형 문장을 말할 때 일반동사 뒤에 주로 **ed**나 **d**를 붙여 표현하는데 그것을 발음할 때 **세 가지**가 있으니 그 발음차이에 조심해야 합니다.

	과거형	과거형 발음 세 가지
일반동사의 과거형	동사 + ed 동사 + d	① [id] ② [t] ③ [d]

첫째, [id]로 발음되는 경우
　동사의 끝 자가 t나 d로 끝나고 그 뒤의 ed 발음
(※ 과거형ed의 실제 발음은 마지막 d가 앞 글자의 받침으로 들어가도록 하며 마지막의 d 발음을 "드"로 소리 내지 말고 닫아버림.)

예)
　*visit(방문하다) → visited(방문했다)
　[vízit]　　　　　[vízitid]
　뷔짙　　　　　　뷔지틷
　비지트(x)　　　　비지티드(x)

　*paint(칠하다,그리다) → painted(칠했다, 그렸다)
　[peint]　　　　　[péintid]
　페인ㅌ　　　　　페인틷
　페인트(x)　　　　페인티드(x)

　*treat(대접하다) → treated(대접했다)
　[tri:t]　　　　　[trí:tid]
　트뤼-ㅌ　　　　　트뤼-틷
　트뤼트(x)　　　　트리티드(x)

*end(끝내다) → ended(끝내다)
[end]   [éndid]
엔ㄷ   엔딛
엔드(x)   엔디드(x)

*found(설립하다) → founded(설립하다)
[faund]   [fáundid]
퐈운ㄷ   퐈운딛
파운드(x)   파운디드(x)

*recommend(추천하다) → recommended(추천했다)
[rikəménd]   [rikəméndid]
뤼커멘ㄷ   뤼커멘딛
리커멘드(x)   리커멘디드(x)

둘째, [~t]로 발음되는 경우
동사의 끝 발음이 [~k], [~f], [~p], [~s], [~ʃ], [~tʃ]로 끝날 때 뒤의 d나 ed의 발음은 [t]로.
(※ 이때 ed의 [t]발음을 [트]로 소리 내지 말고 앞 글자의 받침으로 넣어 발음하고, 앞 글자에 받침이 있으면 속으로 [트]발음하고 소리를 닫아버림.)

예)
*work(일하다) → worked(일했다)
[wə:rk]   [wərkt]
월-   워-클
워-크(x)   워-크트(x)

*stop(멈추다) → stopped(멈췄다)
[stap]   [stapt]
스탚   스탚ㅌ
             스타프트(x)

*laugh(웃다) → laughed(웃었다)
[læf]   [læft]
랲   랲ㅌ
래프(x)   래프트(x)

*kiss(키스하다) → kissed(키스했다)
[kis]   [kist]
키스   키슽
                키스트(x)

*wash(씻다) → washed(씻었다)
[wɔʃ]   [wɔʃt]
워쉬   워쉩
                워시트(x)

*touch(만지다) → touched(만졌다)
[tʌtʃ]   [tʌtʃt]
타취   타췥
                타치트(x)

셋째, [~d]로 발음되는 경우
동사의 끝 발음이 위 두 가지가 아닌 경우에 붙은 ed
(※ 이때 ed의 [d]발음을 [드]하고 소리내지 말고 앞 글자의 받침으로 넣고, 이미 받침이 있으면 [드]를 소리내지 말고 들릴 듯 말 듯 속으로 발음함)

예)
*love(사랑하다) → loved(사랑했다)
[lʌv]   [lʌvd]
럽   럽ㄷ
러브(x)   러브드(x)

*stay(머무르다) → stayed(머물렀다)
[stei]   [steid]
스테이   스테읻
                스테이드(x)

*clean(청소하다) → cleaned(청소했다)
[kli:n]   [kli:nd]
클린-   클린-ㄷ
                클린드(x)

*call(전화걸다) → call**ed**(전화했다)
[kɔːl]   [kɔːld]
콜-   콜-ㄷ
               콜드(x)

*dream(꿈꾸다) → dream**ed**(꿈꿨다)
[driːm]   [driːmd]
드림-   드림-ㄷ
               드림드(x)

☞ 아래의 여러 일반동사의 현재형과 과거형의 발음을 비교하면서 소리내어 반복연습해 보세요.

1. wait [weit]기다리다
   wait**ed**
   [wéitid]
   웨이틷(웨이티드x)

2. nod [nad]끄덕이다
   nodd**ed**
   [nádid]
   나딛(나디드x)

3. shout [ʃaut](소리치다)
   shout**ed**
   [ʃáutid]
   샤우틷(샤우티드x)

4. rest [rest](쉬다)
   rest**ed**
   [réstid]
   뤠스틷(뤠스티드x)

5. arrive [əráiv](도착하다)
   arriv**ed**
   [əráivd]
   어롸이븓(어롸이브드x)

6. enjoy [indʒɔ́i](즐기다)
   enjoy**ed**
   [indʒɔ́id]
   인죠읻(인죠이드x)

7. ask [æsk](묻다)
   ask**ed**
   [æskt]
   애스클(애스크트x)

8. invite [inváit](초대하다)
   invit**ed**
   [inváitid]
   인봐이틷(인바이티드x)

9. talk [tɔːk](얘기하다)
   talk**ed**
   [tɔːkt]
   토-클(토-크트x)

10. show [ʃou](보여주다)
    show**ed**
    [ʃoud]
    쇼운(쇼우드x)

11. dance [dæns](춤추다)
danc**ed**
[dæns**t**]
댄슽(댄스트x)

12. listen [lisn](듣다)
listen**ed**
[lisn**d**]
리슨ㄷ(리슨드x)

13. miss [mis](실수하다)
miss**ed**
[mis**t**]
미슽(미스트x)

14. move [muːv](움직이다)
mov**ed**
[muːv**d**]
무-븓(무-브드x)

15. look [luk](보이다)
look**ed**
[luk**t**]
루킅(루크트x)

16. learn [ləːrn]배우다
learn**ed**
[ləːrn**d**]
런-ㄷ(런-드x)

17. order [ɔːrdər](명령하다)
order**ed**
[ɔːrdər**d**]
오-덜ㄹ(오-더드x)

18. need [niːd](필요하다)
need**ed**
[niːd**id**]
니-딛(니-디드x)

19. **fix** [fiks](고치다)
fix**ed**
[fiks**t**]
퓍슽(픽스트x)

20. shave [ʃeiv](면도하다)
shav**ed**
[ʃeiv**d**]
쉐이븓(쉐이브드x)

☞ 제가 강조하면서 설명하는 모든 요소들을 적당히 대충 공부하면 제대로 된 미국인의 발음을 따라갈 수도, 표현할 수도 없습니다. 다소 성가시고 귀찮지만, 저의 설명 내용에 반복해서 신경 써 보세요. 오랫동안 공부해오고 미국인과 대화를 해오면서 느꼈던 발음들입니다. 위의 설명으로 정확히 이해할 수 없다면 저의 또 다른 저서 "발음편"에서 더 자세한 발음 공부를 할 수 있습니다.

STEP II 우리말- 영순감각으로 익히기

☞ 아래의 영어어순(영순)을 막고 왼쪽 우리말 순서를 오른쪽 영순처럼 소리 내어 말해보세요

우리말 순서	영 순
1.나는 작년에 두 번 삼촌을 방문했다.	1.나는 방문했다 삼촌을 두 번 작년에
2.아빠는 지난 일요일에 담장을 세 시간 동안 칠했다.	2.아빠는 칠했다 담장을 세 시간 동안 지난 일요일에
3.그 웨이터는 전채 요리로 샐러드를 추천했다.	3.그 웨이터는 추천했다 샐러드를 전체요리로
4.승강기가 오늘 아침에 갑자기 멈추었다.	4.승강기가 멈추었다 갑자기 오늘 아침에.
5.나는 지난 일요일날 주차장에서 아빠와 함께 세차했다.	5.나는 세차했다 주차장에서 아빠와 함께 지난 일요일날
6.그는 오늘 아침에 나의 어깨를 갑자기 툭 쳤다.	6.그는 툭 쳤다 나의 어깨를 갑자기 오늘 아침에
7.나는 어젯밤에 나의 친구들을 내 생일 파티에 초대했다.	7.나는 초대했다 나의 친구들을 내 생일 파티에 어젯밤에
8.나는 어제 아빠와 함께 TV로 권투경기를 보았다.	8.나는 보았다 권투경기를 아빠와 함께 TV로
9.엄마는 어젯밤에 내 여동생과 함께 TV로 연속극을 보았다.	9.엄마는 보았다 연속극을 내 여동생과 함께 TV로 어젯밤에
10.나는 어렸을 때 부모님과 함께 목포에서 살았다.	10.나는 살았다 목포에서 부모님과 함께 어렸을 때

STEP III 영순 문장 익히기

☞ 1. 다음의 주어진 밑줄 친 부분을 올바른 영순으로 말해보세요.
☞ 2. 다음의 주어진 밑줄 친 부분을 올바른 영순으로 써 보세요.
<영순문장과 뜻 아래에 참조>

1. visited I twice my uncle
2. The movie last night late ended
3. thirty minutes late arrived the train
4. when young lived I in Mokpo
5. on time arrived the train
6. painted with me Dad last Sunday the fence
7. my car washed with Dad yesterday I in the parking lot
8. to my birthday party last night my friends invited I
9. to the teacher I the scandal talked about
10. me kissed suddenly She last night

▶ 영순문장과 뜻

1. I visited my uncle twice. (나는 방문했다 나의 삼촌을 두 번)
2. The movie ended late last night. (영화가 끝났다 늦게 어제 밤)
3. The train arrived thirty minutes late. (기차가 도착했다 30분 늦게)
4. I lived in Mokpo when young. (나는 살았다 목포에서 어렸을 때)
5. The train arrived on time. (기차가 도착했다 정시에)
6. Dad painted the fence with me last Sunday. (아빠는 칠했다 담장을 나와 함께 지난 일요일에)
7. I washed my car with Dad in the parking lot yesterday. (나는 세차했다 아빠와 함께 주차장에서 어제)
8. I invited my friends to my birthday party last night. (나는 초대했다 나의 친구들을 나의 생일파티에 어젯밤)
9. I talked about the scandal to the reacher. (나는 얘기했다 그 사건에 대해 선생님에게)
10. She kissed me suddenly last night. (그녀는 키스했다 나에게 갑자기 어제 밤에)

 **STEP IV** 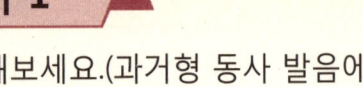 영순- 기본문형 익히기 1

☞ 아래의 영어문장을 막고 우리말을 영어로 말해보세요.(과거형 동사 발음에 유의)

1.나는 방문했다 나의 삼촌을	1.I visited my uncle.
2.나의 삼촌이 방문했다 나를	2.My uncle visited me.
3.아빠는 칠했다 담장을	3.Dad painted the fence.
4.영화가 끝났다 늦게	4.The movie ended late.
5.그 웨이터가 추천했다 그 샐러드를	5.The waiter recommended the salad.
6.승강기가 멈추었다 갑자기	6.The elevator stopped suddenly.
7.우리는 웃었다 그 소년을 보고	7.We laughed at the boy.
8.나는 세차했다	8.I washed my car.
9.그는 툭 쳤다 나를	9.He touched me.
10.그 소녀는 소리를 질렀다 갑자기	10.The girl shouted suddenly.
11.기차가 도착했다 정각에	11.The train arrived on time.
12.나는 초대했다 나의 친구들을	12.I invited my friends.
13.그는 보여주었다 많은 사진을	13.He showed many photos.
14.우리는 얘기했다 선생님에게	14.We talked to the teacher.
15.나의 친구가 이사했다 부산으로	15.My friend moved to Busan.
16.그 신부는 보였다 아름답게	16.The bride looked beautiful.
17.나는 필요했다 많은 돈이	17.I needed a lot of money.
18.엄마는 놓쳤다 버스를	18.Mom missed the bus.
19.아빠는 고쳤다 그의 승용차를	19.Dad fixed his car.
20.나는 보았다 TV를	20.I watched TV.
21.그는 일했다 하루종일	21.He worked all day.
22.그는 키스했다 나에게 갑자기	22.He kissed me suddenly.
23.나는 청소했다 나의 침실을	23.I cleaned my bedroom.
24.너는 공부했다 영어를 열심히	24.You studied English hard.
25.나는 살았다 제주도에서	25.I lived in Jejudo Province.

STEP V 영순- 기본문형 더 익히기 2

☞ 아래의 영어문장을 막고 우리말을 영어로 말해보세요.(과거형 동사발음에 유의)

1. 나는 방문했다 나의 삼촌을 두 번 작년에
2. 나의 삼촌은 방문했다 나를 한 번 5년전에
3. 아빠는 칠했다 담장을 세 시간동안 지난 요일에
4. 영화가 끝났다 늦게 어젯밤
5. 그 웨이터가 추천했다 그 샐러드를 전채 요리로
6. 승강기가 멈추었다 갑자기 오늘 아침에
7. 나는 세차했다 아빠와 함께 주차장에서 지난 일요일 날
8. 그는 툭 쳤다 나를 어깨를 갑자기 오늘 아침에
9. 그는 툭 쳤다 나를 머리를 갑자기 오늘 아침에
10. 나는 초대했다 나의 친구들을 나의 일파티에 어젯밤에
11. 우리는 얘기했다 선생님에게 그 사건에 대해
12. 나는 보았다 권투경기를 TV로 아빠와 함께 어제
13. 엄마는 보았다 연속극을 TV로 내 여동생과 함께 어젯밤에
14. 기차가 도착했다 30분 늦게 어제
15. 나는 살았다 목포에서 어렸을 때
16. 나는 살았다 목포에서 부모님과 함께 어렸을 때
17. 나의 사장님은 설립했다 이 회사를 30년전에
18. 나는 꿈꿨다 이상한 꿈을 어제 밤에
19. Frank는 이사했다 중국으로 그의 가족과 함께 작년에
20. 나는 들었다 음악을 나의 침실에서 어제 오후 내내

1. I visited my uncle twice last year.
2. My uncle visited me once five years ago.
3. Dad painted the fence for three hours last Sunday.
4. The movie finished late last night.
5. The waiter recommended the salad for the appetizer.
6. The elevator stopped suddenly this morning.
7. I washed my car with dad in the parking lot last Sunday.
8. He touched me on the shoulder suddenly this morning.
9. He touched me on the head suddenly this morning.
10. I invited my friends to my birthday party last night.
11. We talked to the teacher about the scandal.
12. I watched the boxing match on TV with Dad yesterday.
13. Mom watched the soap opera on TV with my sister last night.
14. The train arrived thirty minutes late yesterday.
15. I lived in Mokpo when young.
16. I lived in Mokpo with my parents when young.
17. My boss founded this company thirty years ago.
18. I dreamed a strange dream last night.
19. Frank moved to China with his family last year.
20. I listened to music in my bedroom all yesterday afternoon.

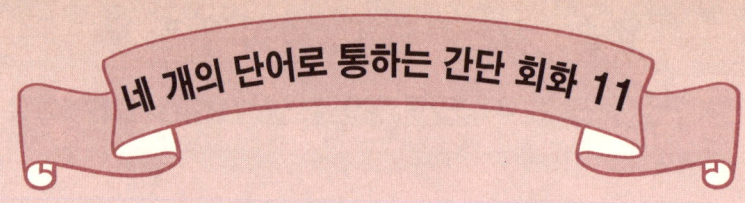

1. I can't stand you. (난 너를 못 말리겠다. - 내가 졌다.)
2. I have no appetite. (난 식욕이 없어.)
3. I have red eyes. (눈이 충혈됐다.)
4. I want extra cheese. (더 넣어주세요 치즈를 한 개 더.)
5. I'm heading to work. (나 가고 있어 회사에)
6. My whole body aches. (온몸이 쑤셔.)
7. My computer is freezing. (내 컴퓨터가 먹통이야.)
8. My mouth is watering. (내 입에 군침이 도는군.)
9. You go too far. (넌 너무 오바한거야.)
10. You'll pay for this. (너 책임지게 될 거야.)
11. Your nose is bleeding. (너 코피 나고 있어.)
12. He called in sick. (그가 전화했어요 아프다고.)
13. He's expecting you. (그가 기다리고 있어 널.)
14. He hit the roof. (그가 화가 머리 끝까지 났어.)
15. He turns me off. (그는 밥맛이야.)

CHAPTER SEVENTEEN 17

나는 젊었을 때 많은 돈을 저축하지 않았다		우리말순서
나는 저축하지 않았다 많은 돈을	젊었을 때	영어어순
I didn't save a lot of money	when young	영순

■ 기본 어휘 Vocabulary · 관용구 Idiom 챙기기

Vocabulary

*yard [ja:rd] 야드, 마당	*living [líviŋ] 거주, 생계
*child [tʃaild] 어린이	*way [wei] 길, 방법
*summer [sʌ́mər] 여름	*money [mʌ́ni] 돈
*worry [wə́ri] 걱정하다	*gold [gould] 황금
*medal [médəl] 메달	*win [win] 이기다, 획득하다
*had [hæd] (have, has의 과거형) 가졌다	

Idiom

*in many ways : 여러모로	*worry about~ : ~에 대해 걱정하다
*on time : 정각에	*arrive at(in)~ : ~에 도착하다
*for a long time : 오랫동안	*in my schooldays : 나의 학창시절에
*at that time : 그때, 그 당시에	

잠깐!

▶ 먼저, 이 Chapter의 핵심내용인 다음의 사항을 참고해 보세요.
▶ 아래의 우리말을 영어로 말하거나 쓸 수 있나요?

1. 그녀는 지난 봄에 정원에 많은 꽃을 심지 않았어요.
   _____

2. 나의 사장님은 어제 그 회의에 정시에 도착하지 않았습니다.
   _____

3. 그는 젊었을 때 장래를 위해 많은 돈을 저축하지 않았습니다.
   _____

▶ 위 세 문장의 우리말을 영어로 말하거나 쓸 수 있다면 다음 Chapter로 넘어가도 좋습니다.

▶ 만약, 그렇지 못하면 다음 Page로 넘어가 더 자세한 핵심내용을 익혀보세요.

The sooner, the better.
(빠르면 빠를수록 좋다)

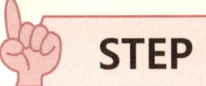 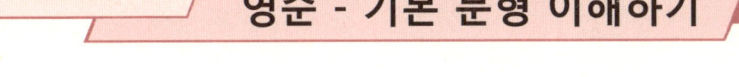

▶ 1. **be동사**의 **부정표현**은 현재형(am,are,is)이든 과거형(was,were)이든 그 뒤에 **not**를 붙이면 되죠.
2. 현재형 일반동사의 **부정표현**은 주어의 인칭에 따라 그 동사 앞에 **don't**나 **doesn't**를 붙이고 원형동사를 쓰면 됩니다.

▶▶ **과거형 일반동사의 부정표현**은 주어의 인칭과 관계없이 무조건 **didn't(=did not)**를 동사 앞에 붙이고 과거형을 원형동사로 바꿉니다.

※ 부정문,의문문에 사용되는 do, does, did는 전부 조동사이죠.(조동사 뒤에 꼭 원형동사를 써야함)

영순 1 영어문장은 처음 시작의 주어+동사가 중요!

1.
긍정문	나는 일했다	지난 일요일에
	I worked	last Sunday.
부정문	나는 일하지 않았다	지난 일요일에
	I didn't work	last Sunday.

2.
긍정문	그녀는 심었다 많은 꽃을	지난 봄에
	She planted many flowers	last spring
부정문	그녀는 심지 않았다 많은 꽃을	지난 봄에
	She didn't plant many flowers	last spring

3.
긍정문	아빠가 세차하셨다	오늘 아침에
	Dad wanted the car	this morning
부정문	아빠가 세차하지 않으셨다	오늘 아침에
	Dad didn't wash the car	this morning

4.

긍정문	내 아들은 공부했다	영어를	매우 열심히
	My son studied	English	very hard
부정문	나의 아들은 공부하지 않았다	영어를	매우 열심히
	My son didn't study	English	very hard

5.

긍정문	나는 가졌다 많은 돈을	젊었을 때
	I had a lot of money	when young
부정문	나는 가지지 않았다 많은 돈을	젊었을 때
	I didn't have a lot of money	when young

6.

긍정문	나의 삼촌은 도와주셨다 나를	많이
	My uncle helped me	a lot.
부정문	나의 삼촌은 도와주지 않았다 나를	많이
	My uncle didn't help me	a lot.

7.

긍정문	엄마는 청소했다 거실을	그저께
	Mom cleaned the living room	the day before yesterday.
부정문	엄마는 청소하지 않았다 거실을	그저께
	Mom didn't clean the living room	the day before yesterday.

8.

긍정문	나의 보모님은 걱정하셨다 나를	그때에
	My parents worried about me	at that time
부정문	나의 보모님은 걱정하지 않았다 나를	그때에
	My parents didn't worry about me	at that time

STEP II 우리말- 영순감각으로 익히기

☞ 아래의 영순을 막고 왼쪽 우리말 순서를 오른쪽 영순처럼 소리 내어 말해보세요

우리말 순서	영 순
1.그녀는 뜰에 많은 꽃을 심지 않았다	1.그녀는 심지 않았다 많은 꽃을 뜰에
2.나의 아들은 어렸을 때 열심히 공부하지 않았다	2.나의 아들은 공부하지 않았다 열심히 어렸을 때
3.나의 부모님들은 그 때 나를 엄청 걱정하셨다	3.나의 부모님들은 걱정하셨다 나를 엄청 그 때
4.그는 미래를 위해 많은 돈을 저축하지 않았다	4.그는 저축하지 않았다 많은 돈을 미래를 위해
5.나의 사장님은 오늘아침 회의에 정시에 도착하지 않았다	5.나의 사장님은 도착하지 않았다 회의에 정시에 오늘아침
6.나의 삼촌은 젊었을 때 여러모로 나를 도와주셨다	6.나의 삼촌은 도와주셨다 나를 여러모로 젊었을 때
7.한국은 지난 동계올림픽에서 많은 금메달을 획득하지 못했다	7.한국은 획득하지 못했다 많은 금메달을 지난 동계올림픽에서
8.오바마 대통령은 지난 방한때 한국에서 오랫동안 머물지 않았다	8.오바마 대통령은 머무르지 않았다 한국에서 오랫동안 지난 방한때
9.나의 아버지는 지난 일요일에 사무실에서 일하지 않았다	9.나의 아버지는 일하지 않았다 사무실에서 지난 일요일에
10. 그 아이들은 어렸을 때, 시골에서 그들의 할머니와 성장했다.	10. 그 아이들은 성장했다 시골에서 그들의 할머니와 어렸을 때

STEP III   영순 문장 익히기

☞ 1. 다음의 주어진 밑줄 친 부분을 올바른 영순으로 말해보세요.
☞ 2. 다음의 주어진 밑줄 친 부분을 올바른 영순으로 써 보세요.
<영순문장과 뜻 아래에 참조>

1. <u>I in the yard work didn't</u>
2. <u>didn't the car wash Dad yesterday</u>
3. <u>help my uncle didn't me</u>
4. <u>on time arrive My boss didn't</u>
5. <u>study My son hard in his schooldays didn't</u>
6. <u>didn't when young money a lot of save I</u>
7. <u>President Obama stay in Korea didn't for a long time</u>
8. <u>didn't Korea in the winter olympic games many gold medals win</u>

▶ 영순문장과 뜻

1. I didn't work in the yard. (나는 일하지 않는다 뜰에서)
2. Dad didn't wash the car yesterday. (아빠는 세차하지 않았다 어제)
3. My uncle didn't help me. (나의 삼촌은 도와주지 않았다 나를)
4. My boss didn't arrive on time. (나의 사장님은 도착하지 않았다 정각에)
5. My son didn't study hard in his schooldays. (나의 아들은 공부하지 않았다 열심히 그의 학창시절에)
6. I didn't save a lot of money when young. (나는 저축하지 않았다 많은 돈을 젊었을 때)
7. President Obama didn't stay in Korea for a long time. (오바마 대통령은 머물지 않았다 한국에서 오랫동안)
8. Korea didn't win many gold medals in the winter olympic games. (한국은 획득하지 못했다 많은 금메달을 동계 올림픽에서)

STEP IV 영순- 기본문형 익히기 1

☞ 아래의 영어문장을 막고 우리말을 영어로 말해보세요.

1.그녀는 심었다 많은 꽃을	1.She planted many flowers.
2.그녀는 심지 않았다 많은 꽃을	2.She didn't plant many flowers.
3.나는 일했다 마당에서	3.I worked in the yard.
4.나는 일하지 않았다 어제	4.I didn't work yesterday.
5.아빠는 세차했다	5.Dad washed the car.
6.아빠는 세차하지 않았다	6.Dad didn't wash the car.
7.나의 아들은 공부했다 영어를 열심히	7.My son studied English hard.
8.나의 아들은 공부하지 않았다 영어를 열심히	8.My son didn't study English hard.
9.나의 삼촌은 도와주셨다 나를	9.My uncle helped me.
10.나의 삼촌은 도와주지 않았다 나를	10.My uncle didn't help me.
11.엄마는 청소했다 거실을	11.Mom cleaned the living room.
12.엄마는 청소하지 않았다 거실을	12.Mom didn't clean the living room.
13.나의 부모님은 걱정하셨다 나를	13.My parents worried about me.
14.나의 부모님은 걱정하지 않으셨다 나를	14.My parents didn't worry about me.
15.Mr. 김은 머물렀다 미국에서	15.Mr. Kim stayed in America.
16.Mr. 김은 머물지 않았다 미국에서	16.Mr. Kim didn't stay in America
17. 그는 저축했다 많은 돈을	17.He saved a lot of money.
18.그는 저축하지 않았다 많은 돈을	18.He didn't save a lot of money.
19.나의 사장님은 도착했다 정시에	19.My boss arrived on time.
20.나의 사장님은 도착하지 않았다 정시에	20.My boss didn't arrive on time.

STEP V 영순- 기본문형 더 익히기 2

☞ 아래의 영어문장을 막고 우리말을 영어로 말해보세요.

1. 그녀는 심지 않았다 많은 꽃을 정원에 지난 봄에	1. She didn't plant many flowers in the garden last spring.
2. 나는 일하지 않았다 뜰에서 어제 오후에	2. I didn't work in the yard yesterday afternoon.
3. 아빠는 세차하지 않았다 오늘 아침에	3. Dad didn't wash his car this morning.
4. 나의 아들은 공부하지 않았다 열심히 아이였을 때	4. My son didn't study hard when a child.
5. 나의 삼촌은 도와주셨다 나를 어러모로 그때	5. My uncle helped me in many ways at that time.
6. 나의 삼촌은 도와주지 않았다 나를 여러모로 그때	6. My uncle didn't help me in many ways at that time.
7. 나의 부모님은 걱정하지 않으셨다 나를 엄청 그때에	7. My parents diddn't worry about me a lot at that time.
8. 그는 저축하지 않았다 많은 돈을 미래를 위해 젊었을 때	8. He didn't save a lot of money for his future when young.
9. 나의 사장님은 도착하지 않으셨다 회의에 정시에 어제	9. My boss didn't arrive at the meeting on time yesterday.
10. 오바마대통령은 머무르지 않았다 한국에서 오랫동안	10. President Obama didn't stay in Korea for a long time.
11. 한국은 획득하지 못했다 많은 금메달은 소치 동계올림픽에서 2014년에	11. Korea didn't win many gold medals in Sochi Winter Olympic Games in 2014.
12. 그 지진은 파괴하지 않았다 많은 빌딩을	12. The earthquake didn't destroy many buildings.
13. 나는 가지지 않았다 많은 돈을 젊었을 때	13. I didn't have a lot of money when young.
14. 엄마는 청소하지 않았다 거실을 그저께	14. Mom didn't clean the living room the day before yesterday.
15. 나의 아버지는 일하지 않으셨다 철야로 지난 수요일에	15. My father didn't work overnight last Wednesday.

CHAPTER EIGHTEEN 18

나는 어제 종로에서 너의 아버지를 만났다			우리말순서
나는 만났다 너의 아버지를	종로에서	어제	영어어순
I met your father	on Jongro Street	yesterday	영순

■ 기본 어휘 Vocabulary · 관용구 Idiom 챙기기

Vocabulary

*street [striːt] 거리	*advice [ədváis] 충고
*popular [pápjulə] 유행하는, 인기있는	*hate [heit] 미워하다, 증오하다
*attend [əténd] 참석하다	*song [sɔŋ] 노래
*grow [grou] 자라다	*grew [gruː] grow의 과거형

Idiom

*on time : 정각에	*have many things to do : 할일이 많다
*get together : 어울리다	*when a baby : 애기였을 때
*for my birthday : 내 생일때에	*all last week : 지난주 내내
*see a doctor : 병원에 가다	*in my middle schooldays : 나의 중학교시절에
*grow up : 성장하다	*in the country : 시골에서

잠깐!

▶ 먼저, 이 Chapter의 핵심내용인 다음의 사항을 참고해 보세요.
▶ 아래의 우리말을 영어로 말하거나 쓸 수 있나요?

1. 나는 어제 회사에서 할 일이 많이 있지 않았어.

2. 나의 사장님은 지난주에 많은 바이어들을 만나지 않았습니다.

3. 한국은 2014년 동계 올림픽에서 많은 금메달을 따지 못했습니다.

▶ 위 세 문장의 우리말을 영어로 말하거나 쓸 수 있다면 다음 Chapter로 넘어가도 좋습니다.

▶ 만약, 그렇지 못하면 다음 Page로 넘어가 더 자세한 핵심내용을 익혀보세요.

Time and tide waits for no man.
(세월은 기다려 주지 않는다 사람을)

 **STEP I** 영순 - 기본 문형 이해하기

▶ 과거표현의 문장은 일단 **동사(be동사, 일반동사)**를 과거형으로 바꿔야죠.
　*be동사의 과거형은 두 가지 (was, were)

be동사	현재형	과거형
	am / is	was
	are	were

 ***일반동사**의 과거형은 두 가지 형태가 있습니다 - **규칙동사**와 **불규칙동사**
　① 일반동사 뒤에 **ed나 d**를 규칙에 의해 붙이는 경우(규칙동사)
　② 일반동사 뒤에 **ed나 d**를 붙이지 않고 규칙 없이 그 동사만의 정해진 과거형으로
　　 쓰이는 경우(불규칙동사)

규칙동사 (~ed, ~d)			불규칙동사		
원형	현재형	과거형	원형	현재형	과거형
work	work / works	worked	see	see / sees	saw
help	help / helps	helped	go	go / goes	went
love	love / loves	loved	have	have / has	had
play	play / plays	played	give	give / gives	gave
visit	visit / visits	visited	meet	meet / meets	met
study	study / studies	studied	sing	sing / sings	sang
paint	paint / paints	painted	win	win / wins	won

도미노 영순 영어 | **183**

※ 영순 - 보충강의

1. 현재형 일반동사는 항상 두 가지—일반동사 뒤에 **s**나 **es**를 붙인 놈과 안 붙인 놈. 그러나 동사 뒤에 ed나 d를 붙이는 과거형 규칙동사는 평생 그렇게 쓰이고, 불규칙동사의 과거형도 역시 한번 정해진 과거형은 항상 그대로 쓰입니다.
2. 이제부터 일반동사가 나오면 과거형이 규칙동사인지, 불규칙동사인지 구분하여 하나하나 익혀 나가야 합니다.
3. 수많은 동사 중에 불규칙동사는 약 400여개이며 그 외 동사는 전부 규칙동사(-ed,-d)입니다. 불규칙동사 400여 개를 한꺼번에 미리 다 외울 필요가 없습니다. 나오는 대로 그때그때 암기해 나가면서 서서히 수를 늘려 가면 됩니다.

영순 1 | 영어문장은 처음 시작의 주어+동사가 중요!

1.

ⓐ
현재형 동사	나는 본다 너의 아버지를	매일
	I see your father	every day.

※ 현재형동사란-평소 습관적인 동작이나 상태를 말합니다.

ⓑ
과거형 동사	나는 봤다 너의 아버지를	어제
	I saw your father	yesterday.

2.

ⓐ
현재형 동사	너의 아버지는 본다 나를	매일
	Your father sees me	every day.

※ 주어가 3인칭 단수일 때 현재형 일반동사는 꼭 그 뒤에 s나 es를 붙입니다.

ⓑ
현재형 동사	너의 아버지는 보셨다 나를	지난 일요일에
	your father saw me	last sunday.

※ 주어가 3인칭 단수일지라도 과거형 일반동사는 그 뒤에 s나 es를 붙이지 않습니다.
　s,es는 현재형 일반동사에서만 붙임.

3.

ⓐ	현재형 동사	엄마는 간다 교회에
		Mom goes to church.

ⓑ	과거형 동사	엄마는 갔다 교회에
		Mom went to church.

4.

ⓐ	현재형 동사	그들은 먹는다 아침을
		They have breakfast.

ⓑ	과거형 동사	그들은 먹었다 아침을
		They had breakfast.

5.

ⓐ	현재형 동사	나의 동생은 먹는다 아침을 일찍이
		My brother has breakfast early.

ⓑ	과거형 동사	나의 동생은 먹었다 아침을 일찍이
		My brother had breakfast early.

6.

ⓐ	현재형 동사	나의 선생님은 주신다 나에게 많은 좋은 도움을
		My teacher gives me much good help.

ⓑ	과거형 동사	나의 선생님은 주셨다 나에게 많은 좋은 도움을
		My teacher gave me much good help.

▶▶ 일반동사의 과거형 문장을 부정문으로 바꾸려면 그 일반동사 앞에 무조건 **didn't(=did not)**를 붙이고 그 뒤에 과거동사는 원형으로 바꾸면 됩니다.

1.

긍정문	I **saw** your father this moring.
부정문	I **didn't see** your father this mornig.

2.

긍정문	Mom **went** to church.
부정문	Mom **didn't go** church.

3.

긍정문	They **had** breakfast early in the morning.
부정문	They **didn't have** breakfast early in the morning.

4.

긍정문	My teacher **gave** me much good help.
부정문	My teacher **didn't give** me much good help.

5.

긍정문	My boss **met** many buyers.
부정문	My boss **didn't meet** many buyers.

6.

긍정문	Korea **won** a gold medal.
부정문	Korea **didn't win** a gold medal.

7.

긍정문	we **sang** many American songs.
부정문	we **didn't** sing many American songs.

8.

긍정문	My children **grew up**.	in the country.
부정문	My children **didn't grow up**	in the country.

STEP Ⅱ 우리말- 영순감각으로 익히기

☞ 아래의 영순을 막고 왼쪽 우리말 순서를 오른쪽 영순처럼 소리 내어 말해보세요

우리말 순서	영 순
1. 나는 어제 아침에 종로에서 너의 아버지를 봤어	1.나는 봤어 너의 아버지를 종로에서 어제 아침에
2.나는 어제 아침에 종로에서 너의 아버지를 보지 못했어	2.나는 보지못했어 너의 아버지를 종로에서 어제 아침에
3.엄마는 지난 일요일에 아빠와 함께 쇼핑갔어	3.엄마는 쇼핑갔어 아빠와 함께 지난 일요일에
4.엄마는 지난 일요일에 아빠와 쇼핑가지 않았어	4.엄마는 가지 않았어 쇼핑을 아빠와 함께 지난 일요일날
5.나의 동생은 오늘 아침에 일찍이 일어나지 않았어	5.나의 동생은 일어나지 않았어 일찍이 오늘 아침에
6.나의 사장님은 지난주 많은 바이어들을 만났어	6.나의 사장님은 만났어 많은 바이어들을 지난주에
7.나는 고등학교시절에 친구들과 많은 팝송을 불렀어	7.나는 불렀어 많은 팝송을 나의 친구들과 고등학교시절에
8.나는 고등학교시절에 친구들과 많은 팝송을 부르지 않았어	8.나는 부르지 않았어 많은 팝송을 친구들과 고등학교 시절에
9.한국은 2014년 동계올림픽에서 많은 금메달을 획득하지 못했어	9.한국은 획득하지 못했어 많은 금메달을 동계올림픽에서 2014년에
10.그 비행기가 어제 밤에 정시에 인천공항에 도착하지 않았어	10.그 비행기가 도착하지 않았어 인천공항에 정시에 어제밤에

STEP III 영순 문장 익히기

☞ 1. 다음의 주어진 밑줄 친 부분을 올바른 영순으로 말해보세요.
☞ 2. 다음의 주어진 밑줄 친 부분을 올바른 영순으로 써 보세요.
<영순문장과 뜻 아래에 참조>

1. <u>saw yesterday your father I</u>
2. <u>see didn't your father yesterday I</u>
3. <u>My brother to church last Sunday with me went</u>
4. <u>My brother to church last Sunday didn't go with me</u>
5. <u>many American songs sang in my schooldays I</u>
6. <u>I in my schooldays many American songs sing didn't</u>
7. <u>Korea won last Winter olympic games many gold medals</u>
8. <u>win many gold medals Korea didn't last winter Olympic games</u>
9. <u>arrived on time at Incheon Airport The plane</u>
10. <u>on time arrive at Incheon Airport didn't The plane</u>

▶ 영순문장과 뜻

1. I saw your father yesterday. (나는 보았다 너의 아버지를 어제)
2. I didn't see your father yesterday. (나는 보지 못했다 너의 아버지를 어제)
3. My brother went to chuch with me yesterday. (나의 형은 갔다 교회에 나와 함께 지난 일요일에)
4. My brother didn't go to church with me last Sunday. (나의 형은 가지 않았다 교회에 나와 함께 지난 일요일에)
5. I sang many American songs in my schooldays. (나는 불렀다 많은 팝송을 학창시절에)
6. I didn't sing many American songs in my schooldays. (나는 부르지 않았다 많은 팝송을 학창시절에)
7. Korea won many gold medals last winter olympic games. (한국은 획득했다 많은 금메달을 지난 동계 올림픽에서)
8. Korea didn't win many gold medals last winter olympic games. (한국은 획득하지 못했다 많은 금메달을 지난 동계 올림픽에서)
9. The plane arrived at Incheon Airport on time. (비행기가 도착했다 인천공항에 정시에)
10. The plane didn't arrive at Incheon Airport on time. (비행기가 도착하지 않았다 인천공항에 정시에)

STEP IV 영순- 기본문형 익히기 1

☞ 아래의 영어문장을 막고 우리말을 영어로 말해보세요.

1.나는 본다 너의 아버지를 매일	1.I see your father everyday.
2.나는 보았다 너의 아버지를 어제	2.I saw your father yesterday.
3.너의 아버지는 본다 나를 매일	3.Your father sees me everyday.
4.너의 아버지는 보셨다 나를 오늘 아침에	4.Your father saw me this morning.
5.엄마는 간다 교회에	5.Mom goes to church.
6.엄마는 갔다 교회에	6.Mom went to church.
7.그들은 먹는다 아침을	7.They have breakfast.
8.그들은 먹었다 아침을	8.They had breakfast.
9.너의 동생은 먹는다 아침을	9.Your brother has breakfast.
10.너의 동생은 먹었다 아침을	10.Your brother had breakfast.
11.그들은 먹지 않았다 아침식사를	11.They didn't have breakfast early.
12.나는 보았다 너의 아버지를 오늘 아침에	12.I saw your father this morning.
13.나는 보지 못했다 너의 아버지를 오늘 아침에	13.I didn't see your father this morning.
14.엄마는 갔다 쇼핑을 어제	14.Mom went shopping yesterday.
15.엄마는 가지 않았다 쇼핑하러 어제	15.Mom didn't go shopping yesterday.
16.나의 사장님은 만났다 많은 바이어들을 어제	16.My boss met many buyers yesterday.
17.나의 사장님은 만나지 않았다 많은 바이어들을 어제	17.My boss didn't meet many buyers yesterday.
18.우리는 불렀지 많은 미국노래를	18.We sang many American songs.
19.우리는 부르지 않았다 많은 미국노래를	19.We didn't sing many American songs.
20.한국팀은 획득하지 못했다 많은 금메달을	20.Korean Team didn't win many gold medals.

STEP V 영순- 기본문형 더 익히기 2

☞ 아래의 영어문장을 막고 우리말을 영어로 말해보세요.

1. 나는 보았다 너의 아버지를 종로에서 어제 아침에	1. I saw your father on Jongro Street yesterday morning.
2. 나는 보지 못했어 너의 아버지를 종로에서 오늘 아침에	2. I didn't see your father on Jongro Street yesterday morning.
3. 엄마는 갔다 쇼핑하러 아빠와 함께 지난 일요일에	3. Mom went shopping with Dad last Sunday.
4. 엄마는 가지 않았다 쇼핑하러 아빠와 함께 지난 일요일에	4. Mom didn't go shopping with Dad last Sunday.
5. 나의 동생은 일어났어 일찍이 오늘 아침에	5. My brother got up early this morning.
6. 나의 동생은 일어나지 않았다 일찍이 오늘 아침에	6. My brother didn't get up early this morning.
7. 나의 사장님은 만났다 많은 바이어들을 지난주 내내	7. My boss met many buyers all last week.
8. 나의 사장님은 만나지 않았다 많은 바이어들을 지난주 내내	8. My boss didn't meet many buyers all last week.
9. 나는 불렀다 많은 미국노래를 친구들과 함께 고등학교 시절에	9. I sang many American songs with my friends.
10. 나는 부르지 않았다 많은 미국노래를 중학교 시절에	10. I didn't sing many American songs with my friends.
11. 한국은 획득했다 많은 금메달을 지난 동계올림픽에서	11. Korea won many gold medals last winter olympic games.
12. 한국은 획득하지 못했다 많은 금메달을 지난 동계올림픽에서	12. Korea didn't win many gold medals last winter olympic games.
13. 그 비행기가 도착하지 않았다 인천공항에 정시에	13. The plane didn't arrive at Incheon International Airport on time.
14. 나는 있었다 많은 할 일이 회사에서 어제	14. I had many things to do at work yesterday.
15. 나는 없었어 많은 할 일이 회사에서 어제	15. I didn't have many things to do at work yesterday.
16. 아빠는 줬다 많은 꽃을 엄마에게 엄마 생일 때	16. Dad gave many flowers to Mom for her birthday.
17. 아빠는 주지않았다 많은 꽃을 엄마에게 엄마 생일 때	17. Dad didn't give many flowers to Mom for her birthday.

CHAPTER NINETEEN 19

당신은 어제 밤에 그 연속극을 보았습니까?		우리말순서
당신은 봤습니까 그 연속극을	어제 밤에?	영어어순
Did you watch the soap opera	last night?	영순

■ 기본 어휘 Vocabulary · 관용구 Idiom 챙기기

Vocabulary

*soap [soup]비누	*message [mésidʒ]메시지,문자
*opera [ápərə]오페라	*got [gɑt]get의 과거형
*guitar [gitá:r]기타	*enjoy [indʒɔ́i]즐기다
*attend [əténd]참석하다	*hate [heit]미워하다
*wedding [wédiŋ]결혼	*past [pæst]과거
*country [kʌ́ntri]나라,시골	*bank [bæŋk]은행
*use [ju:z]사용하다	*send [send]보내다
*grow [grou]자라다	*grew [gru:]grow의 과거형

Idiom

*in the past :과거에	*arrive in~ :~에 도착하다
*soap opera :(T.V.)연속극	*in the cowntry :시골에
*get together :어울리다,놀다	*see a doctor :병원에 가다
*grow up : 성장하다	

▶ 먼저, 이 Chapter의 핵심내용인 다음의 사항을 참고해 보세요.
▶ 아래의 우리말을 영어로 말하거나 쓸 수 있나요?

1. 당신은 어제 밤에 그 연속극을 보셨나요?.
___

2. 당신의 부모님은 젊으셨을 때 시골에서 살았나요?
___

-네, 사셨습니다.
___

-아니요, 살지 않으셨습니다.
___

3. 한국은 2014년 동계 올림픽에서 많은 금메달을 따지 못했습니다.
___

-네, 그랬어요.
___

-아니요, 그렇지 않았어요.

▶ 위 세 문장의 우리말을 영어로 말하거나 쓸 수 있다면 다음 Chapter로 넘어가도 좋습니다.

▶ 만약, 그렇지 못하면 다음 Page로 넘어가 더 자세한 핵심내용을 익혀보세요.

Too many cooks spoil the broth.
(요리사가 많으면 망친다 국을)

STEP I 영순 - 기본 문형 이해하기

▶ "~입니까?"하고 물어보는 의문문 표현은 그 문장의 동사를 먼저 떠올려야겠죠?
-be동사인가, 일반동사인가?
* be동사(am,are,is,was,were)이면 be동사를 주어 앞으로 쓰고
* 일반동사이면 조동사 Do나, Does를 주어 앞에 쓰면 되죠.

▶▶ 그런데 **과거형 일반동사**인 경우, 의문문 표현은 긍정문의 주어 앞에 조동사 **do**나 **does**의 과거형 **Did**만 쓰세요. 그리고 그 뒤 과거동사는 **동사의 원래형(동사원형)** 으로 바꾸고 의문문 끝에 Question mark **(?)**를 찍으면 끝.

1.

긍정문	당신은 봤습니다 TV연속극을	어제 밤에
	You watched the soap opera	last night.
의문문	당신은 봤습니까 TV연속극을	어제 밤에?
	Did you watch the soap opera	last night? ↗

※ 의문문 끝은 올려 읽으며 Yes나 No로 대답합니다. 의문문의 조동사가 **Did**이면 대답에서도 **did**로. (대답의 **did** 와 **didn't** 는 강하게 발음함)

–	네,	봤습니다.
	Yes,	I did.
–	아니요,	보지 못했습니다.
	No,	I didn't. (=did not)

2.

긍정문	그녀는 참석했다 그의 결혼식에	지난 일요일
	She attended his wedding	last Sunday
의문문	그녀는 참석했나요 그의 결혼식에	지난 일요일?
	Did she attend his wedding	last Sunday?

	네,	그녀는 참석했어요.
-	Yes,	She did.
	아니요,	그녀는 참석하지 않았어요.
-	No,	She didn't.

3.

긍정문	그들은 살았다	시골에서
	They lived	in the country.
의문문	그들은 살았나요	시골에서?
	Did they live	in the country?

	네,	그랬어요.
-	Yes,	They did.
	아니요,	그렇지 않았어요.
-	No,	they didn't

4.

긍정문	탐은 싫어했다 수학을	그의 중학교 시절에
	Tom hated math	in his middle schooldays.
의문문	탐은 싫어했나요 수학을	그의 중학교 시절에?
	Did Tom hate math	in his middle schooldays?

	네,	그랬어요.
-	Yes,	he did.
	아니요,	그렇지 않았어요.
-	No,	he didn't

5.

긍정문	너는 놀았다 너의 친구들과	어제
	You got together with your friends	yesterday.
의문문	너는 놀았니 너의 친구들과	어제?
	Did you get together with your friends	yesterday?

- | 그래, | 놀았어. |
  | Yes, | I did. |

- | 아니, | 놀지 못했어. |
  | No, | I didn't |

6.

긍정문	그는 가졌다 많은 돈을	젊었을 때
	He had much money	when youg.
긍정문	그는 가졌나요 많은 돈을	젊었을 때?
	Did he have much money	when youg?

- | 네, | 그는 많았어요. |
  | Yes, | he did. |

- | 아니요, | 그는 많지 않았어요. |
  | No, | he didn't. |

7.

긍정문	그들은 보았다 많은 가수들을	어제
	They saw many singers	yesterday.
의문문	그들은 보았나요 많은 가수들을	어제?
	Did they see many singers	yesterday?

	네,	봤습니다.
−	Yes,	they did.

	아니요,	못봤어요.
−	No,	they didn't.

8.

긍정문	너는 만났다 의사를	방과후에
	You met a doctor	after school.

의문문	너는 만났니 의사를	방과후에?
	Did you meet a doctor	after school?

	네,	만났어.
−	Yes,	I did.

	아니요,	만나지 못했어요.
−	No,	I didn't

9.

긍정문	당신의 자녀들은 성장했다	시골에서
	Your children grew up	in the country.

의문문	당신의 자녀들은 성장했나요	시골에서?
	Did your children grow up	in the country?

	네,	만났어.
	Yes,	they did.

	아니요,	만나지 못했어요.
	No,	they didn't

STEP Ⅱ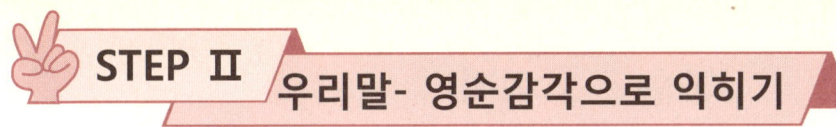

☞ 아래의 영순을 막고 왼쪽 우리말 순서를 오른쪽 영순처럼 소리 내어 말해보세요

우리말 순서	영 순
1.당신은 어제 밤에 그 연속극을 봤나요?	1.당신은 봤나요 그 연속극을 어제 밤에?
2.그녀는 지난 일요일에 혼자서 그의 결혼식에 참석했습니까?	2.그녀는 참석했나요 그의 결혼식에 혼자서 지난 일요일에?
3.그는 애기였을 때 그의 조부모와 함께 시골에서 살았나요?	3.그는 살았나요 그의 조부모와 함께 시골에서 애기였을 때?
4.앨렌은 직장에서 자주 컴퓨터를 사용했나요?	4.앨렌은 사용했나요 컴퓨터를 자주 직장에서?
5.당신은 젊었을 때 기타를 매우 잘 연주했나요?	5.당신은 연주했나요 기타를 매우 잘 젊었을 때?
6.너는 그저께 공원에서 너의 친구들을 만났니?	6.너는 만났니 너의 친구들을 공원에서 그저께?
7.그들은 지난 일요일에 콘서트홀에서 많은 가수들을 보았나요?	7.그들은 보았나요 많은 가수들을 콘서트홀에서 지난 일요일에?
8.그 비행기가 어제 정각에 인천공항에 도착했나요?	8.그 비행기가 도착했나요 인천공항에 정각에 어제?
9.Tom이 어제 운동장에서 그들과 놀았니?	9.Tom이 놀았니 그들과 운동장에서 어제?
10.우리는 과거에 러시아사람들을 엄청 미워했나요?	10.우리는 미워했나요 러시아 사람들을 엄청 과거에?

STEP III   영순 문장 익히기

☞ 1. 다음의 주어진 밑줄 친 부분을 올바른 영순으로 말해보세요.
☞ 2. 다음의 주어진 밑줄 친 부분을 올바른 영순으로 써 보세요.
<영순문장과 뜻은 아래에 참조>

1. you study when young English Did ?
2. attend she last Sunday the wedding Did ?
3. Did live in the country they ?
4. your friends you meet Did yesterday ?
5. on time the plane Did arrive at the Incheon Airport ?
6. much money your parents in past Did have ?
7. see many singers in the concert Did he ?
8. a computer they use Did in the past ?
9. see a doctor you after school Did yesterday ?
10. she send by e-mail messages Did to you ?

▶ 영순문장과 뜻

1. Did you study English when young? (너는 공부했니 영어를 어렸을 때?)
2. Did she attend the wedding last Sunday? (그녀는 참석했니 그 결혼식에 지난 일요일에?)
3. Did they live in the country? (그들은 살았나요 시골에서?)
4. Did you meet your friends yesterday? (넌 만났니 너의 친구들을 어제?)
5. Did the plane arrive in the Incheon Airport on time? (비행기가 도착했나요 인천공항에 정각에?)
6. Did your parents have a lot of money in the past? (당신의 부모님은 가졌나요 많은 돈을 과거에?)
7. Did he see many singers in the concert? (그는 봤나요 많은 가수들을 콘서트장에서?)
8. Did they use a computer in the past? (그들은 사용했나요 컴퓨터를 과거에?)
9. Did you see a doctor after school yesterday? (넌 의사를 만나보았니 방과후에 어제?)
10. Did she send messages to you by e-mail? (그녀는 보냈니 메시지를 너에게 이메일로?)

STEP IV   영순- 기본문형 익히기 1

☞ 아래의 영어문장을 막고 우리말을 영어로 말해보세요.

1. 당신은 봤습니다 TV연속극을	1. You watched the soap opera.
2. 당신은 봤습니까 TV연속극을?	2. Did you watch the soap opera?
-네, 봤습니다	-Yes, I did.
-아니요, 보지 못했습니다	-No, I didn't.
3. 그녀는 참석했다 그의 결혼식에	3. She attended his wedding.
4. 그녀는 참석했나요 그의 결혼식에?	4. Did she attend his wedding?
-네, 참석했어요	-Yes, she did.
-아니요, 참석안했어요	-No, she didn't.
5. 그들은 살았다 시골에서	5. They lived in the country.
6. 그들은 살았나요 시골에서?	6. Did they live in the country?
-네, 살았어요	-Yes, they did.
-아니요, 살지 않았어요	-No, they didn't.
7. 탐은 싫어했다 수학을	7. Tom hated math.
8. 탐은 싫어했나요 수학을?	8. Did Tom hate math?
-네, 그랬어요	-Yes, he did.
-아니요, 그렇지 않았어요	-No, he didn't.
9. 너는 만났다 너의 친구들을	9. You met your friends.
10. 너는 만났니 너의 친구들을?	10. Did you meet your friends?
-그래, 만났어	-Yes, I did.
-아니, 만나지 않았어	-No, I didn't.
11. 그는 가졌다 많은 돈을	11. He had much money.
12. 그는 가졌나요 많은 돈을?	12. Did he have much money?
-네, 가졌죠	-Yes, he did.
-아니요, 가지지 않았어요	-No, he didn't.
13. 그들은 보았다 많은 가수들을	13. They saw many singers.
14. 그들은 보았나요 많은 가수들을?	14. Did they see many singers?
-네, 그들은 봤어요	-Yes, they did.
-아니요, 그들은 보지 못했어요	-No, they didn't.
15. Tom은 만나봤니 의사를?	15. Did Tom see a doctor?
-네, 봤어요	-Yes, he did.
-아니요, 안봤어요	-No, he didn't.

STEP V 영순- 기본문형 더 익히기 2

☞ 아래의 영어문장을 막고 우리말을 영어로 말해보세요.

1. 당신은 봤습니까 그 연속극을 어제 밤에?
   - 네, 봤죠
   - 아니요, 못 봤어요
2. 그녀는 참석했나요 그의 결혼식에 혼자서 지난 일요일날?
   - 네, 그랬어요
   - 아니요, 그렇지 않았어요
3. 그는 살았나요 시골에서 그의 조부모와 함께 애기였을 때?
   - 네, 그랬어요
   - 아니요, 그렇지 않았어요
4. 탐은 싫어했나요 수학을 중학교 시절에?
   - 네, 그랬어요
   - 아니요, 그렇지 않았어요
5. 너는 만났니 너의 친구들을 그 공원에서 그저께?
   - 그래, 만났지
   - 아니, 만나지 않았어
6. 그는 가졌다 많은 돈을 젊었을 때
7. 그는 가졌나요 많은 돈을 젊었을 때?
   - 네, 그랬어요
   - 아니요, 그렇지 못했어요
8. 그들은 보았나요 많은 가수들을 그 콘서트홀에서 지난 일요일에?
   - 네, 그들은 봤습니다
   - 아니요, 보지 못했어요
9. 당신의 사장님은 만났나요 많은 바이어들을 지난주에?
   - 네, 만났습니다
   - 아니요, 만나지 않았습니다

1. Did you watch the soap opera last night?
   - Yes, I did.
   - No, I didn't.
2. Did she attend his wedding alone last Sunday?
   - Yes, she did.
   - No, she didn't.
3. Did he live in the country with his grandparents when a baby?
   - Yes, he did.
   - No, he didn't.
4. Did Tom hate math in his middle schooldays?
   - Yes, he did.
   - No, he didn't.
5. Did you meet your friends in the park the day before yesterday?
   - Yes, I did.
   - No, I didn't.
6. He had a lot of money when young.
7. Did he have a lot of money when young?
   - Yes, he did.
   - No, he didn't.
8. Did they see many singers in the concert hall last Sunday?
   - Yes, they did.
   - No, they didn't.
9. Did your boss meet many buyers last week?
   - Yes, he did.
   - No, he didn't.

10. 한국은 획득했나요 많은 금메달을 지난 동계 올림픽에서?
-네, 많이 획득했습니다
-아니요, 획득하지 못했습니다

11. 그 비행기가 도착했나요 인천공항에 정각에 어제?
-네, 했어요
-아니오, 그러지 못했어요

12. 그녀가 보냈나요 메시지를 당신에게 e-메일로 어제?
-네, 보냈어요
-아니오, 보내지 않았어요

13. 당신의 자녀들은 잘 어울렸나요 친구들과 어렸을 때?
-네, 잘 놀았어요
-아니오, 잘 어울리지 못했어요

14. 우리는 어울렸다(놀았다) 친구들과 그의 생일파티에서 지난 일요일날

15. 너는 어울렸니(놀았니) 너의 친구들과 그의 생일파티에서 지난 일요일날?
-그래, 놀았어
-아니, 놀지않았어

16. 그들은 성장했나요 시골에서 어렸을 때
-네, 그랬어요
-아니오, 그렇지 않았어요

17. 당신의 부모님은 참석했나요 그의 결혼식에 지난 일요일?
-네, 하셨어요
-아니오, 안 하셨어요

10. Did Korea win many gold medals last Winter Games?
-Yes, it did.
-No, it didn't.

11. Did the plane arrive at Incheon Airport on time yesterday?
-Yes, it did.
-No, it didn't.

12. Did she send a meesage to you by e-mail yesterday?
-Yes, she did.
-No, she didn't.

13. Did your children get together with their friends when young?
-Yes, they did.
-No, they didn't.

14. We got together with our friends at his birthday party last Sunday.

15. Did you get together with your friends at his birthday party last Sunday?
-Yes, I did.
-No, I didn't.

16. Did they grow up in the country when young?
-Yes, they did.
-No, they didn't.

17. Did your parents attend his wedding last Sunday?
-Yes, they did.
-No, they didn't.

네 개의 단어로 통하는 간단 회화 12

16. He has a big head. (그는 우쭐해 해요.)

17. She stood me up. (그녀가 날 바람 맞혔어.)

18. She's a picky eater. (그녀는 식성이 까다롭다.)

19. He'll make a name. (그는 이름을 떨칠거야)

20. Please take out onions. (빼주세요. 양파를)

21. He drives me crazy. (그는 날 미치게 해.)

22. I'm being bullied. (나 왕따 당하고 있어요.)

23. Get to the point. (본론으로 들어갑시다.)

24. Get off my back. (날 괴롭히지 말아요.)

25. Mind your own business. (남의 일에 참견 말아요.)

26. Stay out of it. (그 일에 참견 마세요.)

27. Give it a shot. (이거 한번 발라보세요.)

28. If you ask me. (내 의견으로는)

39. Go to the hell. (꺼져!)

40. You are teasing me? (나 놀리는 거야?)

CHAPTER TWENTY 20

당신은 지난 주말에 무엇을 했습니까?		우리말순서
무엇을 당신은 했습니까	지난 주말에?	영어어순
What did you do	last weekend?	영순

■ 기본 어휘 Vocabulary · 관용구 Idiom 챙기기

Vocabulary

*noodle [núːdl]국수	*keep [kiːp]지니다, 가지고 다니다
*recommend [rikəménd]추천하다	*novel [návl]소설
*retire [ritáiər]은퇴하다	*discuss [diskʌ́s]토론하다
*lose [luːz]잃다	*product [prádʌkt]제품
*leave [liːv]떠나다,남기다	*export [ékspɔːrt]수출
*overwork [óuvərwəːrk]과로하다	*earn [əːrn]벌다
*lottery [látəri]복권	*borrow [bárou]빌리다
*raise [reiz]올리다,기르다	*lend [lend]빌려주다
*army [áːrmi]군대,육군	*serve [səːrv]봉사하다
*pig [pig]돼지	*jail [dʒeil]형무소

Idiom

*tell the truth :사실대로 말하다	*run away :도망가다
*graduate from~ :~를 졸업하다	*lose weight :살을 빼다
*fail in~ :~에 실패하다	*find out- :찾아내다, 알아내다
*get married :결혼식을 올리다	*serve in the army :군복무하다
*grow up :성장하다	*turn to the right :우회전 하다
*go away :도망가다	*the Lost and Found :분실물센터

203

▶ 먼저, 이 Chapter의 핵심내용인 다음의 사항을 참고해 보세요.
▶ 아래의 우리말을 영어로 말하거나 쓸 수 있나요?

1. 너는 어렸을 때 누구를 가장 존경했니?

   -나는 세종대왕을 가장 존경했어.

2. 그 웨이터는 어느것을 추천했니, 돈가스와 비후가스중에?

   -그는 비후가스를 추천했어.

3. 그는 그때 은행에서 얼마나 많은 돈을 대출했니?

   -그는 1000만원을 대출했어.

▶ 위 세 문장의 우리말을 영어로 말하거나 쓸 수 있다면
다음 Chapter로 넘어가도 좋습니다.

▶ 만약, 그렇지 못하면 다음 Page로 넘어가 더 자세한
핵심내용을 익혀보세요.

Well begun is half done.
(시작이 좋으면 이미 반을 이룬것이다)

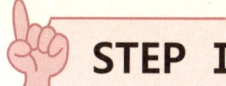

STEP I 영순 - 기본 문형 이해하기

▶ 질문하는 문장—즉 의문문의 어순을 앞에서 여러 차례 익혔습니다.
Yes나 No 대답을 요구하는 단순 의문문 표현은?
① be동사(am,are,is,was,were)구문이면 be동사를 주어앞에 둔다.
② 일반동사이면 주어앞에 조동사 Do,Does,Did를 두고 그 뒤 동사는 원형을 쓰면 Yes, No의 대답을 요구하는 의문문이 되죠.

▶▶ 더 **구체적인 사항(장소,시간,방법,이유...)을 알고싶은 의문문**은 해당 **의문사를 의문문 첫머리에 두고 시제에 유의하면서 의문문작성**요령을 연습과 훈련으로 반복하여야 자연스러운 의문문이 됩니다.(이 chapter는 다양한 과거형의문문과 대답훈련이므로 자세하게 다룹니다. 서둘지 말고 천천히 즐기면서 이해해 나가는 것이 중요합니다.)

1. Who

의문문				대답	
Who (누구)	did	you he she They Mr. Park Mr. and Mrs. Park Judy	**meet**? **talk** with? **like** most? **hate** most? **respect**?	I He She They	**met** Miss Lee. **talked** with Mr. Kim. **liked** Mr. Park. **hated** Kim Illsung. (증오했다 김일성을) **respected** King Sejong. (존경했다 세종대왕을)
주어와 동사를 교체하여 질문해본다				주어와 동사를 교체하여 대답해본다	

*meet-met

2. What

의문문				대답	
What (무엇)	did	you he she They Mr. Park Mr. and Mrs. Park Judy	**do** yesterday?	I He She They	**did** shopping. (쇼핑했다) **did** yoga. (요가했다) **washed** the car. (세차했다) **went** hiking. (등산갔다) **went** fishing. (낚시갔다)
			eat for lunch?		**ate** bulgogi. (불고기) noodle. (국수) rice and Kimchi. (밥과김치) hambugers. (햄버거)
			study last Sunday?		**studied** English. (영어) math. (수학) science. (과학) history. (역사) music. (음악)
주어와 동사를 교체하여 질문해본다				주어와 동사를 교체하여 대답해본다	

*do(does)-did   *go-went   *eat-ate

3. Which(one) / Which way

의문문				대답	
Which one (어느것)	did	you he she They Mr. Park Mr. and Mrs. Park Judy	**choose**? (선택했니?)	I He She They	**chose** a big one. (큰 것) a small one. (작은 것) a cheap one. (싼 것)
			recommend? (추천했니?)		**recommended** bulgogi. (불고기) steak. (스테이크) noodle. (국수) beef cutlet. (비후가스)
Which way (어느쪽)			**turn**? (돌았니?)		**turned** to the right. (오른쪽) left. (왼쪽) u-turn. (유턴)
주어와 동사를 교체하여 질문해본다				주어 와 동사를 교체하여 대답해본다	

*choose-chose

4. When

의문문				대답	
When (언제)	did	you he she They Mr. Park Mr. and Mrs. Park Judy	**retire**? (은퇴했니?)	I He She They	**retired** last year.
			graduate from the university? (졸업했니 대학을?)		**graduated** in 1995.
			begin the business? (시작했니 사업을?)		**began** it two years ago.
			get married? (결혼했니?)		**got married** last month.
주어와 동사를 교체하여 질문해본다				주어와 동사를 교체하여 대답해본다	

*begin-began, get-got

5. Where

의문문				대답	
Where (어디에)	did	you he she They Mr. Park Mr. and Mrs. Park Judy	**lose** your wallet? (잃었니 지갑을?)	I He She They	**lost** it in the subway. (그것을 잃었어 지하철에서)
			leave your key? (두었니 열쇠를?)		**left** it in the office. (그것을 두었어 사무실에서)
			grow up when young? (성장했니 어렸을 때?)		**grew up** in Daejeon. (성장했어 대전에서)
주어와 동사를 교체하여 질문해본다				주어와 동사를 교체하여 대답해본다	

*lose-lost *leave-left *grow-grew

6. Why

(※ 의문사 Why로 시작하는 의문문의 대답은 **Because**+주어+동사로 대답)

의문문				대답		
Why (왜)	did	you he she They Mr. Park Mr. and Mrs. Park Judy	**look** so tired? (그렇게 피곤해보였니?)	**Because**	I he she they	**overworked** through the night. (과로했어 밤새도록)
			go away from the police? (도망쳤니 경찰로부터?)			**didn't** want to go to jail. (형무소에 가고싶지 않았다)
			fail in the exam? (실패했니 시험에?)			**didn't** study hard.
주어와 동사를 교체하여 질문해본다				주어와 동사를 교체하여 질문해본다		

*go-went

7. How

의문문				대답		
How (어떻게)	did	you he she they	**know** the secret? (알았니 그 비밀을?)c	I He She They		**told** me the truth. (사실대로 말했어)
			pass the exam? (합격했니 그 시험에?)			**did** my(his, her, their) best all the time. (최선을 다했어 항상)
			win the lottery? (당첨됐니 복권에?)			**was(were)** very lucky. (매우 운수좋았어)
주어와 동사를 교체하여 질문해본다				주어와 동사를 교체하여 대답해본다		

*win-won *tel-told *know-knew

8. How long

의문문				대답	
How long (얼마나오래)	did	you he she they	**stay** there? (머물렀니 거기서?)	I He She They	**stayed** for a week.
			plant trees? (심었니 나무를?)		**planted** them for five hours.
			wash the car? (세차했니?)		**washed** it for an hour.
주어와 동사를 교체하여 질문해본다				주어와 동사를 교체하여 대답해본다	

9. How many+복수명사(수)

의문문				대답	
How many (얼마나많은) books (책을)	did	you he she they	**read**? (읽었니?)	I He She They	**read** five books.
			buy? (샀니?)		**bought** two books.
			borrow? (빌렸니?)		**borrowed** ten books.
주어와 동사를 교체하여 질문해본다				주어 와 동사를 교체하여 대답해본다	

*read[ri:d]-read[red]   *buy-bought

10. How much+단수명사(양)

의문문				대답	
How much (얼마나많은) money (돈을)	did	you he she they	earn? (벌었니?)	I He She They	earned one million dollars. (벌었다 백만달러를)
			borrow? (빌렸니?)		borrowed one million won. (빌렸다 백만원을)
			lose? (잃었니?)		lost ten thousand dollars. (잃었다 만달러를)
주어와 동사를 교체하여 질문해본다				주어와 동사를 교체하여 대답해본다	

*lose-lost *lend-lent *drink-drank

 **KONGLISH VS. ENGLISH**
(콩그리쉬) vs. (잉글리쉬)

그녀는 요리를 잘해요	She cooks well.
	She's good at cooking.
한 시간 안에 돌아올게	I'll be back in an hour.
	I'll be back within an hour.
먼저, 건강이 최고예요.	First, health is best.
	First, health is everything.
많이 파세요	Sell many things.
	Have a nice day!
당신 먼저 하시죠.	You first.
	After you = Go ahead.

<불규칙 동사표>

자주 쓰이는 아래의 기본 불규칙 동사들을 먼저 익혀봅시다.

원형	현재형(뜻)	과거형	원형	현재형(뜻)	과거형
begin	begin(시작하다) begins	began	keep	keep(유지하다) keeps	kept
buy	buy(사다) buys	bought	know	know(알다) knows	knew
choose	choose(선택하다) chooses	chose	lend	lend(빌려주다) lends	lent
drink	drink(마시다) drinks	drank	lose	lose(잃다) loses	lost
do	do(하다) does	did	meet	meet(만나다) meets	met
eat	eat(먹다) eats	ate	read [ri:d]	read(읽다) reads	read[red]
find	find(발견하다) finds	found	leave	leave(떠나다) leaves	left
get	get(얻다) gets	got	run	run(달리다) runs	ran
go	go(가다) goes	went	see	see(보다) sees	saw
give	give(주다) gives	gave	take	take(가지다) takes	took
grow	grow(자라다) grows	grew	tell	tell(말하다) tells	told
have	have(가지다) has	had	win	win(이기다) wins	won

STEP Ⅱ 우리말- 영순감각으로 익히기

☞ 아래의 영순을 막고 왼쪽 우리말 순서를 오른쪽 영순처럼 소리 내어 말해보세요

우리말 순서	영 순
1.너는 중국에서 누구를 만났니? -난 Mr.Lee를 만났어	1.누구를 너는 만났니 중국에서? -난 만났어 Mr.Lee
2,너는 어렸을 때 누구를 가장 존경했니? -난 세종대왕을 가장 존경했어	2.누구를 너는 존경했니 가장 어렸을 때? -난 존경했어 세종대왕을 가장
3.그는 지난 일요일에 아빠와 무엇을 했니 -그는 낚시갔어	3.무엇을 그는 했니 아빠와 지난 일요일에? -그는 갔어 낚시를
4.Tom과 Judy는 작년 언제 결혼식을 올렸니? -그들은 12월에 결혼식을 올렸어	4.언제 Tom과 Judy는 결혼식을 올렸니 작년에? -그들은 결혼식을 올렸어 12월에
5.너는 어디서 너의 휴대폰을 찾았니? -나는 분실물 센터에서 그것을 찾았어	5.어디서 너는 찾았니 너의 휴대폰을? -나는 찾았어 그것을 분실물 센터에서
6.Mr Jung은 왜 작년에 그의 고향으로 이사했니? -그는 은퇴했기 때문이야	6.왜 Mr. Jung은 이사했니 그의 고향으로 작년에? -왜냐면 그는 은퇴했기 때문이야
7.그들은 어떻게 지난 일요일날 그 비밀을 알아냈지? -Mr. Park이 그들에게 사실을 말했어	7.어떻게 그들은 알아냈지 그 비밀을 지난 일요일날? -Mr Park이 말했어 사실을 그들에게
8.너의 형은 얼마나 오랫동안 군복무를 했니? -그는 3년동안 복무했어	8.얼마나 오랫동안 너의 형은 군복무를 했니? -그는 복무했어 3년동안
9.너는 너의 지갑속에 몇가지의 신분증을 넣고 다녔니? -난 5가지를 넣고 다녔어	9.몇가지의 신분증을 너는 넣고 다녔니 너의 지갑속에? -난 넣고 다녔어 5가지를
10.그는 그때 은행에서 얼마의 돈을 대출했니? -그는 1000만원을 대출했어	10.얼마의 돈을 그는 대출했니 은행에서 그때? -그는 대출했어 1000만원을

STEP Ⅲ 영순 문장 익히기

☞ 1. 다음의 주어진 밑줄 친 부분을 올바른 영순으로 말해보세요.
☞ 2. 다음의 주어진 밑줄 친 부분을 올바른 영순으로 써 보세요.
<영순문장과 뜻 아래에 참조>

1. do you did yesterday what?
2. did respect he who most?
3. Mr.Park recommend did which one?
4. they which way turn did?
5. she did the university graduate from when?
6. Mr. and Mrs.Smith grow up did where when young?
7. did Judy the exam fail in why?
8. she hard study didn't Because
9. know did Mr. Kim How the secret?
10. did Mr. Yoon in China How long stay?

▶ 영순문장과 뜻

1. What did you do yesterday? (무엇을 너는 했니 어제?)
2. Who did he respect most? (누구를 그는 존경했나요 가장?)
3. Which one did Mr. Park recommend? (어느것을 Mr. Park는 추천했나요?)
4. Which may did they turn? (어느쪽으로 그들은 돌았나요?)
5. When did she graduate from the university? (언제 그녀는 졸업했나요 대학을?)
6. Where did Mr. and Mrs. Smith grow up when young? (어디에서 스미스씨 부부는 성장했나요 어렸을 때?)
7. Why did Judy fail in the exam? (왜 쥬디는 실패했나요 그 시험에?)
8. Because she didn't study hard. (왜냐면 그녀는 공부하지 않았기 때문이죠 열심히)
9. How did Mr. Kim know the secret? (어떻게 Mr. Kim은 알았나요 그 비밀을?)
10. How long did Mr. Yoon stay in China? (얼마나 오래 Mr. Yoon은 머물렀나요 중국에서?)

도미노 영순 영어 | 213

STEP IV   영순- 기본문형 익히기 1

☞ 아래의 영어문장을 막고 우리말을 영어로 말해보세요.

1. 누구를 너는 만났니?	1. Who did you meet?
-나는 만났어 Miss Lee를	-I met Miss Lee.
2. 누구를 그녀는 좋아했니?	2. Who did she like?
-그녀는 좋아했어 장동건을	-She liked Jang Dong-gun.
3. 누구를 그는 존경했니?	3. Who did he respect?
-그는 존경했어 세종대왕을	-He respected King Sejong.
4. 무엇을 너는 했니 어제?	4. What did you do yesterday?
-나는 세차했어	-I washed the car.
5. 무엇을 Mr. Park은 먹었니?	5. What did Mr. Park eat?
-그는 먹었어 불고기를	-He ate bulgogi.
6. 무엇을 James는 공부했니?	6. What did James study?
-그는 공부했어 역사를	-He studied history.
7. 어느것을 그들은 골랐니?	7. Which one did they choose?
-그들은 골랐어 싼 것을	-They chose the cheap one.
8. 어느 것을 박씨는 추천했니?	8. Which one did Mr. Park recommend?
-그는 추천했어 스테이크를	-He recommended steak.
9. 어느 쪽으로 그는 돌았니?	9. Which way did he turn?
-그는 돌았어 왼쪽으로	-He turned to the left.
10. 언제 너는 시작했니 그 사업을?	10. When did you begin the business?
-난 시작했어 작년에	-I began it last year.
11. 언제 그녀는 결혼했니?	11. When did she get married?
-그녀는 결혼했어 지난 달에	-She got married last month.
12. 언제 Mr. Park은 은퇴했니?	12. When did Mr. Park retire?
-그는 은퇴했어 2년전에	-He retired two years ago.
13. 어디서 너는 잃었니 너의 지갑을?	13. Where did you lose your wallet?
-나는 잃었어 그것을 지하철에서	-I lost it in the subway.
14. 어디서 그는 두었니 그의 열쇠를	14. Where did he leave his key?
-그는 두었어 그것을 사무실에	-He left it in the office.
15. 어디서 그들은 성장했니?	15. Where did they grow up?
-그들은 성장했어 서울에서	-They grew up in Seoul.

16.왜 너는 보였니 피곤하게?	16. Why did you look tired?
-왜냐면 나는 과로했기 때문이야	-Because I overworked.
17.왜 Tom은 실패했니 그 시험에?	17. Why did Tom fail in the exam?
-왜냐면 그가 공부하지 않았기 때문이야 열심히	-Because he didn't study hard.
18.왜 그들은 도망갔니	18. Why did they run away?
-왜냐면 그들은 봤기때문이야 경찰들을	-Because they saw the police officers.
19.어떻게 너는 알았니 그 비밀을?	19. How did you know the secret?
-그가 말했어 나에게 사실을	-He told me the truth.
20.어떻게 그녀는 합격했지 그 시험에?	20. How did she pass the exam?
-그녀는 공부했지 매우 열심히	-She studied very hard.
21.얼마나 오래 너는 머물렀니?	21. How long did you stay?
-나는 머물렀지 일주일동안	-I stayed for a week.
22.얼마나 오래 그는 세차했니?	22. How long did he wash the car?
-그는 세차했어 30분동안	-He washed it for thirty minutes.
23.얼마나 많은 책을 그는 샀니?	23. How many books did he buy?
-그는 샀어 5권을	-He bought five books.
24.얼마나 많은 소설을 그녀는 읽었니?	24. How many novels did she read?
-그녀는 읽었어 10권을	-She read ten novels.
25.얼마나 많은 돈을 그들은 잃었니?	25. How much money did they lose?
-그들은 100만원을 잃었어	-They lost one million won.

 **KONGLISH VS. ENGLISH**

(콩그리쉬) vs. (잉글리쉬)

나는 매일 아침 신문을 봅니다	I see the newspaper every morning.
	I read the newspaper every morning.
나의 자동차가 펑크났어	My car is funk.
	I've got a flat tire.
한번 봐주세요	Look at me once.
	Give me a chance.

STEP V   영순- 기본문형 더 익히기 2

☞ 아래의 영어문장을 막고 우리말을 영어로 말해보세요.

1. 누구를 너는 만났니 종로에서 어제?
   - 나는 만났어 Mr. Lee를
2. 누구와 그는 얘기했니 회사에서 점심식사후에?
   - 그는 얘기했어 사장님과
3. 누구를 그들은 존경했니 가장 어렸을 때?
   - 그들은 존경했어 세종대왕을 가장
4. 무엇을 너는 했니 너의 아빠와 지난 일요일에?
   - 나는 낚시갔어
5. 무엇을 그녀는 먹었니 그 생일 파티에서 그저께?
   - 그녀는 먹었어 스테이크와 여러 가지 과일을
6. 무엇에 대해 그들은 토론했니 그 회의에서 어제밤에?
   - 그들은 토론했어 제품 수출에 대해
7. 어느것을 그 웨이터는 추천했니 돼지고기와 쇠고기 중에?
   - 그는 추천했어 돼지고기를
8. 어느쪽으로 그는 돌렸니 그의 차를 그때?
   - 그는 돌렸어 오른쪽으로
9. 언제 Tom과 Judy는 결혼식을 올렸니 올해?
   - 그들은 했어 10월에
10. 언제 Brian은 졸업했지 대학교를?
    - 그는 졸업했어 10년전에
11. 언제 Jennifer는 결혼했니 Brian과?
    - 그녀는 결혼했어 그와 3년전에
12. 어디서 너는 찾았니 너의 핸드폰을?
    - 나는 찾았어 그것을 분실물 센터에서

1. Who dd you meet on Jongro Street yesterday?
   - I met Mr. Lee.
2. Who did he talk with at work after lunch?
   - He talked with his boss.
3. Who did they respect most when young?
   - They respected King Sejong most.
4. What did you do with your father last Sunday?
   - I went fishing.
5. What did she eat at his birthday party the day before yesterday?
   - She ate steak and many kinds of fruits.
6. What did they discuss at the meeting last night?
   - They discussed the export of the products.
7. Which one did the waiter recommend, pork or beef?
   - He recommended pork.
8. Which way did he turn his car at that time?
   - He turned it to the right.
9. When did Tom and Judy get married this year?
   - They got married in October.
10. When did Brain graduate from the university?
    - He graduated ten years ago.
11. When did Jennifer get married to Brian?
    - She got married to him three years ago.
12. Where did you find out your cellphone?
    - I found it out at the Lost and Found.

13. 어디서 당신의 남편은 성장했나요 어렸을 때? -그는 성장했어요 안동시, 경상북도에서
14. 왜 Mr. Jung은 이사갔니 그의 고향으로 작년에? -왜냐하면 그는 은퇴했기 때문이야
15. 왜 그녀는 살을 뺐니 그때?
    -왜냐하면 그녀는 결혼할 예정이었어
16. 왜 그들은 도망갔니 갑자기 그때?
    -왜냐면 그들이 발견했어 경찰을
17. 어떻게 James는 회사에 다녔니 매일?
    -그는 지하철 탔어요
18. 어떻게 그들은 알았니 그 비밀을 지난 수요일날?
-Mr. Smith가 말했어 그 사실을 그들에게 그때
19. 얼마나 오래 너는 공부했니 영어를?
    -나는 공부했어 그것을 10년동안 나의 학창시절에
20. 얼마나 오래 너의 형은 군복무를 했니?
    -그는 복무했어 3년동안
21. 몇권의 책을 Tom은 빌렸니 도서관에서?
    -그는 빌렸어 5권을
22. 몇마리의 돼지를 너의 삼촌은 길렀니 그때?
    -그는 길렀어 약 500마리를
23. 몇 가지 종류의 신분증을 너는 가지고 다녔니 너의 지갑속에?
    -나는 지녔어 3가지
24. 얼마나 많은 물을 너는 마시니 하루에?
    -나는 마셔 4~5잔
25. 얼마의 돈을 그는 빌려주었니 너에게 작년에?
    -그는 빌려주었어 나에게 1000만원을

13. Where did your husband grow up when young?
    -He grew up in Andong city, North Gyeoungsangdo province.
14. Why did Mr. Jung move to his hometown last year? -Because he retired.
15. Why did she lose weight at that time?
    -Because she was going to get married.
16. Why did they run away suddenly at that time?
    -Because they saw the police officer.
17. How did James go to work everyday?
    -He took the subway.
18. How did they find out the secret. last Wednesday?
    -Mr. Smith told the truth to them at that time.
19. How long did you study English?
    -I studied it for ten years in my schooldays
20. How long did your brother serve the army?
    -He served it for three years.
21. How many books did Tom borrow in the library?
    -He borrowed five books.
22. How many pigs did your uncle raise at that time?
    -He raised about five hundred pigs.
23. How many kinds of ID cards did you keep in your wallet? -I kept three kinds.
24. How much water do you drink a day?
    -I drink four or five glasses.
25. How much money did he lend you last year?
    -He lent me ten million won.

네 개의 단어로 통하는 간단 회화 13

41. Give me a hand. (나 좀 도와줘.)
42. Give me a ride. (나 좀 태워줘.)
43. Give me a break. (한번 봐 주세요.)
44. Give him big hands. (보냅시다 그에게 큰 박수를)
45. Give it a try. (한번 시도해봐.)
46. Don't call me names. (욕하지 마세요 저에게)
47. Don't get me wrong. (날 오해하지 마.)
48. Keep your chin up. (낙담하지 마.)
49. Let's wait and see. (기다려보자.)
50. Let's just face it. (인정할건 인정하자.)
51. Let's take turns driving. (우리 번갈아 운전하자.)
52. Mind if I smoke? (담배 좀 피우면 안되겠죠?)
    - Yes. (네, 안됩니다.)
    - No. (괜찮아요. 피우세요.)
53. Long time no see. (오랜만이군)
54. Long time no talk. (오랜동안 통화 못했군)
55. What a small world! (세상 참 좁네!)
56. Go to the hell! (꺼져!)
57. Hit me up tomorrow. (나에게 연락줘 내일)
58. It doesn't fit me. (그거 내게 맞지 않아.)
59. Let's call it day. (이것으로 끝내자 오늘)

CHAPTER TWENTY-ONE 21

당신은 곧 영어를 잘 말하게 될 거예요			우리말순서
당신은 말하게 될 거예요 영어를	잘	곧	영어어순
You'll speak English	well	soon	영순

■ 기본 어휘 Vocabulary · 관용구 Idiom 챙기기

Vocabulary

*win [win] 이기다, 획득하다	*retire [ritáiər] 은퇴하다
*grand [grænd] 거대한	*prize [prɑiz] 상
*business trip : 출장여행	*fluently [flúentli] 유창하게
*rain [rein] 비내리다	*fur [fʌːr] 모피
*speech [spiːtʃ] 연설, 웅변	*exam [izǽm] 시험

Idiom

*get married : 결혼식을 올리다	*get married to~ : ~와 결혼하다
*make money : 돈벌다	*is late for~ : ~에 늦다
*be back home : 집에 돌아오다	*go out with~ : ~와 데이트하다
*for her birthday : 그녀 생일 때	*at the end of~ : ~의 끝에
*in the future : 미래에	*in the near future : 가까운 미래에
*be back : 돌아오다	*all over the country : 전국적으로
*at the end of this year : 올 연말에	*grand prize : 대상
*speech contest : 웅변대회	*at least : 적어도

▶ 먼저, 이 Chapter의 핵심내용인 다음의 사항을 참고해 보세요.
▶ 아래의 우리말을 영어로 말하거나 쓸 수 있나요?

1. 그녀는 다음 봄에 그와 결혼할 거야.

2. 나의 사장님은 내일 회의에 늦으실 거야.

3. 여기 서울은 내일 아침에 바람이 불고 흐릴 거야

▶ 위 세 문장의 우리말을 영어로 말하거나 쓸 수 있다면 다음 Chapter로 넘어가도 좋습니다.

▶ 만약, 그렇지 못하면 다음 Page로 넘어가 더 자세한 핵심내용을 익혀보세요.

Do in Rome as Romans do.
(로마에선 로마법을 따르라)

STEP I 영순 - 기본 문형 이해하기

▶ 모든 문장에는 시제(때)를 나타내야 하는데, 그 시제는 동사에서 나타냅니다.
  - 동사에서 표현하는 현재형, 과거형시제를 앞 단원에서 배웠습니다.

1.
| 그는 말한다 영어를 | 잘 | |
| He speaks English | well. | (현재형) |

2.
| 그는 말했다 영어를 | 잘 | |
| He spoke English | well. | (과거형) |

▶▶ 미래에 일어날 일을 짐작하거나 추측할 때는 **미래형동사**를 써야 합니다.
  -미래형은 동사 앞에 조동사 **will**을 쓰면 "**~하게 될 거야**"처럼 미래형이 되고, 조동사 will 뒤엔 항상 **동사의 원형**을 써야죠.

영순1

1.
ⓐ | 나는 행복하다 |
   | I'm happy. | (현재형)

ⓑ | 나는 행복해질거야 |
   | I will be happy | (과거형)

2.
ⓐ | 그는 가지고 있다 많은 돈을 |
   | He has a lot of money. | (현재형)

ⓑ | 그는 가지게 될거야 많은 돈을 |
   | He will have a lot of money. | (과거형)

3.

ⓐ 한국 팀은 딴다 많은 금메달을
Korean team wins many gold medals. (현재형)

ⓑ 한국 팀은 딸 거야 많은 금메달을
Korean team will win many gold medals. (과거형)

⏩ 미래형은 동사 앞에 **조동사 will**을 쓰지만 말할 땐 주로 **주어+will**의 줄임말로 합니다.

인칭	단수/복수	주어+will	줄임말(발음)	뜻
1	단수	I will	I'll (아이을)	나는 -하겠다
	복수	We will	We'll (위을)	우리는 -하게 될 거야
2	단수	You will	You'll (유을)	당신은 -하게 될 거야
	복수	You will	You'll (유을)	당신들은 -하게 될 거야
3	단수	He will	He'll (히을)	그는 ~하게 될 거야
		She will	She'll (쉬을)	그녀는 ~하게 될 거야
		It will	It'll (이를)	그것은 ~하게 될 거야
	복수	They will	They'll (데이을)	그들은 ~하게 될 거야

영순2

1.

나는 될 거야 영어선생님 / 장래에
I'll be an English teacher in the future.

2.

우리는 이사할 거야 미국으로 / 내년에
We'll move to America next year.

3.

그는 살 거야 새 차를	다음 봄에
He'll buy a new car	next spring.

4.

그녀는 결혼할 거야	이번 일요일에
She'll get married	this Sunday.

5.

비가 올 거야 많이	내일 아침에
It'll rain much	tomorrow morning.

6.

그들은 딸 거야 많은 금메달을	다음번에
They'll win many gold medals	next time.

▶▶ 미래동사는 문장 뒤에 **미래부사**와 함께 잘 쓰이므로 다음의 미래부사들도 익혀두면 좋겠네요.

<미래부사들>
*tomorrow (내일)
*tomorrow morning (내일 아침에)
*the day after tomorrow (모레)
*this evening (오늘 저녁에)
*tonight (오늘 밤에)
*this Sunday (이번 일요일에)
*this weekend (이번 주말에)
*next month (다음 달에)
*next year (내년에)
*next time (다음번에)
*in the future (미래에, 장래에)
*in two hours (두 시간 후에)
*in two years (2년 후에)

▶▶ 주어가 인칭대명사(I, We, You, She, It, They)일 때는 will과 주로 줄여 말하지만, 주어가 명사일 때는 대체적으로 줄이지 말고 그냥 will을 씁니다.

1.
| 나의 사장님은 늦을 것이다 | 내일 아침에 |
| **My boss will** be late | tomorrow morning. |

2.
| 나의 남편은 벌 것이다 많은 돈을 | 내년에 |
| **My husband will** make a lot of money | next year. |

3.
| 김연아는 결혼할거야 멋진 친구와 | 곧 |
| **Kim Yuna will** marry a handsome guy | soon. |

4.
| 한국 팀은 딸 거야 많은 금메달을 | 다음에 |
| **Korean Team will** win many gold medals | next time. |

5.
| 오바마 대통령은 방문할 거야 한국을 | 한번 더 |
| **President Obama will** visit Korea | one more time. |

6.
| 그 가수는 탈 거야 대상을 | 올해 |
| **The singer will** win the grand prize | this year. |

7.
| 아빠가 은퇴할 거야 | 내년에 |
| **Dad will** retire | next year. |

STEP Ⅱ 우리말- 영순감각으로 익히기

☞ 아래의 영순을 막고 왼쪽 우리말 순서를 오른쪽 영순처럼   소리 내어 말해보세요

우리말 순서	영 순
1.그녀는 이번 일요일에 그와 결혼할거야	1.그녀는 결혼할거야 그와 이번 일요일에
2.나의 사장님은 내일 회의에 늦을거야	2.나의 사장님은 늦을 거야 회의에 내일
3.그들은 다음 올림픽에서 많은 금메달을 딸 거야	3.그들은 딸 거야 많은 금메달을 다음 올림픽에서
4.아빠는 일주일 후에 집에 돌아오실 거야	4.아빠는 돌아오실 거야 집에 일주일 후에
5.그 가수는 12월에 대상을 탈거야	5.그 가수는 탈거야 대상을 12월에
6.나는 이번 토요일에 Ellen과 한강에서 데이트할거야	6.나는 데이트 할거야 Ellen과 한강에서 이번 토요일에
7.엄마는 이번 봄에 앞뜰에다가 꽃과 채소를 심을거야	7.엄마는 심을거야 꽃과 채소를 앞뜰에다가 이번 봄에
8.아빠는 엄마생일 때 엄마에게 목걸이를 사주실거야	8.아빠는 사주실거야 목걸이를 엄마에게 엄마생일 때
9. 나는 아빠와 이번 일요일에 낚시 갈거야	9. 나는 갈거야 낚시 아빠와 함께 이번 일요일에
10. 철수는 내년 대입수능시험에 반드시 합격할 거야	10. 철수는 합격할 거야 대입수능시험에 반드시 내년

STEP III 영순 문장 익히기

☞ 1. 다음의 주어진 밑줄 친 부분을 올바른 영순으로 말해보세요.
☞ 2. 다음의 주어진 밑줄 친 부분을 올바른 영순으로 써 보세요.
<영순문장과 뜻 아래에 참조>

1. I'll happy be
2. a lot of have He'll money
3. in the future be He'll an English teacher
4. win will many gold medals Korean team
5. move We'll to America next year
6. this Sunday get married She'll
7. It'll tomorrow morning much rain
8. Kim Yuna soon marry a handsome guy will
9. make a lot of money My husband will next year
10. visit will President Obama again Korea will

▶ 영순문장과 뜻

1. I'll be happy. (나는 행복해질거야)
2. He'll have a lot of money. (그는 가질거야 많은 돈을)
3. He'll be an English teacher in the future. (그는 될거야 영어선생님이 미래에)
4. Korean team will win many gold medals. (한국팀은 획득할거야 많은 금메달을)
5. We'll move to America next year. (우리는 이사할거야 미국으로 내년에)
6. She'll get married this Sunday. (그녀는 결혼식을 올릴거야 이번 일요일에)
7. It'll rain much tomorrow morning. (비가 올거야 많이 내일 아침에)
8. Kim Yuna will marry a handsome guy soon. (김연아는 결혼할거야 멋진 친구와 곧)
9. My husband will make a lot of money next year. (나의 남편은 많은 돈을 벌거야 내년에)
10. President Obama will visit Korea again. (오바마 대통령은 방문할거야 한국을 다시)

STEP IV 영순- 기본문형 익히기 1

☞ 아래의 영어문장을 막고 우리말을 영어로 말해보세요.

1. 나는 행복하다	1. I'm happy.
2. 나는 행복해질 거야	2. I'll be happy.
3. 너는 가지고 있다 많은 돈을	3. You have a lot of money.
4. 너는 가지게 될 거야 많은 돈을	4. You'll have a lot of money.
5. 나는 될 거야 영어선생님이	5. I'll be an English teacher.
6. 우리는 이사할거야 미국으로	6. We'll move to America.
7. 그는 살거야 새 차를	7. He'll buy a new car.
8. 그녀는 결혼할거야	8. She'll get married.
9. 비가 올거야 많이	9. It'll rain so much.
10. 그들은 딸거야 많은 금메달을	10. They'll win many gold medals.
11. 나의 사장님은 늦을 거야	11. My boss will be late.
12. 나의 남편은 벌 것이다 많은 돈을	12. My husband will make much money.
13. 김연아는 결혼할거야 멋진 친구와	13. Kim Yuna will marry a handsome guy.
14. 나의 아버지는 은퇴하실 거야	14. My father will retire.
15. 오바마대통령은 방문할 거야 한국을 다시	15. President Obama will visit Korea again.
16. 아빠는 도착할거야 집에 내일	16. Dad will arrive home tomorrow.
17. 흐릴거야 내일	17. It'll be cloudy tomorrow.
18. 그 가수가 대상을 탈거야	18. The singer will win the grand prize.
19. 나는 데이트 할거야 Ellen과	19. I'll go out with Ellen.
20. 엄마는 심을거야 꽃과 채소를	20. Mom will plant flowers and vegetables.
21. 나는 공부할 거야 영어를 열심히	21. I'll study English hard
22. 그는 공부할 거야 영어를 열심히	22. He'll study English hard
23. 그녀는 공부할 거야 영어를 열심히	23. She'll study English hard
24. 철수는 공부할 거야 영어를 열심히	24. Chulsoo will study English hard
25. 나의 아들은 공부할 거야 영어를 열심히	25. My son will study English hard

STEP V 영순- 기본문형 더 익히기 2

☞ 아래의 영어문장을 막고 우리말을 영어로 말해보세요.

1. 나는 될 거야 영어선생님이 장래에	1. I'll be an English teacher in the future.
2. 우리는 이사할 거야 미국으로 내년에	2. We'll move to America next year.
3. 그는 살 거야 새 차를 다음 봄에	3. He'll buy a new car next spring.
4. 그녀는 결혼할거야 그와 이번 일요일에	4. She'll get married to him this Sunday.
5. 당신은 돈 벌 거예요 많은 돈을 가까운 장래에	5. You'll make a lot of money in the near future.
6. 우리는 이사 할거야 부산으로 2년 후에	6. We'll move to Busan in two years.
7. 그는 결혼할거야 Susan과 3년 후에	7. He'll get married to Susan in three years.
8. 비가 올거야 심하게 내일	8. It'll rain heavily tomorrow.
9. 비가 올거야 엄청 많이 내일 전국적으로	9. It'll rain a lot tomorrow all over the country.
10. 그들은 딸거야 적어도 열 개의 금매달을 평창올림픽 때	10. They'll win at least ten gold medals in PyoungChang winter Olympic Games.
11. 나의 사장님은 1시간 늦을 거야 회의에 내일	11. My boss will be an hour late for the meeting tomorrow.
12. 김연아는 결혼할거야 멋진 남자 친구와 5년 후에	12. Kim Yuna will get married to a nice guy in five years.
13. 나의 아버지는 은퇴하실 거야 3년후에	13. My father will retire in three years.
14. 오바마 대통령은 방문할 거야 한국을 다시 그의 부인과 자녀와 함께	14. President Obama will visit Korea again with his wife and children.
15. 아빠는 돌아 오실 거야 집에 중국 출장에서 이번 일요일에	15. Father will be back home from the business trip to china this Sunday.
16. 흐리고 바람이 불거야 내일 전국적으로	16. It'll be cloudy and windy tomorrow all over the country.
17. 나의 아들은 탈거야 1등상을 웅변대회에서	17. My son will get the first Prize in the speech contest.
18. 나는 데이트할 거야 창수와 에버랜드 공원에서 이번 일요일날	18. I'll go out with Changsoo in Everland Park this Sunday.
19. 엄마와 아빠는 심을 거야 많은 종류의 꽃과 채소를 앞 마당에 이번 봄에	19. Mom and Dad will plant many kinds of flowers and vegetables in the front yard this spring.
20. 그 가수는 탈 거야 대상을 올해 말에	20. The singer will get the Grand Prize at the end of this year.

CHAPTER TWENTY-TWO 22

북한은 결국엔 한국을 공격하지 못할 거야		우리말순서
북한은 공격하지 못할 거야 한국을	결국엔	영어어순
North Korea won't attack South Korea	in the end.	영순

■ 기본 어휘 Vocabulary · 관용구 Idiom 챙기기

Vocabulary

*attack [ətǽk]공격하다	*pass [pæs]통과하다,합격하다
*hire [haiər]고용하다	*succeed [sʌksíːd]성공하다
*guy [gai]녀석,사내,아가씨	*win [win]이기다,획득하다
*fire [faiər]불,해고하다	*lottery [lɔ́təri]복권

Idiom

*get married to~ :~와 결혼하다	*in five years :5년후에
*in the end :결국	*more than~ :~이상
*fail in~ :~에 실패하다	*win the lottery :복권에 당첨되다
*succeed in~ :~에 성공하다	*on time :정시에
*won't [wount]=will not의 줄임말	*be back :돌아오다
*wedding hall :예식장	

▶먼저, 이 Chapter의 핵심내용인 다음의 사항을 참고해 보세요.
▶아래의 우리말을 영어로 말하거나 쓸 수 있나요?

1. 그녀는 다음 봄에 그와 결혼하지 않을 거야.

2. 나의 사장님은 내일 회의에 참석하지 않으실 거야.

3. 여기 서울은 내일 아침에 흐리지 않을 거야

▶위 세 문장의 우리말을 영어로 말하거나 쓸 수 있다면
다음 Chapter로 넘어가도 좋습니다.

▶만약, 그렇지 못하면 다음 Page로 넘어가 더 자세한
핵심내용을 익혀보세요.

You're never too old to learn.
(배움엔 늦음이 없다)

STEP I 영순 - 기본 문형 이해하기

▶ 미래형 문장을 표현하는 will의 방법을 앞 chapter에서 공부했습니다.

▶▶ 오늘은 미래형 문장을 **부정하는 표현(~하지 않게 될 거야)의 부정문**과 **질문하는 의문문 (~하게 될까?) 및 그 대답법**을 공부합니다.
미래형 부정문은 조동사 will뒤에 not를 붙이면 됩니다.
*will not = won't (~하지 않게 될 거야)
(워은트)

영순1

1.

	그들은 도착할거야	정시에	
ⓐ	They'll arrive	on time.	(긍정문)
	그들은 도착 못할거야	정시에	
ⓑ	They'll not arrrive (=They won't)	on time.	(부정문)

2.

	날씨가 화창할거야	내일	
ⓐ	It'll be sunny	tomorrow.	(긍정문)
	날씨가 화창하지 않을거야	내일	
ⓑ	It'll not be sunny (=It won't)	tomorrow.	(부정문)

3.

	에드워드는 성공할 거야	그 시험에서	내년에	
ⓐ	Edward will succeed	in the exam	next year.	(긍정문)

도미노 영순 영어 | **231**

ⓑ | 에드워드는 성공하지 못할 거야 | 그 시험에서 | 내년에 |
Edward **will not** succeed (=won't) | in the exam | next year. (부정문)

4.

ⓐ | 그는 당첨될거야 복권에 | 이번 토요일에
He'll win the lottery | this Saturday. (긍정문)

ⓑ | 그는 당첨되지 못할거야 복권에 | 이번 토요일에
He'll not win the lottery (=He won't) | this Saturday. (부정문)

5.

ⓐ | 사장님이 채용할 거야 두 명의 직원을 | 다음주에
The boss will hire two workers | next week. (긍정문)

ⓑ | 사장님이 채용하지 않을 거야 두 명의 직원을 | 다음주에
The boss **will not** hire two workers (=won't) | next week. (부정문)

▶▶ 미래형의 의문문은 조동사 will을 주어 앞에 두면 됩니다.

영순2

1.

그들이 도착할까 | 정시에?
Will they arrive | on time?

— 네, 도착할 거예요.
Yes, they will.

— 아니요, 도착 못할 거예요.
No, they won't.

2.

	날씨가 화창할까	내일?
	Will it be sunny	tomorrow?

- | 네, | 화창할 거예요 |
  | Yes, | it will. |

- | 아니요, | 그렇지 않을거예요 |
  | No, | it won't. |

3.

	에드워드는 성공할까	그 시험에서?
	Will Edward succeed	in the test?

- | 네, | 성공할거예요 |
  | Yes, | he will. |

- | 아니요, | 성공하지 못할 거예요 |
  | No, | he won't. |

4.

	그는 당첨될까 복권에	이번 토요일에?
	Will he win the lottery	this Saturday?

- | 네, | 될 거예요 |
  | Yes, | he will. |

- | 아니요, | 안 될 거예요 |
  | No, | he won't. |

5.

사장님이 채용할까 두 명의 직원을	다음주에?
Will the boss hire two workers	next week?

네,	할거야
Yes,	he will.

아니요,	안 할거야
No,	he won't.

6.

그들은 따게 될까 많은 금메달을?
Will they win many gold medals?

네,	따게 될 거예요
Yes,	they will.

아니요,	따지 못할 거예요
No,	they won't.

7.

북한이 공격할까 한국을	다시?
Will North Korea attack South Korea	again?

네,	할 거예요
Yes,	it will.

아니요,	안 할 거예요
No,	it won't

▶ 의문사를 사용한 의문문-물론 의문사를 문장 제일 앞에 써야겠죠?

영순3

1.
   | 언제 그가 돌아올까 | 여기에? |
   | **When will he** be back | here? |

   | | 그는 돌아올 거예요 | 이번 일요일에 |
   | - | He'll be back | this Sunday. |

2.
   | 몇 개의 금메달을 그들은 획득할까? |
   | **How many gold medals will they** win? |

   | | 그들은 획득할 거예요 약 10개 |
   | - | They'll win about 10 gold medals. |

3.
   | 누구와 김연아는 결혼할까? |
   | **Who will Kim Yuna** marry? |

   | | 그녀는 결혼할거야 잘생긴 친구와 |
   | - | She'll marry a handsome guy. |

4.
   | 어디에서 | 그녀는 결혼식을 할까? |
   | **Where** | **will she** get married? |

   | | 그녀는 결혼식을 할 거야 | 제주도에서 |
   | - | She'll get married | in Jejudo Province. |

STEP Ⅱ 우리말- 영순감각으로 익히기

☞ 아래의 영순을 막고 왼쪽 우리말 순서를 오른쪽 영순처럼 소리 내어 말해보세요

우리말 순서	영 순
1.Mr Kim은 내일 운전면허시험에 합격할 거야	1.Mr Kim은 합격할 거야 운전면허시험에 내일
2.Mr Kim은 내일 운전면허시험에 합격 못할거야.	2.Mr. Kim은 합격 못할 거야 운전면허시험에 내일
3.Mr. Kim은 내일 운전면허시험에서 합격하게 될까?	3.Mr. Kim은 합격하게 될까 운전면허시험에서 내일?
4.한국은 평창올림픽에서 많은 금메달을 딸 것이다	4.한국은 딸 것이다 10개의 금메달을 평창 올림픽에서
5.한국은 평창올림픽에서 많은 금메달을 따지 못할거야	5.한국은 따지 못할거야 많은 금메달을 평창올림픽에서
6.한국은 평창올림픽에서 10개의 금메달을 딸까?	6.한국은 따게 될까 10개의 금메달을 평창올림픽에서?
7.한국은 평창올림픽에서 몇 개의 금메달을 딸까?	7.몇 개의 금메달을 한국은 따게 될까 평창올림픽에서?
8.북한이 가까운 미래에 한국을 다시 침공할까?	8.북한이 침공할까 한국을 다시 가까운 미래에?
9.그들은 결국엔 한국을 다시 침공하지 못할 것이다	9.그들은 침공하지 못할 것이다 한국을 다시 결국엔
10.사장님이 다음 주에 새 직원을 채용하게 될까?	10.사장님이 채용하게 될까 새 직원들을 다음 주에?

STEP III 영순 문장 익히기

☞ 1. 다음의 주어진 밑줄 친 부분을 올바른 영순으로 말해보세요.
☞ 2. 다음의 주어진 밑줄 친 부분을 올바른 영순으로 써 보세요.
<영순 문장과 뜻은 아래에서 참조>

1. <u>won't He arrive on time</u>
2. <u>be it sunny won't tomorrow</u>
3. <u>in the test fail Edward won't next year</u>
4. <u>He win this Saturday the lottery won't</u>
5. <u>they will arrive on time</u> ?
6. <u>be sunny will it tomorrow</u> ?
7. <u>the test pass Tom will</u> ?
8. <u>North Korea attack again will South Korea</u> ?
9. <u>will get married Kim Yuna When</u> ?
10. <u>Where Kim Yuna get married will</u> ?

▶ 영순문장과 뜻

1. He won't arrive on time. (그는 도착하지 않을 거야 정각에)
2. It won't be sunny tomorrow. (날씨가 맑지 않을 거야 내일)
3. Edward won't fail in the test next year. (Edward는 실패하지 않을 거야 그 시험에 내년에)
4. He won't win the lottery this Saturday. (그는 당첨되지 않을 거야 복권에 이번 토요일에)
5. Will they arrive on time? (그들이 도착하게 될까 정각에?)
6. Will it be sunny tomorrow? (날씨가 맑을까 내일?)
7. Will Tom pass the test? (탐이 합격할까 그 시험에?)
8. Will North Korea attack South Korea again? (북한이 공격할까 남한을 다시?)
9. When will Kim Yuna get married? (언제 김연아는 결혼식을 올릴까?)
10. Where will Kim Yuna get marriel? (어디서 김연아는 결혼식을 올릴까?)

STEP IV 영순- 기본문형 익히기 1

☞ 아래의 영어문장을 막고 우리말을 영어로 말해보세요.

1.그들은 도착할거야 여기에	1.They'll arrive here.
2.그들은 도착 못할 거야 여기에	2.They won't arrive here.
3.날씨가 화창할거야 내일	3.It'll be sunny tomorrow.
4.날씨가 화창하지 않을거야 내일	4.It won't be sunny tomorrow.
5.Mr. Kim은 성공할거야 그 시험에서	5.Mr. Kim will succeed in the test.
6.Mr. Kim은 성공하지 못할거야 그 시험에서	6.Mr. Kim won't succeed in the test.
7.그는 탈거야 복권을	7.He'll win the lottery.
8.그는 타지 못할거야 복권을	8.He won't win the lottery.
9.사장님은 해고할거야 두 명 직원을	9.The boss will fire two workers.
10.사장님은 해고하지 않을거야 두 명의 직원을	10.The boss won't fire two workers.
11.그들이 도착할까? -네, 도착할 거예요	11.Will they arrive?
-아니오. 도착 못할거예요	-Yes, they will. -No, they won't.
12.날씨가 화창할까?	12.Will it be sunny?
-네, 그럴거예요 -아니요, 그렇지 않을거예요	-Yes, it will. -No, it won't.
13.Mr. Kim이 성공할까? -네, 그럴거예요	13.Will Mr. Kim succeed?
-아니요, 그렇지 못할거예요	-Yes, he will. -No, he won't.
14.그가 타게 될까 복권을?	14.Will he win the lottery?
-네, 탈거예요 -아니요, 못 탈거예요	-Yes, he will. -No, he won't.
15.사장님이 해고할까 두 명의 직원을?	15.Will the boss fire two workers?
-네, 그럴거예요 -아니요, 그렇지 않을거예요	-Yes, he will. -No, he won't.
16.그들은 따게 될까 많은 금메달을?	16.Will they win many gold medals?
-네, 따게 될거예요 -아니요, 따지 못할거예요	-Yes, they will. -No, they won't.
17.언제 그가 돌아올까 여기에?	17.When will he be back here?
-그가 돌아올거예요 이번 일요일에	-He'll be back this Sunday.
18.누구와 김연아는 결혼할까?	18.Who will Kim Yuna marry?
-그녀는 결혼할거예요 잘 생긴 친구와	-She'll marry a handsome guy.
19.어디서 그녀는 결혼식을 할까?	19.Where will she get married?
-그녀는 결혼식을 할거예요 제주도에서	-She'll get married in Jejudo Province.
20.언제 그녀는 결혼식을 할까?	20.When will she get married?
-그녀는 결혼식을 올릴거예요 5년후에	-She'll get married in five years.

STEP V   영순- 기본문형 더 익히기 2

☞ 아래의 영어문장을 막고 우리말을 영어로 말해보세요.

1.날씨가 화창할거야 모레	1.It'll be sunny the day after tomorrow.
2.날씨가 화창하지 않을거야 모레	2.It won't be sunny the day after tomorrow.
3.날씨가 화창할까 모레?	3.Will it be sunny the day after tomorrow?
-그래, 화창할거야 -아니, 그렇지 않을거야	-Yes, it will. -No, it won't.
4.Mr. Kim은 합격할거야 운전면허시험에서 내일	4.Mr. Kim will pass the driver's test tomorrow.
5.Mr. Kim은 합격하지 못할 거야 면허시험을 내일	5.Mr. Kim won't pass the driver's test tomorrow
6.Mr. Kim은 합격할까 운전면허시험에서 내일?	6.Will Mr. Kim pass the driver's test tomorrow?
-네, 합격할거예요	-Yes, he will.
-아니, 못할거예요	-No, he won't.
7.김연아는 결혼할 거야 하와이에서 이번 토요일에	7.Kim Yuna will get married in Hawaii this Saturday.
8.김연아는 결혼하지 않을거야 롯데호텔에서 이번 토요일에	8.Kim Yuna won't get married at Lotte Hotel this Saturday.
9.김연아는 결혼할까 하와이에서 이번 토요일에?	9.Will Kim Yuna get married in Hawaii this Saturday?
-네, 할거예요	
-아니, 안할거예요	-Yes, she will. -No, she won't.
10.언제 김연아는 결혼할까요?	10.When will Kim Yuna get married?
-그녀는 결혼할거예요 5년후에	-She'll get married in five years.
11.어디에서 김연아는 결혼할까요?	11.Where will Kim Yuna get married?
-그녀는 결혼할거예요 하와이에서	-She'll get married in Hawaii.
12.누구와 김연아는 결혼할까요?	12.Who will Kim Yuna get married to?
-그녀는 결혼할거예요 멋진 친구와	-She'll get married to a handsome guy.
13.북한이 다시 공격할까 한국을 다시?	13.Will North Korea attack South Korea again?
-네, 할거예요	-Yes, it will. -No, it won't.
-아니오, 안할거예요	
14.언제 그들은 침공할까 우리를?	14.When will they attack us?
-그들은 침공하지 못할거야 결국엔	-They won't attack us in the end.
15.몇개의 금매달을 한국은 딸까 평창 동계올림픽에서?	15.How many gold medals will Korea win in Pyungchang Winter Olympics?
-한국은 딸거예요 10개이상을	-Korea will win more than ten gold medals.

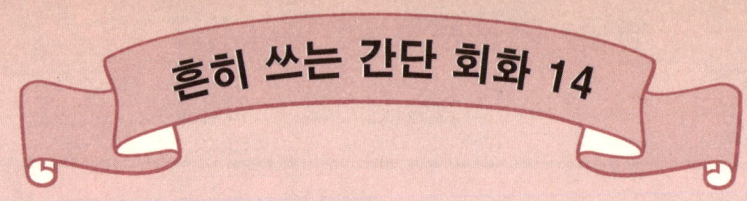

흔히 쓰는 간단 회화 14

1. I've run out of money. (나 돈 다 떨어졌어.)
2. I made a trip for nothing. (헛걸음했네.)
3. My phone is out of battery. (내 핸드폰이 방전되었어.)
4. I wasn't born yesterday. (나 우습게 보지마.)
5. You have a point there. (자네 말이 일리 있어.)
6. You can say that again. (네 말이 그거야.)
7. You have a black (and blue) eye. (너의 눈에 멍이 들었군.)
8. You should put on sun screen. (바르지 그래? 자외선 차단제를)
9. Do you happen to know her address? (너 혹시 알고 있니 그녀 주소를?)
10. Your tie looks nice on you. (자네 넥타이가 어울리는구먼)
 = You tie goes with you.
11. He's eating like a horse. (그는 먹고 있어 게걸스럽게.)
12. It's none of your business. (그건 네가 알 일 아니야.)
13. It runs in the family. (그거 다 집안내력이야.)
14. Put yourself in my shoes. (너도 내 입장이 되어 봐.)
 = put yourself in my position
15. They give the cold shoulder to him. (그들은 왕따 시키고 있어 그를)
16. They were born for each other. (그들은 천생연분이야.)
17. Don't cut in the line. (새치기 하지 마세요.)
18. Put me on the list. (넣어주세요 명단에 날)
19. Chuseok Holiday is coming up. (추석이 가까워지고 있다.)

CHAPTER TWENTY-THREE 23

그는 내년에 부산으로 이사갈 거야			우리말순서
그는 이사갈거야	부산으로	내년에	영어어순
He's going to move	to Busan	next year	영순

■ 기본 어휘 Vocabulary · 관용구 Idiom 챙기기

Vocabulary

*fire [faiər]불,화재	*happen [hǽpən]발생하다
*around [əráund]둘레에	*country [kʌ́ntri]나라,국가
*excellent [ékslənt]탁월한	*leader [líːdər]지도자
*enter [éntər]들어가다	*without [wiðáut]~없이
*fail [feil]실패하다	*army [áːmi]군대,육군

Idiom

*enter the army :입대하다	*from now on :이제부터
*around the country :전국적으로	*without fail :틀림없이, 꼭
*on business :업무차	*in two years :2년후에
*go on a business trip :출장 가다	

▶ 먼저, 이 Chapter의 핵심내용인 다음의 사항을 참고해 보세요.
▶ 아래의 우리말을 영어로 말하거나 쓸 수 있나요?

1. 나는 이제부터 영어를 열심히 공부할거예요(be going to).
_____

2. Mr. Yoon이 내일 중국에 출장갈겁니다(be going to).
_____

3. 그들은 내년에 부산으로 이사할 예정입니다.(be going to)
_____

▶ 위 세 문장의 우리말을 영어로 말하거나 쓸 수 있다면
다음 Chapter로 넘어가도 좋습니다.

▶ 만약, 그렇지 못하면 다음 Page로 넘어가 더 자세한
핵심내용을 익혀보세요.

A trouble shared is a trouble halved.
(고통을 나누면 절반이 된다)

STEP I   영순 - 기본 문형 이해하기

▶ 미래형 문장을 표현하는 방법을 앞 chapter에서 공부했습니다.

▶▶ 미래형 표현은 **조동사 will**을 사용하지만 그 대신 **be going to**를 쓰기도 합니다. 그러나, **will은 단순히 미래의 추측 표현**이고, **be going to는 예정된 미래의 일을 예상함을 표현**하는 차이가 있습니다. 그러나 꼭 그렇게 구별하지 않고 서로 바꾸어 쓰기도 합니다.

영순1

1.

비가 올 거야		내일
it'll	rain	tomorrow.
=It's going to		

2.

나는 공부할 예정이야 영어를		열심히
I'll	stuy English	hard.
= I'm going to		

☞ **be going to**(비 고우잉 투) – 발음이 좀 탁하군요. 침을 튀길 것 같네요.

다소 영국 냄새가 나는 발음입니다. 미국은 발음의 리듬을 부드럽게 하기 위해 다음과 같이 바꾸어 쓰고 발음합니다.
be gonna(비거너) – 많이 부드럽죠. 물론 모든 미국인이 이렇게 쓰는 것은 아닙니다.
be going to로도 be gonna로도 양쪽 다 씁니다.
(*be going to는 문장체나 영국식 표현이고 be gonna는 미국인 회화체 표현)

1.

그는 이사할 거예요		부산으로
He'll	move	to Busan.
= He's going to		
= He's gonna		

2.

비가 올 거예요		많이
It'll	rain	much.
= It's going to		
= It's gonna		

3.

나는 공부할거야 영어를		열심히
I'll	study English	hard.
= I'm going to		
= I'm gonna		

4.

박찬호는 될 거다	훌륭한 야구지도자
Park Chan-ho will be	a great baseball leader.
= Park Chan-ho **is going to** be	
= Park Chan-ho **is gonna** be	

5.

철수가 입대할 거야		모레
Chulsoo will	enter the army	the day after tomorrow.
=Chulsoo **is going to**		
=Chulsoo **is gonna**		

 **STEP Ⅱ** 우리말- 영순감각으로 익히기

☞ 아래의 영순을 막고 왼쪽 우리말 순서를 오른쪽 영순처럼 소리 내어 말해보세요

우리말 순서	영 순
1.나는 내년에 부산으로 이사할 거예요	1.나는 이사할 거예요 부산으로 내년에
2.나는 이제부터 열심히 영어공부할 거예요	2.나는 공부할 거예요 영어를 열심히 이제부터
3.이번 봄에 많은 화재가 전국적으로 발생할 거예요	3.많은 화재가 발생할 거예요 전국적으로 이번 봄에
4.Mr. Yoon은 내일 업무차 혼자 중국에 갈 것이다	4.Mr. Yoon은 갈 것이다 중국에 혼자 업무차 내일
5.한국은 2년후 평창올림픽에서 10개의 금메달을 딸거야	5.한국은 딸거야 10개의 금메달을 평창올림 픽에서 2년후
6.박찬호는 5년후에 틀림없이 훌륭한 야구지도자가 될 것이다	6.박찬호는 될 것이다 훌륭한 야구지도자가 틀림없이 5년후에
7.철수가 내일 군대 입대할 거야	7.철수가 입대할 거야 군대에 내일
8.나는 이번 일요일 그녀와 등산 갈 거야	8.나는 갈 거야 등산 그녀와 이번 일요일에
9.엄마는 다음달 운전면허 시험에서 꼭 합격할 거야	9.엄마는 합격할 거야 운전면허 시험에서 다음달
10.남한과 북한은 가까운 미래에 반드시 통일을 할 거야	10.남한과 북한은 통일을 할 거야 반드시 가까운 미래에

STEP III 우리말- 영순 문장 익히기

☞ 1. 다음의 주어진 밑줄 친 부분을 올바른 영순으로 말해보세요.
☞ 2. 다음의 주어진 밑줄 친 부분을 올바른 영순으로 써 보세요.

<영순 문장과 뜻은 아래에서 참조>

1. <u>I study am going to English hard</u>
2. <u>English hard I am gonna study</u>
3. <u>is going to It tomorrow rain</u>
4. <u>rain tomorrow It is gonna</u>
5. <u>He to Busan move is going to</u>
6. <u>move He to Busan is gonna</u>
7. <u>Many fires happen this spring are going to</u>
8. <u>this spring happen are gonna Many fires</u>
9. <u>Chulsoo the army enter tomorrow is going to</u>
10. <u>is gonna the army tomorrow Chulsoo enter</u>

▶ 영순문장과 뜻

1. I am going to study English hard. (나는 공부할 예정이야 영어를 열심히)
2. I am gonna study English hard. (나는 공부할 예정이야 영어를 열심히)
3. It is going to rain tomorrow. (비가 올거야 내일)
4. It is gonna rain tomorrow. (비가 올거야 내일)
5. He is going to move to Busan. (그는 이사할거야 부산으로)
6. He is gonna move to Busan. (그는 이사할거야 부산으로)
7. Many fires are going to happen this spring. (많은 화재가 발생할거야 이번봄에)
8. Many fires are gonna happen this spring. (많은 화재가 발생할거야 이번봄에)
9. Chulsoo is going enter the army tomorrow. (철수가 입대할거야 내일)
10. Chulsoo is gonna enter the army tomorrow. (철수가 입대할거야 내일)

STEP IV 영순- 기본문형 익히기 1

☞ 아래의 영어문장을 막고 우리말을 영어로 말해보세요.

1.나는 이사할거예요 부산으로(will)	1.I'll move to Busan.
2.나는 이사할거예요 부산으로(be going to)	2.I'm going to move to Busan.
3.나는 이사할거예요 부산으로(be gonna)	3.I'm gonna move to Busan.
4.비가 올거예요 내일 (will)	4.It'll rain tomorrow.
5.비가 올거예요 내일 (be going to)	5.It's going to rain tomorrow.
6.비가 올거예요 내일 (be gonna)	6.It's gonna rain tomorrow.
7.나는 공부할거야 영어를 열심히(will)	7.I'll study English hard.
8.나는 공부할거야 영어를 열심히 (be going to)	8.I'm going to study English hard.
9.나는 공부할거야 영어를 열심히 (be gonna)	9.I'm gonna study English hard.
10.많은 화재가 발생할거야 이번 봄에(will)	10.Many fires will happen this spring.
11.많은 화재가 발생할거야 이번 봄에 (be going to)	11.Many fires are going to happen this spring.
12.많은 화재가 발생할거야 이번 봄에 (be gonna)	12.Many fires are gonna happen this pring.
13.박찬호는 될거다 훌륭한 야구지도자(will)	13.Park Chanho will be a great baseball leader.
14.박찬호는 될거다 훌륭한 야구지도자 (be going to)	14.Park Chanho is going to be a great baseball leader.
15.박찬호는 될거다 훌륭한 야구지도자 (be gonna)	15.Park Chanho is gonna be a great baseball leader.
16.Mr. Yoon이 갈거야 중국에 내일(will)	16.Mr. Yoon will go to China tomorrow.
17.Mr. Yoon이 갈거야 중국에 내일 (be going to)	17.Mr. Yoon is going to go to China tomorrow.
18.Mr. Yoon이 갈거야 중국에 내일 (be gonna)	18.Mr. Yoon is gonna go to China tomorrow.
19.철수가 입대할거야 모레(will)	19.Chulsoo will enter the army the day after tomorrow.
20.철수가 입대할거야 모레(be going to)	20.Chulsoo is going to enter the army the day after tomorrow.
21.철수가 입대할거야 모레(be gonna)	21.Chulsoo is gonna enter the army the day after tomorrow.

 **STEP V** 영순- 기본문형 더 익히기 2

 아래의 영어문장을 막고 우리말을 영어로 말해보세요.

1. 나는 이사할거예요 부산으로 내년에(will)	1. I'll move to Busan next year.
2. 나는 이사할거예요 부산으로 내년에(be going to)	2. I'm going to move to Busan next year.
3. 나는 이사할거예요 부산으로 내년에(be gonna)	3. I'm gonna move to Busan next year.
4. 나는 공부할거예요 영어를 열심히 이제부터(will)	4. I'll study English hard from now on.
5. 나는 공부할거예요 영어를 열심히 이제부터(be going to)	5. I'm going to study English hard from now on.
6. 나는 공부할거예요 영어를 열심히 이제부터(be gonna)	6. I'm gonna study English hard from now on.
7. 많은 화재가 발생할거야 전국적으로 이번 봄에(will)	7. Many fires will happen around the country this spring.
8. 많은 화재가 발생할거야 전국적으로 이번 봄에(be going to)	8. Many fires are going to happen around the country this spring.
9. 많은 화재가 발생할거야 전국적으로 이번 봄에(be gonna)	9. Many fires are gonna happen around the country this spring.
10. Mr. Yoon이 갈거야 중국에 혼자서 업무차 내일(will)	10. Mr. Yoon will go to China alone on business tomorrow.
11. Mr. Yoon이 갈거야 중국에 혼자서 업무차 내일(be going to)	11. Mr. Yoon is going to go to China alone on business tomorrow.
12. Mr. Yoon이 갈거야 중국에 혼자서 업무차 내일(be gonna)	12. Mr. Yoon is gonna go to China alone on business tomorrow.
13. 한국은 딸거야 10개의 금메달을 평창올림픽에서 2년 후에(will)	13. South Korea will win ten gold medals in Pyeongchang Olympic Games in two years.
14. 한국은 딸거야 10개의 금메달을 평창올림픽에서 2년 후에(be going to)	14. South Korea is going to win ten gold medals in Pyeongchang Olympic Games in two years.
15. 한국은 딸거야 10개의 금메달을 평창올림픽에서 2년 후에(be gonna)	15. South Korea is gonna win ten gold medals in Pyeongchang Olympic Games in two years.
16. 박찬호는 될거야 야구지도자가 틀림없이 3년후에(will)	16. Park Chanho will be an excellent baseball leader without fail in three years.
17. 박찬호는 될거야 야구지도자가 틀림없이 3년후에(be going to)	17. Park Chanho is going to be an excellent baseball leader without fail in three years.
18. 박찬호는 될거야 야구지도자가 틀림없이 3년후에(be gonna)	18. Park Chanho is gonna be an excellent baseball leader without fail in three years.

CHAPTER TWENTY-FOUR 24

그녀는 체중을 빼기 위해 햄버거를 먹지 않을 거야		우리말순서
그녀는 먹지 않을거야 햄버거를	체중을 빼기 위해	영어어순
She's not gonna eat hambugers	to lose weight	영순

■ 기본 어휘 Vocabulary · 관용구 Idiom 챙기기

Vocabulary

*fail [feil]실패하다	*exam [igzǽm]시험
*oversleep [ouvəslí:p]늦잠자다	*matter [mǽtər]일,사건
*war [wəːr]전쟁	*entrance [éntrans]입구,입학
*entrance exam:입학시험	*used [ju:zd]사용된,중고의
*say [sei]말하다	

Idiom

*fail in~ :~에 실패하다	*no matter what :무슨일이 있어도
*lose weight :체중을 줄이다	*gain weight :살찌다
*win the loyyery :복권에 당첨되다	

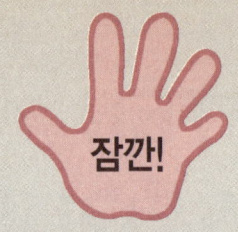

▶먼저, 이 Chapter의 핵심내용인 다음의 사항을 참고해 보세요.
▶아래의 우리말을 영어로 말하거나 쓸 수 있나요?

1. 나는 무슨 일이 있어도 내일 아침에 늦잠자지 않을 거야.

2. 내일 여기 서울엔 날씨가 좋지 않을 거야.

3. 너는 내년에 다시는 입학시험에 실패하지 않을 거다.

▶위 세 문장의 우리말을 영어로 말하거나 쓸 수 있다면
다음 Chapter로 넘어가도 좋습니다.

▶만약, 그렇지 못하면 다음 Page로 넘어가 더 자세한
핵심내용을 익혀보세요.

Experience is the best teacher.
(경험은 최고의 스승)

STEP I 영순 - 기본 문형 이해하기

▶ 미래표현 will의 부정은 **will not**이며 줄여서 **won't**로 표현하죠.

▶▶ 미래표현 **be going to** + 동사원형(~할거야)의 부정은 **be not goint to** +동사원형 혹은 **be not gonna** + 동사원형(~하지않을거야)
※ 영어는 줄임말(축약형)이 많으므로 줄일 수 있는 부분은 가능한 줄여서 말하는 습관을 가져야 합니다. 미국인들은 대개 줄여 말하죠.

영순1

1.

그는 이사가지 않을거야	내년에
ⓐHe **won't** move	
ⓑ=**He's** not going to move	
ⓒ=He **isn't** gong to move	next year.
ⓓ=**He's** not gonna move	
ⓔ=He **isn't** gonna move	

2.

너는 실패하지 않을거야	다시는
ⓐYou **won't** fail	
ⓑ=**You're** not going to fail	
ⓒ=You **aren't** going to fail	again.
ⓓ=**You're** not gonna fail	
ⓔ=You **aren't** gonna fail	

도미노 영순 영어 | 251

3.

날씨가 좋지 않을거야	내일
ⓐIt **won't** be fine	tomorrow.
ⓑ=**It's** not going to be fine	
ⓒ=It **isn't** going to be fine	
ⓓ=**It's** not gonna be fine	
ⓔ=It **isn't** gonna be fine	

4.

일본은 말하지 않을거야	독도가 그들의 것이라고
ⓐJapan **won't** say	Dokdo Island is theirs.
ⓑ=Japan **isn't** going to say	
ⓒ=Japan **isn't** gonna say	

5.

한국전쟁은 발생하지 않을거야	또 다시
ⓐThe Korean War **won't** happen	again.
ⓑ=The Korean War **isn't** going to happen	
ⓒ=The Korean War **isn't** gonna happen	

6.

나는 늦잠자지 않을거야	또 다시
ⓐI **won't** oversleep	again.
ⓑ= **I'm** not going to oversleep	
ⓒ= **I'm** not gonna oversleep	

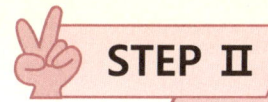

STEP II 영순감각으로 익히기

☞ 아래의 영순을 막고 왼쪽 우리말 순서를 오른쪽 영순처럼 소리 내어 말해보세요

우리말 순서	영 순
1.나는 무슨 일이 있더라도 다시는 늦잠자지 않을 거야	1.나는 늦잠자지 않을 거야 다시는 무슨일이 있더라도
2.여기 서울엔 내일 날씨가 좋지 않을거야	2.날씨가 좋지 않을거야 여기 서울엔 내일
3.너는 이번 토요일에 복권에 당첨되지 않을 거야	3.너는 당첨되지 않을 거야 복권에 이번 토요일에
4.나는 이번 주말에 혼자 집에 머무르지 않을 거야	4.나는 머무르지 않을 거야 집에 혼자 이번 주말에
5.그는 내년에 부산으로 이사 가지 않을 거야	5.그는 이사가지 않을 거야 부산으로 내년에
6.나는 무슨 일이 있어도 다시는 중고차를 사지 않을 거야	6.나는 사지 않을거야 중고차를 다시는 무슨일이 있어도
7.그녀는 체중을 빼기 위해 햄버거를 먹지 않을거야	7.그녀는 먹지 않을거야 햄버거를 체중을 줄이기 위해
8.무슨 일이 있어도 3차세계대전은 발생하지 않을 거야	8.3차세계 대전은 발생하지 않을거야 무슨일이 있어도
9.아빠는 중국에서 오랫동안 머무르지 않을 거야	9.아빠는 머무르지 않을거야 중국에서 오랫동안
10.나는 밤늦게 저녁 식사를 먹지 않을 거야	10.나는 먹지 않을거야 저녁 식사를 밤늦게

STEP III 영순 문장 익히기

☞ 1. 다음의 주어진 밑줄 친 부분을 올바른 영순으로 말해보세요.
☞ 2. 다음의 주어진 밑줄 친 부분을 올바른 영순으로 써 보세요.
<영순 문장과 뜻은 아래에서 참조>

1. He move next year to Gwangju won't
2. isn't going to move He next year to Gwangju
3. You again fail won't
4. fail You aren't again gonna
5. It be fine won't tomorrow
6. It's not fine, be gonna tomorrow
7. won't again I oversleep
8. I'm not oversleep again gonna
9. The Korean War happen won't again
10. isn't happen again The Korean War gonna

▶ 영순문장과 뜻

1. He won't move to Gwangju next year. (그는 이사하지 않을거야 광주로 내년에)
2. He isn't going to move to Gwangju next year. (그는 이사하지 않을거야 광주로 내년에)
3. You won't fail again. (너는 실패하지 않을거야 다시)
4. You aren't gonna fail again. (너는 실패하지 않을거야 다시)
5. It won't be fine tomorrow. (날씨가 좋지 않을거야 내일)
6. It's not gonna be fine tomorrow. (날씨가 좋지 않을거야 내일)
7. I won't oversleep again. (나는 늦잠자지 않을거야 다시는)
8. I'm not gonna oversleep again. (나는 늦잠자지 않을거야 다시는)
9. The Korean War won't happen again. (한국전쟁은 발생하지 않을거야 다시는)
10. The Korean War isn't gonna happen again. (한국전쟁은 발생하지 않을거야 다시는)

 **STEP IV** 영순- 기본문형 익히기 1

☞ 아래의 영어문장을 막고 우리말을 영어로 말해보세요.

1.나는 늦잠자지 않을 거야 다시는(won't)	1.I won't oversleep again.
2.나는 늦잠자지 않을 거야 다시는 (be not going to)	2.I'm not going to oversleep again.
3.나는 늦잠자지 않을 거야 다시는 (be not gonna)	3.I'm not gonna oversleep gain.
4.너는 실패하지 않을 거야 다시는(won't)	4.You won't fail again.
5.너는 실패하지 않을 거야 다시는(be not going to)	5.You're not going to fail again.
6.너는 실패하지 않을 거야 다시는 (be not gonna)	6.You aren't gonna fail again.
7.그는 이사 가지 않을 거야 부산으로(won't)	7.He won't move to Busan.
8.그는 이사 가지 않을 거야 부산으로 (be not going to)	8.He's not going to move to Busan.
9.그는 이사 가지 않을 거야 부산으로 (be not gonna)	9.He isn't gonna move to Busan.
10.일본은 말하지 않을 거야 독도가 그들의 것이라고(won't)	10.Japan won't say Dokdo Island is theirs.
11.일본은 말하지 않을 거야 독도가 그들의 것이라고(be not going to)	11.Japan isn't going to say Dokdo Island is theirs.
12.일본은 말하지 않을 거야 독도가 그들의 것이라고(be not gonna)	12.Japan isn't gonna say Dokdo Island is theirs.
13.한국전쟁은 발생하지 않을 거야 또 다시(won't)	13.The Korean War won't happen again.
14.한국전쟁은 발생하지 않을 거야 또 다시(be not going to)	14.The Korean War isn't going to happen again.
15.한국전쟁은 발생하지 않을 거야 또 다시(be not gonna)	15.The Korean War isn't gonna happen again.
16.너는 당첨되지 못할거야 복권에(won't)	16.You won't win the lottery.
17.너는 당첨되지 못할거야 복권에 (be not going to)	17.You're not going to win the lottery.
18.너는 당첨되지 못할거야 복권에(be not gonna)	18.You're not gonna win the lottery.

STEP V 영순- 기본문형 더 익히기 2

☞ 아래의 영어문장을 막고 우리말을 영어로 말해보세요.

1.나는 늦잠자지 않을 거야 다시는 무슨 일이 있더라도(won't)	1.I won't oversleep again no matter what.
2.나는 늦잠자지 않을 거야 다시는 무슨 일이 있더라도(be not going to)	2.I'm not going to oversleep again no matter what.
3.나는 늦잠자지 않을 거야 다시는 무슨 일이 있더라도(be not gonna)	3.I'm not gonna oversleep again no matter what.
4.너는 실패하지 않을 거야 입학시험에 다시는 won't)	4.You won't fail in the entrance exam again.
5.너는 실패하지 않을 거야 입학시험에 다시는(be not going to)	5.You're not going to fail in the entrance exam again.
6.너는 실패하지 않을 거야 입학시험에 다시는(be not gonna)	6.You aren't gonna fail in the entrance exam again.
7.너는 당첨되지 못할거야 복권에 이번 토요일에 (won't)	7.You won't win the lottery this Saturday.
8.너는 당첨되지 못할거야 복권에 이번 토요일에(be not going to)	8.You're not going to win the lottery this Saturday.
9.너는 당첨되지 못할거야 복권에 이번 토요일에(be not gonna)	9.You're not gonna win the lottery this Saturday.
10.날씨가 좋지 않을 거야 여기 서울엔 내일(won't)	10.It won't be fine here in Seoul tomorrow.
11.날씨가 좋지 않을 거야 여기 서울엔 내일(be not going to)	11.It's not going to be fine here in Seoul tomorrow.
12.날씨가 좋지 않을 거야 여기 서울엔 내일(be not gonna)	12.It's not gonna be fine here in Seoul tomorrow.
13.나는 머무르지 않을 거야 집에 혼자 이번 주말에 (won't)	13.I won't stay home alone this weekend.
14.나는 머무르지 않을 거야 집에 혼자 이번 주말에 (be not going to)	14.I'm not going to stay home alone this weekend.
15.나는 머무르지 않을 거야 집에 혼자 이번 주말에 (be not gonna)	15.I'm not gonna stay home alone this weekend.

16. 3차세계대전은 발생하지 않을거야 다시 어떤일이 있어도(won't)	16. The Third World War won't happen again no matter what.
17. 3차세계대전은 발생하지 않을거야 다시 어떤일이 있어도(be not gonna)	17. The Third World War isn't gonna happen again no matter what.
18. 나는 사지 않을거야 중고차를 다시는 어떤일이 있어도(won't)	18. I won't buy a used car again no matter what.
19. 나는 사지 않을거야 중고차를 다시는 어떤일이 있어도(be not gonna)	19. I'm not gonna buy a used car again no matter what.
20. 그녀는 먹지 않을거야 햄버거를 체중을 빼기 위하여(won't)	20. She won't eat hamburgers to lose weight.

 **KONGLISH VS. ENGLISH**
(콩그리쉬) vs. (잉글리쉬)

직접 방문해 주세요.		Please visit directly.
		Please visit in person.
여기에 사인하세요		Sign here, please.
		Signature here, please.
그는 머리가 나빠요		He's a stone head.
		He's an airhead.
나 급해요		I'm hurry
		I'm in a hurry.
배터리가 나갔어요		The battery is out.
		The battery is dead.

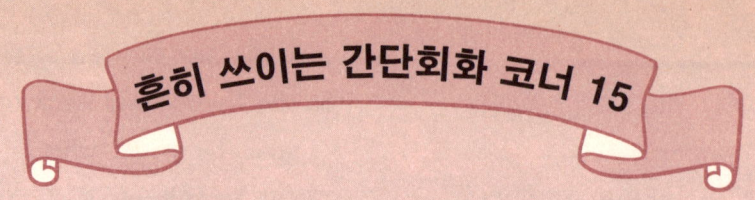
흔히 쓰이는 간단회화 코너 15

20. I wasn't born yesterday. (나 우습게 보지마)

21. I cat't thank you enough. (어떻게 감사드려야 할지 모르겠네요)

22. It runs in the family. (그거 다 집안 내력이야)

23. It's none of your business. (그건 네가 알 일이 아니야)

24. Would you do me a fovor? (부탁 하나 드려도 되나요?)

25. It is on another level. (그건 차원이 다르네.)

26. It is for the birds. (그거 시시하다.)

27. The night is still young. (지금 초저녁이야.)

28. Don't talk behind him. (그가 없는 데서 뒷담화하지 마.)

29. You alway wear a suit and a tie. (너는 항상 정장하는구나.)

30. I am a dog person. (나는 개를 좋아해.)

31. I kill the time watching T.V. (난 시간 보내 T.V. 보면서.)

32. I can't wait to meet her. (난 그녀 보고 싶어 죽겠어)

33. I use the drive-for-hire service. (나는 이용해 대리운전을)

34. I'm a native-born seoulite. (난 서울토박이야)

35. I'll meet your plane. (공항에 너 마중 나갈게)

CHAPTER TWENTY-FIVE 25

너는 저녁식사로 무엇을 먹을거니		우리말순서
무엇을 너는 먹을거니	저녁식사로?	영어어순
What are you gonna have	for dinner?	영순

■ 기본 어휘 Vocabulary · 관용구 Idiom 챙기기

Vocabulary

*attend [əténd] 참석하다	*wedding [wédiŋ] 결혼, 결혼식
*succeed [sʌksíːd] 성공하다	*business [bíznis] 사업, 비즈니스
*marry [mǽri] ~와 결혼하다	*seasick [síːsik] 배멀미
*miss [mis] 그리워하다, 놓치다, 실수하다	*province [prɑvins] 넓은지역, 도
*take [teik] (시간이) 걸리다	*ferry [féri] 여객선

Idiom

*succeed in~ : ~에 성공하다	*arrive at~ : ~에 도착하다
*go skiing : 스키타러 가다	*go on a business trip to~ : ~에 출장 가다
*go on a honeymoon tour : 신혼여행 가다	*That's why~ : 그 때문에~, 그래서
*get seasick : 뱃멀미하다	*by tomorrow : 내일까지
*by ferry : 여객선 타고	*on time : 정각에, 정시에

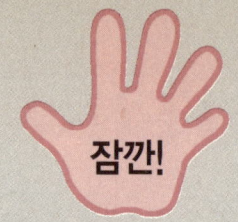

▶ 먼저, 이 Chapter의 핵심내용인 다음의 사항을 참고해 보세요.
▶ 아래의 우리말을 영어로 말하거나 쓸 수 있나요?

1. 그녀는 언제 결혼하게 될까요?

-그녀는 10월에 하게될 것입니다.

2. 그녀는 누구와 결혼하게 될까요?.

-Mr. Lee와 할 것입니다.

3. 그녀는 왜 그와 결혼하게 될까요?

-그가 미남이고 부자이기 때문이죠.

▶ 위 세 문장의 우리말을 영어로 말하거나 쓸 수 있다면
다음 Chapter로 넘어가도 좋습니다.

▶ 만약, 그렇지 못하면 다음 Page로 넘어가 더 자세한
핵심내용을 익혀보세요.

Home is where the heart is.
(고향은 마음이 머무는고 곳)

STEP I 영순 - 기본 문형 이해하기

▶ 미래표현의 문장은 **will**이나 **be going to**를 동사 앞에 붙이면 됩니다.
그리고 미래문장을 부정문으로 바꿀 때는 **will not(=won't)**혹은
be not going to처럼 not를 붙이면 됩니다.

▶▶ 이번 공부는 **미래형 질문(의문문)**과 그 **대답법 표현**입니다.

영순1

1. 먼저 조동사 **will**이 **주어 앞**으로 나오며 문장 끝의 억양을 올리고 Yes, No로 답 합니다.

너는 참석할거니 그의 결혼식에?	
Will you attend his wedding? ↗	

	그래,	그럴 거야.
-	Yes,	I will.
	아니,	안갈 거야
-	No,	I won't.

2. 그리고 같은 미래형 **be going to**도 의문문은 be동사(am,are,is)가 주어 앞으로 나오면 됩니다.

너는 참석할거니 그의 결혼식에?
Are you **going to** attend his wedding?
(=gonna)

	그래,	그럴 거야.
-	Yes,	I am.
	아니,	안갈 거야
-	No,	I'm not.

3.

ⓐ | 그가 성공할까요 | 그 사업에서? |
| **Will** he succeed | in the business? |

- | 예, | 그럴 거예요. |
  | Yes, | he will. |

- | 아니, | 안될 거야 |
  | No, | he won't. |

ⓑ | 그가 성공할까요 | 그 사업에서? |
| **Is** he **going to** succeed (=**gonna**) | in the business? |

- | 예, | 그럴 거예요. |
  | Yes, | he is |

- | 아니, | 안될 거야 |
  | No, | he's not. |

4.

ⓐ | 그들이 도착할까요 | 정시에? |
| **Will** they arrive | on time? |

- | 예, | 도착할 거예요 |
  | Yes, | they **will.** |

- | 아니, | 도착안할 거예요 |
  | No, | they **won't.** |

ⓑ | 그들이 성공할까요 | 내년에?? |
Are they **going to** succeed (=gonna) | next year?

- 예, | 그럴 거예요.
  Yes, | they **are**.

- 아니, | 안될거야
  No, | they **aren't**.

영순2

1. 그녀가 곧 결혼할지 아닐지를 물어본다면...

그녀는 결혼할까요	곧?	– 네, 할 거예요. – 아니오, 하지 않을 거예요.
Will she marry	soon?	– Yes, she will. – No, she won't.
=**Is** she **going** to marry (=gonna)	soon?	– Yes, she is. – No, she isn't.

2. **누구**와 결혼할지 물어본다면...

누구와 그녀는 결혼하게 될까요?
Who is she **gonna** marry?

※의문사로 시작하는 의문문표현들은 문장끝의 억양을 내려읽습니다.

- 그녀는 결혼할거야 Mr. Kim과
  She's gonna marry Mr. Kim.

3. 언제 결혼할지 물어본다면...

언제 그녀는 결혼할까요?
When is she **gonna** marry?

그녀는 결혼할거야	10월에
She's **gonna** marry	in October.

4. 몇 시에 결혼할지 물어본다면...

몇 시에	그녀는 결혼할까요?
What time	**is** she **gonna** get married?

그녀는 결혼식을 울릴 거야	오후 2시에
She's **gonna** get married	at two p.m.

※ 결혼하다의 일반적 동사는 **marry**. 결혼식을 올리다의 동사는 **get marred**.

5. 어디서 결혼식을 올릴지 물어본다면...

어디서 그녀는 결혼할까요?
Where is she **gonna** get married?

그녀는 결혼할거야	대구에서
She's **gonna** get married	in Daegu.

6. 왜 Mr. Kim과 결혼하는지 물어본다면...

왜 그녀는 Mr. Kim과 결혼할거죠?
Why is she **gonna** marry Mr. Kim?

왜냐면 그는 미남이고 부자니까
Because he is handsome and rich.

※ 의문사 **why**로 질문하면 대답은 **Because**+s+v

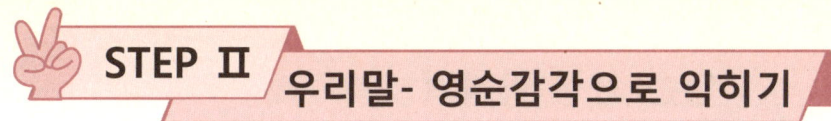
STEP Ⅱ 우리말- 영순감각으로 익히기

☞ 아래의 영순을 막고 왼쪽 우리말 순서를 오른쪽 영순처럼 소리 내어 말해보세요

우리말 순서	영 순
1. 너는 내일 그의 결혼식에 참석할거니?	1. 너는 참석할거니 그의 결혼식에 내일?
2. 그녀는 누구와 결혼할까요?	2. 누구와 그녀는 결혼할까?
3. 그녀는 어디서 그와 결혼할까요?	3. 어디서 그녀는 결혼할까요 그와?
4. 그녀는 왜 Mr. Kim과 결혼하나요?	4. 왜 그녀는 결혼하나요 Mr. Kim과?
5. 그들은 얼마나 오래 제주도에서 머물까요?	5. 얼마나 오래 그들은 머물까요 제주도에서?
6. 그들은 언제 그 회의에 도착하게 될까?	6. 언제 그들은 도착하게 될까 그 회의에?
7. 당신의 남편은 언제 중국으로 출장갈 예정인가요?	7. 언제 당신의 남편은 갈건가요 출장을 중국에?
8. 그는 거기서 얼마나 오래 머물 예정인가요?	8. 얼마나 오래 그는 머물예정인가요 거기서?
9. 그는 거기 중국에서 무엇을 할 예정인가요?	8. 무엇을 그는 할 예정인가요 거기 중국에서?
10. 그는 언제 중국에서 한국으로 돌아올 예정인가요?	10. 그는 돌아올 예정인가요 한국으로 중국에서?

STEP III 영순 문장 익히기

☞ 1. 다음의 주어진 밑줄 친 부분을 올바른 영순으로 말해보세요.
☞ 2. 다음의 주어진 밑줄 친 부분을 올바른 영순으로 써 보세요.
<영순 문장과 뜻은 아래에서 참조>

1. <u>Are gonna they on time arrive ?</u>
2. <u>you are gonna attend tomorrow the wedding arrive ?</u>
3. <u>She is when arrive gonna ?</u>
4. <u>stay is Where she gonna ?</u>
5. <u>they in Hawaii are gonna stay How long ?</u>
6. <u>is she what time gonna ?</u>
7. <u>She's at two arrive gonna arrive</u>
8. <u>What have for dinner you are gonna</u>
9. <u>I'm have fried chicken gonna</u>
10. <u>They're there for a week stay gonna</u>

▶ 영순문장과 뜻

1. Are they gonna arrive on time? (그들이 도착할까 정각에?)
2. Are you gonna attent the wedding tomorrow? (당신은 참석할 예정입니까 그 결혼식에 내일?)
3. When is she gonna arrive? (언제 그녀는 도착할 예정입니까?)
4. Where is she gonna stay? (어디서 그녀는 머물 예정입니까?)
5. How long are they gonna stay in Hawaii? (얼마나 오래 그들은 머물예정입니까?)
6. What time is she gonna arrive? (몇시에 그녀는 도착할 예정입니까?)
7. She's gonna arrive at two. (그녀는 도착할 예정입니다 두시에)
8. What are you gonna have for dinner? (무엇을 당신은 먹을 예정입니까 저녁식사로?)
9. I'm gonna have fried chicken. (나는 먹을예정입니다 프라이드 치킨을)
10. They're gonna stay there for a week. (그들은 머물 예정입니다 거기서 일주일동안)

STEP IV 영순- 기본문형 익히기 1

☞ 아래의 영어문장을 막고 우리말을 영어로 말해보세요.

1.너는 참석할거니 그의 결혼식에?(will)	1.Will you attend his wedding?
-그래, 그럴 거야. -아니, 안 할 거야	-Yes, I will. -No, I'm won't.
2.너는 참석할거니 그의 결혼식에?(be gonna)	2.Are you gonna attend his wedding?
-그래, 그럴 거야 -아니, 안 할 거야	-Yes, I will. -No, I'm won't.
3.그가 성공할까요 그 사업에서?(will)	3.Will he succeed in the business?
-그래, 그럴 거야	-Yes, he will. -No, he won't.
-아니, 안 될거야	4.Is he gonna succeed in the business?
4.그가 성공할까요 그 사업에서?(be gonna)	-Yes, he is. -No, he isn't.
-그래, 그럴 거야	5.Will they arrive here?
-아니, 안 될 거야	-Yes, they will.
5.그들이 도착할까요 여기에?(will)	-No, they won't.
-그래, 도착할 거야	6.Are they gonna arrive here?
-아니, 도착 못할 거야	-Yes, they are.
6.그들이 도착할까요 여기에?(be gonna)	-No, they aren't.
-그래, 도착할 거야	7.Will she marry soon?
-아니, 도착 못할 거야	-Yes, she will.
7.그녀는 결혼할까요 곧?(will)	-No, she won't.
-그래, 할 거예요	8.Is she gonna marry soon?
-아니, 안 할 거예요	-Yes, she is.
8.그녀는 결혼할까요 곧?(be gonna)	-No, she isn't.
-그래, 할 거예요	9.Who is she gonna go hiking with?
-아니, 안 할 거예요	-She's gonna go hiking with Mr. Kim.
9.누구와 그녀는 등산갈까요?(be gonna)	10.When is she gonna get married?
-그녀는 결혼할 거예요 Mr. Kim과	-She's gonna go hiking on Sunday.
10.언제 그녀는 등산갈까요?(be gonna)	11.What time is she gonna be back?
-그녀는 등산갈 거예요 일요일에	-She's gonna be back at six p.m.
11.몇 시에 그녀는 돌아올까요?(be gonna)	12.Where are they gonna have dinner?
-그녀는 돌아올 거예요 오후 2시에	-They're gonna have it at the restaurant.
12.어디서 그들은 먹을까요 저녁을?	
-그들은 먹을 거예요 그것을 식당에서	

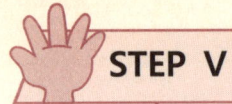

STEP V 영순- 기본문형 익히기 2

☞ 아래의 영어문장을 막고 우리말을 영어로 말해보세요.

1.너는 등산 갈래 나와 함께 이번 일요일에?(will)	1.Will you go hiking with me this Sunday?
-네, 갈거예요	-Yes, I will.
-아니, 안갈거예요	-No, I won't.
2.너는 스키타러 갈거니 나와 함께 이번 일요일 에?(be gonna)	2.Are you gonna go skiing with me this Sunday?
-네, 갈거예요	-Yes, I am.
-아니, 안갈거예요	-No, I am not.
3.그들이 도착하게 될까 그 회의에 정시에?(will)	3.Will they arrive at the meeting on time?
-네, 도착할거예요	-Yes, they will.
-아니, 도착못할거예요	-No, they won't.
4.그들이 도착하게 될까 그 회의에 정시에?(be gonna)	4.Are they gonna arrive at the meeting on time?
-네, 도착할거예요	-Yes, they are.
-아니, 도착못할거예요	-No, they're not.
5.몇시에 그들이 도착하게 될까 그 회의에 내일?(be gonna)	5.What time are they gonna arrive at the meeting tomorrow?
-그들은 도착하게 될겁니다 오후 다섯시에	-They're gonna arrive at five p.m.
6.무엇을 너는 먹을거니 저녁식사로?(will)	6.What will you have for dinner?
-나는 먹을거예요 프라이드 치킨을	-I'll have fried chicken.
7.무엇을 너는 먹을거니 저녁식사로?(be gonna)	7.What are you gonna have for dinner?
-나는 먹을거예요 프라이드 치킨과 맥주를	-I'm gonna have fried chicken and beer.
8.몇시에 너는 먹을거니 저녁식사를?(be gonna)	8.What time are you gonna have dinner?
-나는 먹을거예요 오후 6시에	-I'm gonna have dinner at six p.m.
9.왜 그녀는 결혼할 예정인가요 Mr. Kim 과?(be gonna)	9.Why is she gonna marry Mr. Kim?
-왜냐하면 그가 미남이고 부자이니까	-Because he's handsome and rich.

10.어디로 그들은 갈건가요 신혼여행으로?(be gonna)	10.Where are they gonna go on a honeymoon tour?
-그들은 갈거예요 제주도로	-They are gonna go to Jejudo Province.
11.얼마나 오래 그들은 머물건가요 거기서?(be gonna)	11.How long are they gonna stay there?
-그들은 머물거예요 거기서 1주일동안	-They're gonna stay there for a week.
12.어떻게 그들은 갈건가요 거기로(be gonna)	12.How are they gonna go there?
-그들은 갈겁니다 배타고	-They're gonna go there by ferry.
13.얼마나 걸릴까요 부산서 제주도까지?(be gonna)	13.How long is it gonna take to go Busan to Jejudo?
-걸릴거예요 4시간 그래서 그들은 배멀미도 하게 될거예요	-It's gonna take five hours. That's why they'll get seasick.
14.언제 당신의 남편은 출잘갈 예정인가요 중국에?(be gonna)	14.When is your husband gonna go on a business trip to China?
-그는 갈 예정입니다 이번 금요일에	-He's gonna go this Friday.
15.얼마나 오래 그는 머물예정인가요 거기서?(be gonna)	15.How long is he gonna stay there?
-그는 머물예정입니다 거기서 1년동안 그래서 나는 보고싶을거예요 그를 엄청	-He's gonna stay there for a year. That's why I'm gonna miss him a lot.

 **KONGLISH** VS. **ENGLISH**
(콩그리쉬) vs. (잉글리쉬)

한번 해봐	Do it once.
	Give it a try.
나 빈털털이야	I'm empty.
	I'm broke.
나 음치야	I'm music fool.
	I can't carry a tune.=I'm tone dumb.

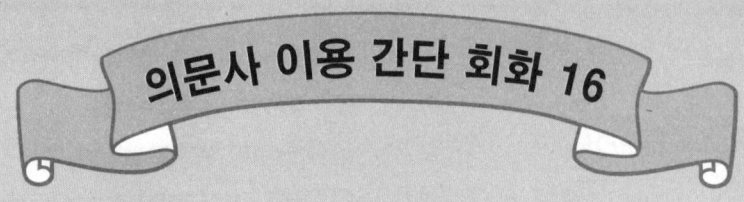

의문사 이용 간단 회화 16

1. What's up? (무슨 재미있는 일 없냐?)
2. What's new? (무슨 신통한 일 없냐?)
3. What for? (무엇 때문이야?)
4. What else? (그밖에 또 뭐가 있으신가요?)
5. Why not? (왜 아니겠어? - 당연하지)
6, Who know? (누가 알겠어? - 아무도 몰라)
7. How come? (어째서?)
8. Where to? (어디로 가는가요?)
9. Guess what? (맞춰봐 뭔지)
10. Guess Who? (맞춰봐 누군지)
11. Where am I(we)? (여기가 어디죠?)
12. Where was I? (내가 어디까지 말했더라)
13. What's wrong? (무슨 문제야?)
14. What's the matter? (무슨 문제야?)
15. What's the rush? (뭐이 이리 급해?)
16. What's the occasion? (무슨 일이죠?)
17. What a shame! (어찌 이런 일이)
18. What a surprise! (참 놀랍네!)
19. What day is today? (무슨 요일이죠 오늘이?)
20. What brings you here? (어쩐 일로 여기에?)
21. What seems to be the problem? (무슨 문제가 있으신 것 같네요.)
22. Why do you care? (네가 무슨 상관인데?)
23. Why the long face? (왜 그리 시무룩한 표정이냐?)
24. Why me of all guys? (왜 하필 나야?)

CHAPTER TWENTY-SIX 26

Tom은 그의 친구들과 함께 학교에 걸어가고 있습니다.			우리말순서
Tom은 걸어가고 있습니다	학교를	그의 친구들과 함께	영어어순
Tom is walking	to school	with his friends.	영순

■ 기본 어휘 Vocabulary · 관용구 Idiom 챙기기

Vocabulary

*choir [kwaiər]합창단,성가대	*yawn [jɔːm]하품하다
*province [právins]넓은지역,도	*shop [ʃap]쇼핑하다
*supervisor [súpərːrvaizər]상위자,수퍼바이져	*study [stʌ́di]서재
*employer [implɔ́iər]고용주	*snow [snou]눈내리다
*shout [ʃaut]소리치다,고함을지르다	*stranger [stréidʒər]낯선사람
*play [plei]연극	*surf [səːrf]파도타다,검색하다
*motorcycle [móutəsaikl]오토바이	*perspire [pəːrspáiər]땀흘리다
*nervous [nə́ːrvəs]긴장된	*bathe [beið]목욕시키다

Idiom

*walk the dog :개를 산책시키다	*go to the movies :영화관에 가다
*look for~ :~를 찾다	*school play :학교연극(학예회)
*surf the internet :인터넷검색하다	*on foot :걸어서
*bathe a dog :개를 목욕시키다	*flea market :벼룩시장
*back and forth :앞뒤로	*wait for- :-를 기다리다
*walk back and forth :서성대다	*answer the phone :전화받다
*get angry :화를 버럭내다	*for a change :기분 전환 삼아

▶ 먼저, 이 Chapter의 핵심내용인 다음의 사항을 참고해 보세요.
▶ 아래의 우리말을 영어로 말하거나 쓸 수 있나요?

1. 그녀는 인터넷을 검색하고 있는 중이다.

2. 어디에서 그는 개를 산책시키고 있나요?

3. 왜 그들은 버스정류장에서 서성대고 있나요?

▶ 위 세 문장의 우리말을 영어로 말하거나 쓸 수 있다면 다음 Chapter로 넘어가도 좋습니다.

▶ 만약, 그렇지 못하면 다음 Page로 넘어가 더 자세한 핵심내용을 익혀보세요.

Honesty is the best policy.
(정직이 최고의 정책이다)

STEP I 영순 - 기본 문형 이해하기

▶ 모든 영어문장은 동사에서 시제(시간의 개념)를 표현해야 합니다.
앞에서 현재형과 과거형, 그리고 미래형시제를 공부했습니다.

▶▶ 이번 공부내용은 지금이 시간에 동작이 진행중임을 표현하는 시제인
현재 진행형("~하고 있는 중이다")이며 그 표시방법은
"be(am, are, is 중 하나)+동사원형 ing"입니다.

※ "**평소에 늘 하는 동작이나 상태**"임을 나타내는 **현재형 시제**와 "**지금 진행중**"인 **현재 진행형 시제**의 차이를 잘 구별하여 이해해두어야 합니다.

영순1

1.

	나는 간다	학교에	8시에	
ⓐ	I go	to school	at eight.	(현재형)
	나는 가고있는 중이다 학교에		지금	
ⓑ	I **am going** to school		now.	(현재진행형)
	=I'm going~			

2.

	아빠는 운전하신다	회사로	일찍이	아침	
ⓐ	Dad **drives**	to work	early	in the morning.	(현재형)
	아빠는 운전중이다	회사로	지금		
ⓑ	Dad **is driving**	to work	now.		(현재진행형)

3.

ⓐ | Mary는 노래한다 | 합창단에서 | 일요일에 |
   | **Mary sings** | **in the choir** | **all Sunday** | (현재형)

ⓑ | Mary는 노래고 있는중이다 | 합창단에서 | 지금 |
   | **Mary is singing** | **in the choir** | **now.** | (현재진행형)

4.

ⓐ | 비가 내린다 | 많이 | 여름에 |
   | **It rains** | **much** | **in summer.** | (현재형)

ⓑ | 비가 내리고 있다 | 지금 | 여기 서울에 |
   | **It's raining** | **now** | **here in Seoul.** | (현재진행형)

5.

ⓐ | Tom은 쇼핑한다 | 인터넷에서 | 일요일마다 |
   | **Tom shops** | **on the internet** | **every Sunday.** | (현재형)

ⓑ | Tom은 쇼핑하고 있는 중이다 | 인터넷에서 | 지금 |
   | **Tom is shopping** | **on the internet** | **now.** | (현재진행형)

6.

ⓐ | Edward는 하품한다 | 매우 자주 |
   | **Edward yawns** | **so often.** | (현재형)

ⓑ | Edward는 하품하고 있는 중이다 | 지금 |
   | **Edward is yawning** | **now.** | (현재진행형)

영순2

1.

ⓐ 너는 가니 등산을 | 주말에
   Do you go hiking | on the weekend? (현재형)
   -Yes, I do. -No, I don't.

ⓑ 너는 등산하고 있니 | 지금?
   Are you **going** hiking | now? (현재진행형)
   -Yes, I am. -No, I'm not.

2.

ⓐ 마이크는 조깅하니 | 매일 아침
   Does Mike jog | every morning? (현재형)
   -Yes, he does. -No, he doesn't.

ⓑ Mike는 조깅하는 중이니 | 지금?
   Is Mike **jogging** | now? (현재진행형)
   -Yes, he is. -No, he isn't.

3.

ⓐ 눈이 내리니 | 많이?
   Does it snow | much? (현재형)
   -Yes, it does. -No, it doesn't.

ⓑ 눈이 내리고 있는 중이니 | 많이 | 지금?
   Is it **snowing** | much | now? (현재진행형)
   -Yes, it is. -No, it isn't.

도미노 영순 영어 | **275**

영순3

1.

ⓐ 무엇을 너는 하니 　　 주중에?
　　What do you do　　during the week?　(현재형)
　　-I do shopping on the internet. (나는 쇼핑합니다 인터넷으로)

ⓑ 무엇을 너는 하고있는 중이니　　지금?
　　What **are** you **doing**　　now?　(현재진행형)
　　-I'm shopping on the internet.(나느 인터넷으로 쇼핑중이에요)

2.

ⓐ 어디에서 당신의 형은 운동하나요?
　　Where does your brother do his exercises?　(현재형)
　　-He does his exercises at the health club(그는 운동해요 헬스클럽에서)

ⓑ 어디에서 당신의 형은 운동하고 있나요　　지금?
　　Where **is** your brother **doing** his exercises　　now?　(현재진행형)
　　-He's doing his exercises at the health club(그는 운동 중이에요 헬스클럽에서)

3.

ⓐ 왜 당신의 상사는 화를 냅니까?　　매우 자주?
　　Why does your supervisor get angry　　very often?　(현재형)
　　-Because the employees are late every morning(왜냐면 직원들이 늦어요 매일아침)

ⓑ 왜 당신의 상사는 화를 내고있습니까　　지금?
　　Why **is** your supervisor **getting** angry　　now?　(현재진행형)
　　-Because the employees aren't working hard
　　(왜냐면 직원들이 일하고있지 않아요 열심히)

STEP Ⅱ 우리말- 영순감각으로 익히기

☞ 아래의 영순을 막고 왼쪽 우리말 순서를 오른쪽 영순처럼 소리 내어 말해보세요

우리말 순서	영 순
1. 나는 여덟시에 학교에 간다	1. 나는 간다 학교에 여덟시에
2. 나는 지금 학교에 가고있는 중이다	2. 나는 가고있는 중이다 학교에 지금
3. 아빠는 아침일찍 회사로 운전하신다	3. 아빠는 운전한다 회사로 일찍이 아침
4. 아빠는 지금 회사로 운전하고 있다	4. 아빠는 운전하고 있다 회사로 지금
5. Tom은 매일아침 그의 친구들과 함께 학교에 간다	5. Tom은 간다 학교에 그의 친구들과 함께 매일아침
6. Tom은 지금 그의 친구들과 학교에 가고있는 중이다	6. Tom은 가고있는 중이다 학교에 그의 친구들과 지금
7. Edward는 수업중에 자주 하품한다	7. Edward는 하품한다 자주 수업중에
8. Edward는 지금 하품하고 있는 중이다	8. Edward는 하품하고 있는 중이다 지금
9. 거기 강원도엔 겨울에 눈이 많이 내리니?	9. 눈이 내리니 많이 거기 강원도엔 겨울에?
10. 지금 강원도에 눈이 많이 내리고 있니?	10. 눈이 내리고 있니 많이 거기 강원도엔 지금?

도미노 영순 영어

STEP III 영순 문장 익히기

☞ 1. 다음의 주어진 밑줄 친 부분을 올바른 영순으로 말해보세요.
☞ 2. 다음의 주어진 밑줄 친 부분을 올바른 영순으로 써 보세요.

<영순 문장과 뜻은 아래에서 참조>

1. going to now school I'm
2. now Dad driving to work is
3. Tom now to school is with his friends going
4. in the choir singing now is Mary
5. is here in Seoul It raining now
6. now is Edward during the class yawning
7. snowing now How much it is ?
8. doing you now what are ?
9. your brother now exercising where is ?
10. is now your supervisor getting angry why ?

▶ 영순문장과 뜻

1. I'm going to school now. (나는 가고있는 중이다 학교에 지금)
2. Dad is driving to work now. (아빠는 운전중이다 회사로 지금)
3. Tom is going to school with his friends. (Tom은 가고있는 중이다 학교에 그의 친구들과 함께 지금)
4. Mary is singing now in the choir. (Mary는 노래하고 있다 지금 합창단에서)
5. It's raining now here in Seoul. (비가 오고 있다 지금 여기 서울엔)
6. Edward is yawning during the class now. (Edward는 하품하고 있다 수업중에 지금)
7. How much is it snowing now? (얼마나 많이 눈이 내리고 있니?)
8. What are you doing now? (무엇을 너는 하고있니 지금?)
9. Where is your brother exercising now? (어디서 너의 형은 운동중이니 지금?)
10. Why is your supervisor getting angry now? (왜 너의 상사가 화를 내고 있는 중이니 지금?)

STEP IV 영순- 기본문형 익히기 1

☞ 아래의 영어문장을 막고 우리말을 영어로 말해보세요.

1. 나는 가고있는 중이다 학교에	1. I'm going to school.
2. 그는 가고있는 중이다 교회에	2. He's going to church.
3. 그들은 가고있는 중이다 회사에	3. They're going to work.
4. 우리는 운전하고있는 중이다 회사로	4. We're driving to work.
5. 아빠는 운전하고있는 중이다 회사로	5. Dad is driving to work.
6. Tom은 보고있는 중이다 T.V.를	6. Tom is watching T.V.
7. 그들은 보고있는 중이다 T.V.를	7. They are watching T.V.
8. Mary는 노래하고있는 중이다 합창단에서	8. Marry is singing in the choir.
9. 그 학생들은 노래하고 있는 중이다 합창단에서	9. The students are singing in the choir.
10. 비가 내리고 있다 지금	10. It's raining now.
11. 눈이 내리고 있다 지금	11. It's snowing now.
12. Stella는 하품하고 있다 지금	12. Stella is yawning now.
13. Stella와 Michel은 하품하고 있다 지금	13. Stella and Michael are yawning now.
14. 너는 등산가고있는 중이니 지금?	14. Are you going hiking now?
-네, 그렇습니다	-Yes, I am.
15. Mike는 조깅하고 있는 중이니 지금?	15. Is Mike jogging now?
-아니오, 조깅중이 아니에요	-No, he's not.
16. 눈이 내리고 있니 지금?	16. Is it snowing now?
-네, 눈이 내리고 있어요	-Yes, it is.
17. 무엇을 너는 하는 중이니 지금?	17. What are you doing now?
-나는 보고있는 중이에요 T.V.를	-I'm watching T.V.
18. 무엇을 그는 하는중이니 지금?	18. What's he doing now?
-그는 일하고 있다	-He's working now.
19. 당신은 가르치고있는 중인가요 영어를 지금?	19. Are you teaching English now?
-아니요, 가르치고 있는중이 아닙니다	-No, I'm not.
20. 어디로 Jane은 가고있는 중이죠 지금?	20. Where's Jane going now?
-그녀는 가고있는중이다 영화관에	-She's going to the movies.
21. 어디에서 Mr. Lee는 영어를 가르치고 있는 중인가요 지금?	21. Where's Mr. Lee teaching English now?
-그는 가르치고있어요 고등학교에서	-He's teaching at the high school.

 **STEP V** 영순- 기본문형 더 익히기 2

☞ 아래의 영어문장을 막고 우리말을 영어로 말해보세요.

1. 나는 읽는다 신문을 서재에서 이른 아침에
2. 나는 읽고 있는 중이다 신문을 혼자 서재에서 지금
3. 아빠는 읽는다 잡지를 그의 사무실에서 혼자
4. 아빠는 읽고 있는 중이다 잡지를 혼자 그의 사무실에서
5. 브라운씨는 시청한다 TV를 거실에서 브라운여사와 함께 매일밤
6. 브라운씨는 시청중이다 TV를 거실에서 브라운여사와 함께 지금
7. 어디로 당신은 갑니까 당신의 동료직원들과 함께 토요일마다?
   - 나는 갑니다 연극보러
8. 어디로 당신은 가는 중인가요 당신의 동료직원들과 함께?
   - 나는 가는 중입니다 연극보러
9. 무엇을 당신은 합니까 생계를 위해?
   - 나는 운전합니다 택시를
10. 나의 아내는 여행중입니다 제주도에 친구들과 함께 기분전환삼아
11. 비가 내린다 많이 여기 서울엔 여름에
12. 비가 내립니까 많이 거기 서울엔 여름에?
    - 네, 그렇습니다 - 아니오, 그렇지 않습니다
13. 비가 내리고 있다 억수같이 여기 서울엔 지금
14. 비가 내리고 있나요 억수같이 거기 서울에 지금?
    - 네, 내리고 있어요
    - 아니오, 내리지 않아요
15. 엄마는 얘기중이에요 그녀의 친구와 전화상으로 지금

1. I read a newspaper in the study early in the morning.
2. I'm reading a newspaper alone in the study now.
3. Dad reads a magazine in his office alone.
4. Dad is reading a magazine alone in his office now.
5. Mr. Brown watches TV in the living room with Mrs. Brown every night.
6. Mr. Brown is watching TV in the living room with Mrs. Brown now.
7. Where do you go with your co-workers every Saturday?
   - I go to a play.
8. Where are you going with your co-workers?
   - I'm going to a play.
9. What do you do for a living?
   - I drive a taxi.
10. My wife is taking a trip to Jejudo with her friends for a change.
11. It rains so much here in Seoul in summer.
12. Does it rain so much there in Seoul in summer?
    - Yes, it does.   - No, it doesn't.
13. It's raining cats and dogs here in Seoul now.
14. Is it raining cats and dogs there in Seoul now?   - Yes, it is.   - No, it's not.
15. Mom is talking on the phone with her friend now.

16.왜 그는 땀을 흘리고 있나요 지금?	16.Why is he perspiring now?
-왜냐하면 그는 긴장해있기 때문입니다	-Because he's nervous.
17.무엇을 그는 찾고 있나요 지금?	17.What's he looking for now?
-그는 찾고 있어요 그의 지갑을	-He's looking for his wallet.
18.누구에게 당신은 전화걸고 있나요 지금?	18.Who are you calling now?
-나는 전화하고 있어요 Mary에게	-I'm calling Mary now.
19.눈이 내리고 있다 심하게 여기 서울엔	19.It's snowing heavily here in Seoul.
20.눈이 내리고 있나요 심하게 거기 부산에?	20.Is it snowing heavily there in Busan?
-예, 내리고 있어요	-Yes, it is.

 **KONGLISH VS ENGLISH**
(콩그리쉬) vs (잉글리쉬)

그는 흑인이다		He's black.
		He's African American.
그는 노인(어르신)이다		He's old man.
		He's senior citizen.
그는 뚱뚱하다		He's fat.
		He's heavy(Overweight).
너는 실수하는군 매우 자주		You do mistakes very often.
		You make mistakes very often.
나는 약속이 있어 의사와		I have a promise with the doctor.
		I have an appointment with the doctor.
나는 11시에 자		I sleep at eleven.
		I go to bed at eleven.

 # KONGLISH VS. ENGLISH
(콩그리쉬) vs. (잉글리쉬)

거기 누구세요?	BAD: Who's there?
	GOOD: Who's it?
나 지금 전화받고 있어	BAD: I receiving the phone.
	GOOD: I'm answering the phone.
핸드폰 좀 빌릴 수 있나요?	BAD: Can I borrow your cellphone?
	GOOD: Can I use your cellphone?
그녀의 몸매가 좋다	BAD: Her shape is good.
	GOOD: She's in good shape.
결혼하셨나요?	BAD: Did you marry?
	GOOD: Are you married?
난 Miss Park과 결혼할 거예요	BAD: I'll marry with Miss park.
	GOOD: I'll marry Miss Park.
식후에 약을 먹으세요.	BAD: Eat some medicine after meal.
	GOOD: Take some medicine after meals.
2시간 후 전화줘.	BAD: Call me after two hours.
	GOOD: Call me in two hours.
그녀의 얼굴은 길어.	BAD: She has a long face.
	GOOD: She has a narrow face.
각자 지불하자.	BAD: Let's Dutchpay.
	GOOD: Let's go dutch?

CHAPTER TWENTY-SEVEN 27

나는 어제 7시에 T.V.를 보고 있는 중이었어.		우리말순서
나는 보고 있는 중이었어 T.V를	어제 7시에	영어어순
I was watching T.V.	yesterday at seven	영순

■ 기본 어휘 Vocabulary · 관용구 Idiom 챙기기

Vocabulary

*hour [auər]시간-60분	*clean [kli:n]청소하다
*study [stʌ́di]서재	*living [líviŋ]생활,거주,생계
*heavily [hévli]심하게,무겁게	*slept [slept](sleep)의 과거형

Idiom

*yesterday this time :어제 이맘때	*tomorrow this time :내일 이맘때
*rain cats and dogs :비내리다 억수같이	*go to a play :연극보러 가다
*for a living :생계를 위해	*for a change :기분 전환 삼아
*take a trip :여행하다	*surf the internet :인터넷 검색하다
*late at night :밤늦게	*in my free time :내가 시간 있을 때
*by himself :(그이)혼자서	*karaoke room :노래방

▶ 먼저, 이 Chapter의 핵심내용인 다음의 사항을 참고해 보세요.
▶ 아래의 우리말을 영어로 말하거나 쓸 수 있나요?

1. 엄마는 어제 이맘때 거실을 청소하고 있었다.

2. 어제 5시에 여기 서울엔 비가 엄청 오고 있었어.

3. 너는 내일 7시에 뭐하고 있을 거니?

-난 영어공부하고 있는 중 일 거야.

▶ 위 세 문장의 우리말을 영어로 말하거나 쓸 수 있다면
다음 Chapter로 넘어가도 좋습니다.

▶ 만약, 그렇지 못하면 다음 Page로 넘어가 더 자세한
핵심내용을 익혀보세요.

Prevention is better than cure.
(예방이 더좋다 치료보다)

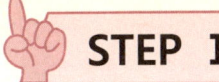

STEP I 영순 - 기본 문형 이해하기

▶ 거의 모든 문장은 주어+동사로 시작합니다.
 - 동사는 꼭, 꼭 시제를 나타내야 합니다. 모든 말에는 어느 시점, 어느 때 인지를 나타내야 하죠. 그 시점과 때를 나타내는 것이 곧 **시제**이며, 그 시제는 동사에서 표현합니다.

▶▶ **시제는 13가지**가 있습니다. 그 중 가장 기본이 되는 **시제- 세 가지**입니다.
즉, **현재! 과거! 미래!** 이 **기본시제 3가지**를 기준으로 또 세밀한 시제가 생겨나 13시제가 됩니다.
 - 이미, 앞에서 **현재, 과거, 미래, 현재 진행형** 등 4가지 시제를 공부한 바 있습니다.
 이 Chapter에서는 **과거 진행형**과 **미래 진행형** 시제를 공부합니다.

★**현재 진행형**은 지금 동작이 진행 중임을 표현하는 시제이죠.

be동사(am, are, is) + 동사원형ing.

그는 잠자고 있는 중이다	(지금)
He's sleeping	(now).

※ 현재 진행형동사는 문장뒤에 부사now를 안써도 현재 진행중이죠.)

★**과거 진행형**은 **과거의 어느 한 시점에 동작이 진행 중이었음을 표현**할 때 쓰는 시제입니다.

~하고 있는 중이었다.
was (were) + 동사원형ing

※ 과거진행형시제는 문장 끝에 **과거의 어느 한 시점의 부사**가 따릅니다.

> 영순1

1.

그는 잠자고 있는 중이었다	어제 10시에
He **was sleeping**	yesterday at ten.

2.

그들은 공부하고 있는 중이었다 영어를	어제 2시에
They **were studying** English	yesterday at two.

3.

나는 보고있는 중이었다 TV를	어제 이맘때
I **was watching** TV	yesterday this time.

4.

비가 오고 있었다	어제밤 10시에
It **was raining**	last night at ten.

5.

나는 보내고 있었어 나의 휴일을	지난 주에
I **was spending my** holidays	last week?

★ **미래 진행형**은 미래의 어느 시점에 동작이 진행 중일 것으로 **짐작 혹은 추측**하는 시제입니다.

~하고 있는 중일 것이다.
will be + 동사원형ing

※ 미래 진행형시제는 문장 뒤에 **미래의 어느 한 시점을 나타내는 부사**가 따릅니다.

영순2

1.

그는 잠자고 있는 중일 것이다	오늘 저녁 10시에
He'll be sleeping	this evening at ten.

2.

그들은 공부하고 있는 중일 것이다	내일 2시에
They'll be studying	tomorrow at two.

3.

나는 보고있을 것이다 TV를	내일 아침 10시에
I'll be watching TV	tomorrow morning at ten.

4.

그는 조깅하고 있는 중일거야	내일 아침 6시에
He'll be jogging	tomorrow morning at six.

5.

아빠는 검색중일 거야 인터넷을	내일 이맘때
Dad will be surfing the internet	tomorrow this time

6.

나는 운전중일 거야	회사로	내일 9시에
I'll be driving	to work	tomorrow at nine

STEP Ⅱ 우리말- 영순감각으로 익히기

☞ 아래의 영순을 막고 왼쪽 우리말 순서를 오른쪽 영순처럼 소리 내어 말해보세요

우리말 순서	영 순
1.엄마는 어제 이맘때 거실청소를 하고 있는 중이었다.	1.엄마는 청소하는 중이었다 거실을 어제 이맘때
2.여기 서울엔 어제 7시에 비가 엄청 내리고 있는중이었어	2.비가 내리고 있는중이었어 엄청 여기 서울엔 어제 7시에
3.나는 어제 7시에 내 방에서 잠자고 있었어	3.나는 잠자고 있었어 내 방에서 어제 7시에
4.아빠는 어제 7시에 엄마와 거실에서 TV 보고 있었어	4.아빠는 보고 있었어 TV를 엄마와 거실에서 어제 7시에
5.나는 오늘 저녁 7시에 도서관에서 영어공부하고 있을거야	5.나는 공부하고 있을거야 영어를 도서관에서 오늘 저녁 7시에
6.나는 오늘저녁 10시엔 잠자고 있는 중일거야	6.나는 잠자고 있는 중일거야 오늘 저녁 10시엔
7.아빠,엄마는 내일 저녁 이맘때에 연속극을 보고 있는 중일거야	7.아빠,엄마는 보고있는 중일거야 연속극을 내일 저녁 이맘때에
8.그는 내일 아침 6시에 한강에서 조깅하고 있는중일거야	8.그는 조깅하고 있는중일거야 한강에서 내일 아침 6시에
9.나는 지난 주에 휴가를 보내고 있었어	9.나는 보내고 있었어 휴가를 지난 주에
10.나의 형은 어제 저녁 7시경에 노래방에서 그의 친구들과 노래 부르고 있었어	10.나의 형은 노래 부르고 있었어 그의 친구들과 노래방에서 어제 저녁 7시경에

STEP III 영순 문장 익히기

☞ 1. 다음의 주어진 밑줄 친 부분을 올바른 영순으로 말해보세요.
☞ 2. 다음의 주어진 밑줄 친 부분을 올바른 영순으로 써 보세요.
<영순 문장과 뜻은 아래에서 참조>

1. sleeping He yesterday at eleven was
2. sleeping He tonight at eleven will be
3. so much it last night at nine was raining
4. so much it tomorrow at nine will be raining
5. She jogging yesterday at six in the park was
6. in the park will be she tonight at seven jogging
7. watching were T.V. in the living room Mom and Dad yesterday at nine
8. tomorrow at nine Mom and Dad T.V. watching will be in the living room
9. you doing what were yesterday this time ?
10. you be doing what will tonight at nine ?

▶ 영순문장과 뜻

1. He was sleeping yesterday at eleven.(그는 잠자고 있는 중이었다 어제 11시에)
2. He will be sleeping tonight at eleven.(그는 잠자고 있는 중일 것이다 오늘밤 11시에)
3. It was raining so much last night at nine?(비가 오고 있었다 많이 어젯밤 9시에)
4. It will be raining so much tomorrow at nine?(비가 오고 있는 중일것이다 많이 내일 9시에)
5. She was jogging in the park yesterday at six.(그녀는 조깅하고 있었다 공원에서 어제 6시에)
6. She will be jogging in the park tonight at six.(그녀는 조깅하고 있을 것이다 공원에서 오늘밤 7시에)
7. Mom and Dad were watching T.V. in the living room yesterday at nine?(엄마와 아빠는 T.V. 보고 있는 중이었다 거실에서 어제 9시에)
8. Mom and Dad will be watching T.V. in the living room tomorrow at nine?(엄마와 아빠는 T.V. 보고 있는 중일것이다 거실에서 내일 9시에)
9. What were you doing yesterday this time?(무엇을 너는 하고 있는 중이었니 어제 이맘때)
10. What you will be doing tonight at nine?(무엇을 너는 하고 있을거니 오늘밤 9시에?)

STEP IV 영순- 기본문형 익히기 1

☞ 아래의 영어문장을 막고 우리말을 영어로 말해보세요.

1. 엄마는 청소한다 거실을 매일
2. 엄마는 청소했다 거실을 어제
3. 엄마는 청소할 것이다 거실을 내일
4. 엄마는 청소하고 있는 중이다 거실을 지금
5. 엄마는 청소하고 있는 중이었다 거실을 어제 이맘때
6. 엄마는 청소하고 있을 것이다 거실을 내일 이맘때
7. 비가 온다 많이 여기 서울에 여름에
8. 비가 왔다 많이 여기 서울에 지난 여름에
9. 비가 올 것이다 많이 여기 서울에 내년 여름에
10. 비가 오고 있다 많이 여기 서울에 지금
11. 비가 오고 있었다 많이 여기 서울에 어제 이맘때
12. 너는 공부하니 영어를 매일?
 -네, 합니다
 -아니오. 하지 않습니다
13. 너는 공부했니 영어를 어제?
 -네, 했어요
 -아니오, 하지 않았어요
14. 너는 공부할거니 영어를 내일?
 -네, 할 거예요
 -아니오, 안 할거예요
15. 너는 공부하고 있는 중이니 영어를 지금?
 -네, 하고 있어요
 -아니, 하지 않고 있어요

1. Mom cleans the living room everyday.
2. Mom cleaned the living room yesterday.
3. Mom will clean the living room tomorrow.
4. Mom is cleaning the living room now.
5. Mom was cleaning the living room yesterday this time.
6. Mom will be cleaning the living room tomorrow this time.
7. It rains much here in Seoul in summer.
8. It rained much here in Seoul last summer.
9. It'll rain much here in Seoul next summer.
10. It's raining much here in Seoul now.
11. It was raining much here in Seoul yesterday this time.
12. Do you study English everyday?
 -Yes, I do.
 -No, I don't.
13. Did you study English yesterday?
 -Yes, I did.
 -No, I didn't.
14. Will you study English tomorrow?
 -Yes, I will.
 -No, I won't.
15. Are you studying English now?
 -Yes, I am.
 -No, I am not.

16. 너는 공부하고 있는 중이었니 영어를 어제 이맘때?
   -네, 하고 있었어요
   -아니오, 하지 않았어요
17. 나는 본다 TV를 매일 저녁에
18. 나는 보고 있는 중이다 TV를 지금
19. 나는 보고 있는 중일 것이다 TV를 오늘 밤 7시에
20. 나는 보고 있는 중이었다 TV를 어제 7시에
21. 나는 보았다 TV를 어제 밤에
22. 나는 볼 것이다 TV를 오늘밤에
23. 그는 잠잔다 7시간 매일
24. 그는 잠잤다 7시간 어제밤에
25. 그는 잠자고 있다 지금
26. 그는 잠자고 있는 중이였다 어제9시에
27. 그는 잠자고 있는 중일거다 내일9시에

16. Were you studying English yesterday this time?
   -Yes, I was.
   -No, I wasn't.
17. I watch TV every evening.
18. I'm watching TV now.
19. I'll be watching TV tonight at seven.
20. I was watching TV yesterday at seven.
21. I watched TV last night.
22. I'll watch TV tonight.
23. He sleeps for seven hours every day.
24. He slept for seven hours last night.
25. He's sleeping now.
26. He was sleeping yesterday at nine.
27. He'll be sleeping tomorrow at nine.

KONGLISH VS. ENGLISH
(콩그리쉬) vs. (잉글리쉬)

나 알아들었어	I heard it.
	I got it.
넌 빠져	You get out!
	Stay out of this.
그때그때 달라요	It's different then.
	It depends.

STEP V 영순- 기본문형 더 익히기 2

☞ 아래의 영어문장을 막고 우리말을 영어로 말해보세요.

1. 나는 운전한다 회사로 매일아침	1. I drive to work every morning.
2. 나는 운전했다 회사로 매일아침 작년에	2. I drove to work every morning last year.
3. 나는 운전하고 있는 중이야 회사로 지금 음악들으면서	3. I'm driving to work now listening to music.
4. 나는 운전하고 있었어 회사로 음악들으면서 어제 이맘때	4. I was driving to work listening to music yesterday this time.
5. 나는 운전하고 있을거야 회사로 음악들으면서 내일 이맘때	5. I'll be driving to work listening to music tomorrow this time.
6. 뭘 너는 하니 거기서 일요일마다?	6. What do you do there every Sunday?
7. 뭘 너는 했니 지난 회사에서 일요일에?	7. What did you do at work last Sunday?
8. 뭘 너는 하고 있니 회사에서 지금?	8. What are you doing at work now?
9. 뭘 너는 하고 있었니 어제 5시에?	9. What were you doing yesterday at five?
10. 뭘 너는 하고 있는 중일거니 내일 5시에?	10. What will you be doing tomorrow at five?
11. 뭘 Mr. Lee는 하니 회사에서 주말마다?	11. What does Mr. Lee do at work every weekend?
12. 뭘 Mr. Lee는 했니 회사에서 지난 주말에?	12. What did Mr. Lee do at work last weekend?
13. 뭘 Mr. Lee는 하고있니 회사에서 지금?	13. What's Mr. Lee doing at work now?
14. 뭘 Mr. Lee는 하고있었니 회사에서 지난 일요일 오후 4시에?	14. What was Mr. Lee doing at work last Sunday at four p.m.?
15. 뭘 Mr. Lee는 하고 있는중일까 회사에서 이번 일요일 오후4시에?	15. What'll Mr. Lee be doing at work this Sunday at four p.m.?
16. 내 남동생은 노래불러 노래방에서 혼자 매우 자주	16. My brother sings in the karaoke room alone very often.
17. 내 남동생은 노래불렀어 노래방에서 매우 혼자 어제 밤에	17. My brother sang in the karaoke room alone last night.
18. 내 남동생은 노래부르고 있어 지금 혼자 노래방에서	18. My brother is singing now by himself in the karaoke room.
19. 내 남동생은 노래부르고 있었어 노래방에서 혼자 어제 저녁 6시에	19. My brother was singing tn the karaoke room by himself yesterday evening at six.

20.내 남동생은 노래부르고 있을거야 노래방에서 혼자 내일 저녁 6시에	20. My brother will be singing in the karaoke room by himself tomorrow evening at six.
21.Tom은 인터넷 검색한다 자기 방에서 시간있을 때 매일	21. Tom surfs the internet in his room in his free time every day.
22.Tom은 인터넷 검색했다 자기 방에서 밤 늦게	22. Tom surfed the internet in his room late at night.
23.Tom은 인터넷 검색하고 있다 지금 자기방에서 음악을 들으면서	23. Tom is surfing the internet now in his room listening to music.
24.Tom은 인터넷 검색하고 있었어 자기 방에서 어제 밤 11시에	24. Tom was surfing the internet in his room last night at eleven.
25.Tom은 인터넷 검색하고 있는 중일 거야 자기 방에서 내일 밤 10시에	25. Tom will be surfing the internet in his room tomorrow night at ten.

 KONGLISH VS ENGLISH
(콩그리쉬) vs (잉글리쉬)

부끄러운 줄 알아라	Know the shame.
	Shame on you.
내가 어디까지 말했지?	Where did I say?
	Where was I?
넌 받을 만 해	You can get it.
	You deserve it.
내 성질 건들지 마	Don't touch my nerve.
	Don't hit my nerve.
너무 겁먹지마	Don't be a fool.
	Don't be a chicken.

맺음말

　STEP BY STEP 도미노 영순영어 의 (일반동사. 기본시제편)을 끝내신 당신은 대단한 인내심과 줄기찬 근성이 있어 앞으로 영어공부의 대발전이 있으리라 확신합니다.
　그러나 책을 끝냈다는 사실만으로는 안됩니다. 다시 이 책의 중요한, 힘들었던, 그리고 미진한 부분들을 또 다시 반복 보충하고 복습하시기 바랍니다.
　어학공부는 I.Q 싸움이 아니라 근성 싸움이므로 반복 되풀이가 제일 좋은 방법이라는 사실을 평생 공부해오고 가르치면서 느낀 결론입니다.

　제1권(be동사편)과 제2권(일반동사. 기본시제편)의 동사를 바탕으로 다음 출판 예정인 문장구성과 적절한 품사활용에 중점을 둔 제3권(문장 종류10종. 시제13종. 품사편)이 문장을 이루는 핵심 주요소들(주어. 보어. 목적어. 부사 등)이므로 이 훈련을 거쳐 온전하고 모양 좋은 영어문장을 표현하도록 함에 목적을 두고 있으니 기대해 주시기 바랍니다.

저 자 올 림